Das Geographische Seminar

Herausgegeben von Prof. Dr. Edwin Fels,
Prof. Dr. Ernst Weigt
und Prof. Dr. Herbert Wilhelmy

Jörg Maier / Reinhard Paesler
Karl Ruppert / Franz Schaffer

Sozialgeographie

westermann

© Georg Westermann Verlag
Druckerei und Kartographische Anstalt GmbH & Co.
Braunschweig 1977
1. Aufl. 1977
Verlagslektoren: Dr. Frank-Lothar Hinz und Klaus Höller
Layout und Herstellung: Peter Hudy
Kartographie: Joachim Zwick, Gießen
Gesamtherstellung: Westermann, Braunschweig 1977

ISBN 3-14-**16 0297**-2

Inhalt

Vorwort 7
Von der Anthropogeographie zur Sozialgeographie 9
  Entwicklungslinien anthropogeographischer und raumbezogener
  soziologischer Forschung 10
    Geodeterministische Phase der Anthropogeographie 11
    Possibilistische Phase der Anthropogeographie 13
    Morphogenetische Phase der Anthropogeographie 14
    Funktionale Phase der Anthropogeographie und sozialwissenschaftliche
    Vorläufer 16
  Das sozialgeographische Konzept 20
    Der Schritt zur sozialgeographischen Konzeption 20
    Definition der Sozialgeographie 21
    Der integrierende Effekt der Sozialgeographie 24
    Das sozialgeographische Raumsystem 25
    Arbeitsgebiete der Sozialgeographie 28
  Begriffsinterpretationen und Fragestellungen der Sozialgeographie
  und ihrer Nachbarwissenschaften 30
    Verschiedene Auffassungen über die Sozialgeographie 30
    Nachbarwissenschaften der Sozialgeographie 38

Gruppen und Schichten im räumlichen Bezug 44
  Zur Bestimmung geographisch relevanter Gruppen 45
    Zum soziologischen Gruppenbegriff 45
    Beispiel für die Bildung sozialgeographischer Gruppen 47
    Lebensformgruppen 47
    Verhaltensgruppen 49
    Aktionsräumliche Gruppen 52
  Sozialräumliche Gliederung 59

Der sozialgeographische Raum 70
  Räumliche Organisationsformen und -prozesse 70
  Die gruppenspezifische Aktionsreichweite 73
  Das Prinzip der Persistenz 79
  Indikatoren als Prozeßanzeiger 81
  Innovationsabläufe 93

Raumrelevante Verhaltensweisen im Bereich der Grundfunktionen 100
    Wohnen und in Gemeinschaften leben 101
    Arbeiten 107
    Sich versorgen 125
    Sich bilden 129
    Freizeitverhalten 144

Sozialgeographie als Planungsgrundlage 157
    Planungsregionen und Verwaltungsgebiete als räumliche
    Organisationsformen unserer Gesellschaft 160
    Planungsregionen 160
    Territoriale Verwaltungsreform 166
    Stadt-Umland-Probleme 168

Literatur 171

Register 185

Abbildungen

Abb. 1:	Übersicht über die Phasen der Wissenschaftsentwicklung	23
Abb. 2:	Die Stellung der Sozialgeographie im System der Geographie	25
Abb. 3:	Das sozialgeographische Raumsystem	26
Abb. 4:	Organisationsplan und System der Geographie	34
Abb. 5:	Die Lebensform sozialer Gruppen	40
Abb. 6:	Lebens- und Nutzungsräume der Bauern- und Wanderhirten	49
Abb. 7:	Die im sozialen Umbau befindlichen Gebiete im Spessart	51
Abb. 8:	Räume gleichen politischen Verhaltens (Siegerland)	52
Abb. 9:	Aktionsräumliche Gruppierung der Wohnbevölkerung	55
Abb. 10:	Reisezwecke im Personenverkehr	57
Abb. 11:	Reinbek – strukturelle Raumtypen 1970	62
Abb. 12:	Prozeßtypen sozial-wirtschaftlicher Integration (Penzberg)	64
Abb. 13:	Der Faktor sozial-beruflicher Statusdifferenzierung	66
Abb. 14:	Sozialökonomische Entfaltungsstufen am Ende des 15. Jahrhunderts	68
Abb. 15:	Beispiel für das Auftreten des Reichweitenprinzips in der Agrargeographie	74
Abb. 16:	Regionale Differenzierung des Pendelverkehrs in Gemeinden Südbayerns	76
Abb. 17:	Regionale Differenzierung der Einkaufsort-/Arbeitsort-Identifikation	78
Abb. 18:	a) und b): Eigentumsformen und Betriebsgrößen in der Landwirtschaft der Kreise Gransee, Nauen und Oranienburg	82/83
Abb. 19:	Bodennutzungs- und Sozialkartierung der landwirtschaftlichen Nutzfläche Mondorfs 1968	86/87
Abb. 20:	Neuaufforstungen in Oberfranken	88
Abb. 21:	a), b) und c): Die Ausmärker in der Gemarkung Alsfeld	89/90/91
Abb. 22:	Veränderung des Prozentanteiles der Pachtflächen an der LN in Bayern	92

Abb. 23: Die Ausbreitung des Spargelanbaues im Landkreis Schrobenhausen 95
Abb. 24: Innovation nicht-landwirtschaftlicher Erwerbsquellen 98
Abb. 25: Anteil der Einpersonenhaushalte an den Privathaushalten im Raum München–Augsburg 106
Abb. 26: a) und b): Räumliche Mobilität und demographische Siebungsprozesse in Ulm-Eselsberg 108/109
Abb. 27: Entwicklung der Wirtschaftsgruppen nach Fourastié 111
Abb. 28: Entwicklung der Erwerbstätigenstruktur 113
Abb. 29: Pendlerraumtypen 120
Abb. 30: a) und b): Agrarsozialstruktur und Bodennutzung in Filsen und Osterspai 123/124
Abb. 31: Differenzierung der Käuferschichten bei Waren- und Kaufhäusern 130
Abb. 32: Schichtenspezifische Wahl der Einkaufsorte 131/132/133
Abb. 33: Berufsgliederung der Fahrschüler-Eltern in Friedberg, Alsfeld und Oberhessen 135
Abb. 34: a) und b): Übertrittsquoten in die Realschulen in Bayern 136/137
Abb. 35: Bildungsstruktur und Schulbesuch im Raum München–Augsburg 140
Abb. 36: Gemeindetypisierung nach der Sozialstruktur als Planungsgrundlage 142/143
Abb. 37: Regionale Differenzierung der Sozialgruppen im Münchner Naherholungsraum 152
Abb. 38: a) und b): Besitzgefüge in Tegernsee nach ausgewählten Gruppen 155/156
Abb. 39: Gemeindetypisierung nach der Bevölkerungs- und Wirtschaftsentwicklung 158
Abb. 40: Einteilung Bayerns in Regionen 162
Abb. 41: Tätereinstromgebiet Nürnberg 165

Vorwort

Im Unterschied zu anderen Bereichen der geographischen Wissenschaft gibt es bisher in der deutschsprachigen Literatur zur Sozialgeographie kein Lehrbuch. Dies verwundert nicht in Anbetracht der Tatsache, daß es sich um eine noch relativ junge Weiterentwicklung der Anthropogeographie handelt. Immerhin deuten einige Anthologien und Beiträge zur Disziplingeschichte und insbesondere eine Vielzahl empirischer Untersuchungen sozialgeographischer Thematik – vorwiegend von Autoren aus dem mitteleuropäischen Bereich – an, in welche Richtung die Entfaltung dieser Teildisziplin der Geographie verläuft.

Der vorliegende Seminarband möchte erste Ansätze bieten, um diese Lücke zu schließen. Zweifellos bedarf es noch weiterer kritischer Diskussionen und Anregungen, für die die Verfasser jederzeit dankbar sind. Die hier vorgetragenen Prinzipien der Sozialgeographie ergeben sich in ihrer theoretischen Konzeption weitgehend aus empirischen Forschungsarbeiten. Von einer ausführlichen Darstellung sozialgeographischer Arbeitsmethoden wurde jedoch, dem Charakter der Reihe „Das Geographische Seminar" entsprechend, bewußt Abstand genommen.

Verlag und Herausgebern sei für die gezeigte Geduld während der Abfassung des Textes herzlich gedankt.

München, März 1975   Die Verfasser

Von der Anthropogeographie zur Sozialgeographie

Die Entwicklung der Geographie war in den letzten Jahren vielfach von Diskussionen begleitet, die darauf abzielten, Aufgaben und Standort des Faches neu zu bestimmen. Weitreichende Forderungen unterschiedlichster Art wurden laut, wie z. B. nach Trennung der Physischen Geographie von der Kulturgeographie, Zurückdrängung der Länderkunde, Einbau der Kulturgeographie in die Sozialwissenschaften, Integration quantitativer Meß- und Prognoseverfahren, Bearbeitung planungsbezogener Probleme, didaktischer Neubewertung der geographischen Teildisziplinen, neuer lernzielorientierter Auswahl der Lehr- und Forschungsinhalte, Anpassung der Methodologie an die moderne Wissenschaftstheorie usw. (BOBEK 1972).

Versuche zur Neubestimmung des wissenschaftsspezifischen Standortes finden sich immer wieder. Sie treten dann auf, wenn neue Methoden oder Schwerpunktsverlagerungen innerhalb eines Faches diskutiert werden (z. B. HARD 1973). Bereits im 19. Jahrhundert setzten Differenzierungen ein, die im naturwissenschaftlichen Bereich der Geographie zur Abspaltung einiger ihrer Teildisziplinen führten. Eine ähnliche Entwicklung wird der Kulturgeographie vorausgesagt. Das mag angesichts der starken Spezialisierung auch innerhalb dieses Bereiches auf den ersten Blick möglich erscheinen, jedoch muß hier die Lage wohl anders beurteilt werden; denn der Fragenkreis vom „menschlichen Handeln aus räumlicher Sicht" bietet die Möglichkeit einer sozialwissenschaftlichen Neuorientierung der Geographie (BARTELS 1968a). Gerade in diesem Zusammenhang wird der Begriff „Sozialgeographie" wiederum in die Diskussion gebracht.

Die Sozialgeographie gehört zu den jüngsten Forschungsrichtungen in der Geographie. Beim Versuch, den Platz dieser neuen Disziplin im System der geographischen Wissenschaft zu bestimmen, stößt man immer noch auf Schwierigkeiten. Die Einordnung der Sozialgeographie und ihre Stellung zur älteren Anthropogeographie sind noch nicht einhellig geklärt, obwohl sich in jüngster Zeit – angeregt vor allem durch die Arbeiten von BOBEK (1962a), HARTKE (1970a), RUPPERT (1968a) und BARTELS (1970) – eine bestimmte Interpretation immer stärker durchsetzt. Trotzdem kann man nicht darüber hinwegsehen, daß sich die Meinungen über Ziele und Stellung der Sozialgeographie nicht in allen Punkten treffen. Es soll deshalb zunächst versucht werden, wichtige Aspekte der Sozialgeographie zu skizzieren, die sich aus ihrer Entwicklung, ihren methodologischen Grundprinzipien und aus Differenzierungen ihrer Forschungsansätze ergeben (Blotevogel, Heineberg 1976, Teil 2).

In der Literatur begegnet man recht unterschiedlichen Standpunkten. Eine beachtliche Anzahl von Geographen betrachtet die Sozialgeographie auch heute noch als Experimentierfeld einiger Forscher, dem eine akademische Tradition weitgehend fehlt. Die Sozialgeographie ist für sie ein – von der Soziologie infiziertes – Anhängsel der Anthropogeographie, d. h. eines der mehr oder weniger untergeordneten Spezialgebiete der Geographie des Menschen, wie Religions- oder Verkehrsgeographie. Andere gehen nicht einmal so weit und betrachten sie als unselbständiges Teilgebiet der Wirtschaftsgeographie. Der Fächerkanon der Humangeographie wäre in diesen Fällen nur um einen Teilbereich erweitert, sonst aber hätte sich keine Veränderung ergeben. Eine zweite Gruppe löst die Eingliederung der Sozialgeographie ziemlich oberflächlich von der sprachlichen Seite her. Sie gebraucht die Begriffe Anthropogeographie, Humangeographie und Sozialgeographie mehr oder weniger als Synonym für ein und dieselbe Sache – nämlich für die Geographie des Menschen im althergebrachten Sinne. Wieder andere sehen in der Sozialgeographie die Verbindung von Geographie und Soziologie. Bezeichnungen wie „geographische Soziologie", „soziologische Geographie", „Soziogeographie", „Geosoziologie" und „Soziographie" bringen dies zum Ausdruck.

Letztlich gibt es einen Standpunkt zur Sozialgeographie, der in ihr die methodische Neuorientierung der Anthropogeographie erkennt, die alle Teildisziplinen der Geographie des Menschen gleichermaßen zu erfassen hat. Allein die hier skizzierten unterschiedlichen Auffassungen bringen jeden, der zum Wesen der Sozialgeographie Stellung beziehen soll, in Schwierigkeiten. Offensichtlich ist es unmöglich, alle Standpunkte gleichermaßen in ein halbwegs schlüssiges Konzept einzubauen. Die folgenden Ausführungen gelten daher ausschließlich für den zuletzt genannten Standpunkt, ohne jedoch abweichende Auffassungen verschweigen zu wollen (s. S. 30).

Entwicklungslinien anthropogeographischer und raumbezogener soziologischer Forschung

Eine brauchbare methodische Konzeption der Sozialgeographie läßt sich zweckmäßig aus der Diskussion der wichtigsten Entwicklungsphasen der Anthropogeographie und der raumbezogenen empirischen Sozialforschung heraus entwickeln. Vielfach wird zwar der Sozialgeographie nur eine kurze Tradition von knapp drei Jahrzehnten zugestanden. Eine Betrachtung der Disziplingeschichte der Geographie und der empirischen Sozialforschung läßt dies aber nicht zu (OVERBECK 1954, THOMALE 1972, SCHAFFER 1975). Von der Mitte des 19. bis in die dreißiger Jahre des 20. Jahrhunderts gab es in der räumlich orientierten Sozialforschung und der anthropogeographischen Wissenschaftsentwicklung konkurrierende wie konvergierende Forschungsansätze, die man zurückschauend als typisch sozialgeographisch bzw. als Vorläufer sozialgeographischer Fragestellungen bezeichnen kann. An Beispielen seien nur herausgegriffen: der Gedanke von der landschaftlichen Realität sogenannter Lebensformgruppen, die Interpretation der Kulturlandschaft im Sinne der „sozialen Morphologie", Raum als Ergebnis sozialen Verhaltens, Raum als Ergebnis der funktionalen Organisation der Gesellschaft. Daneben liefen andere Entwicklungslinien der Anthropogeographie, die sich als weniger fruchtbar für die Herausbildung der Sozialgeographie erwiesen oder die Wege wiesen, die sich später als Irrwege herausstellen sollten.

Geodeterministische Phase der Anthropogeographie

Etwa seit 1830 hatte sich LE PLAY (1855) mit der systematischen Erforschung der Lebensbedingungen von Familien in verschiedenen Ländern Europas befaßt. Er versuchte eine Bestimmung der Lebensfunktionen über die Auswertung des Familienbudgets durchzuführen. Da die Familien in Verbindung mit ihrer Arbeitswelt mittelbar oder unmittelbar auf den geographischen Raum angewiesen sind, verstand er ihre Existenz stets auch aus den Bindungen an das geographische Milieu. Der Beschreibung der Familienstrukturen stellte er deshalb ausführliche Regionalanalysen der physisch-geographischen Situation, der räumlichen Wirtschaftsstruktur, der Bevölkerungsverteilung sowie der Einkommensschichtung voran, ergänzte sie durch die Analyse der Berufstätigkeiten, Konsumgewohnheiten und materiellen Kultur, um schließlich über die Auswertung des Familienbudgets Hinweise auf die herrschende Sozialverfassung des betreffenden Gebietes zu gewinnen. Aus der Dreiheit der Betrachtung von Raum – Wirtschaft – Gesellschaft leitete LE PLAY bestimmte sozialökonomisch und räumlich geprägte Gruppenstrukturen ab, die er zu Kategorien, den „modes du travail", zusammenfaßte.

In diesem Zusammenhang läßt sich zeigen, daß die Forschungsansätze der frühen „Science sociale" die Entwicklung der Geographie des Menschen stark beeinflußt haben. Um 1900 hatte der französische Geograph VIDAL DE LA BLACHE (1902) die Gedanken von LE PLAY aufgegriffen und deutete die räumliche Existenz der Bevölkerung aus den landschaftlichen Bindungen ihrer Lebensformen. Lebensformgruppen, die „genres de vie", prägen ihre Umwelt, indem sie die Naturgegebenheiten von Fall zu Fall sehr unterschiedlich nutzen. Historische, religiöse, kulturelle und psychologische Traditionen müssen sich mehr oder weniger unabhängig vom Naturmilieu in der Landschaft niederschlagen (VIDAL DE LA BLACHE 1911).

LE PLAY hat mit dem Konzept der „modes du travail" der Weiterentwicklung geographischen Denkens wesentliche Impulse vermittelt. Die konzipierte Trilogie Raum – Wirtschaft – Gesellschaft ist aber nicht immer neutral als Bedingungsverhältnis verstanden worden. Vielfach interpretierte man sie als Kausalitätskette und konstruierte einen Determinismus zwischen naturräumlichen Gegebenheiten und dem Entwicklungsstand menschlicher Kultur *(Geodeterminismus).* Die Evolutionstheorien DARWINS hatten sich allgemeine Anerkennung verschafft, und nichts lag dem positivistischen Zeitgeist näher, als in der Selektionswirkung der Natur auch die bestimmende Kraft für die räumliche Differenzierung menschlicher Kulturen zu erkennen. Diesen Eindruck schienen zusätzlich die jüngsten Entdeckungsreisen der damaligen Zeit zu bestätigen, machte man doch dabei die Bekanntschaft mit einfachen Völkern, die ganz im Banne einer übermächtigen Natur lebten.

Diese Grundhaltung beeinflußte sehr stark die Gedanken von RATZEL (1891). Er schuf 1882 mit seiner „Anthropogeographie" die wissenschaftlichen Grundlagen für den Ausbau einer Geographie des Menschen, überschätzte aber stark die Steuerwirkung der Natur auf die Entfaltung der menschlichen Zivilisation und Geschichte. Das Naturmilieu galt als der Motor aller räumlichen Entwicklung. Die Lagebeziehungen einer Erdstelle, die von ihr ausgehenden Nah- und Fernwirkungen auf die Wanderungen der Menschen in historischer Zeit, bestimmten die Überlegungen RATZELS, der mit seinem Werk gleichsam nach „Grundzügen der Anwendung der Erdkunde auf die Geschichte" suchte. Die junge Anthropogeographie erhielt dadurch naturdeterministische Züge, d. h., man glaubte, die Zivilisation eines Landes sei durch seine Naturausstattung vorausbestimmt, sie sei dadurch zwangsläufig nur so und nicht anders geworden.

Heute kann man determinierende Natur-Mensch-Beziehungen eigentlich nur im Sinne gedanklicher Scheinkorrelationen deuten, die sich mit der fortschreitenden Zivilisationshöhe eines Landes immer offensichtlicher als Irrtum erweisen. Gesellschaftliche Erscheinungen lassen sich nun einmal nicht mit positivistisch-naturwissenschaftlichen Kategorien durchschauen. Andererseits leugnet die moderne Sozialgeographie nicht grundsätzlich, daß es Wirkungen der Natur auf den Menschen gibt. Das gilt selbstverständlich für die rein biologische Seite der menschlichen Existenz, wo den Naturgesetzen unumstrittene Gültigkeit zukommt. Anders steht es aber mit der Beeinflussung der sozioökonomischen Existenz. Hier sind Wirkungen der naturökologischen Faktoren auf die räumlichen Entfaltungsformen der Zivilisation wissenschaftlich noch eingehend zu überprüfen bzw. auf ihre Problematik hin zu untersuchen.

Es wäre zweifellos ungerecht, wollte man RATZEL allein zum Urheber naturdeterministischer Gedankengänge abqualifizieren. Bereits vor RATZEL haben Staatsmänner wie MONTESQUIEU, Philosophen wie KANT und HERDER, hauptsächlich aber die Positivisten wie COMPTE und SPENCER einen teleologischen Zwang der Landesnatur auf den Menschen gesehen. Der Determinismus beherrschte also die meisten geographischen Gedankengänge des 19. Jahrhunderts, und sein Einfluß hat sich dort vereinzelt bis in die Gegenwart erhalten, wo die räumlich-kulturelle Entwicklung ausschließlich der Naturkausalität unterstellt wird. Die Erde erscheint hier im Sinne HERDERS als „Erziehungshaus der Menschheit". Räume und Länder sind in ihren Strukturen und Grenzen vorgegeben. Dem Menschen bleibt es nur überlassen, diese unabänderlichen Bedingungen zu erkennen und sich in die vorgegebene Ordnung einzufügen. RATZELS Verdienst bleibt es, den Menschen und sein Handeln im Raum in die wissenschaftliche Diskussion der Allgemeinen Geographie eingeführt und zeitgenössische wie nachfolgende Forscher zur Abkehr von einer rein naturwissenschaftlich bestimmten Geographie und damit zur Suche nach neuen, gesellschaftsbezogenen Denkkonzeptionen angeregt zu haben.

Possibilistische Phase der Anthropogeographie

Wohl die wichtigste Reaktion auf die Natur-Milieu-Lehre RATZELS kam zu Beginn dieses Jahrhunderts aus dem Lager französischer Geographen, insbesondere von VIDAL DE LA BLACHE (1922; vgl. THOMALE 1972, S. 41 ff.). Von ihm wird der Niederschlag menschlichen Lebens auf der Erdoberfläche als Ergebnis der Initiative und des Existenzkampfes des Menschen betrachtet, der in der natürlichen Umwelt tätig wird, deren Gegebenheiten er aber in recht unterschiedlicher Weise bewertet und nutzt. Es handelt sich hier um die Betonung der relativen Autonomie des Menschen gegenüber den Einflüssen der Landesnatur – um das Konzept des *geographischen Possibilismus,* das die wichtigste Voraussetzung für die Entwicklung zur Sozialgeographie brachte.

Man kann jedoch nicht behaupten, VIDAL DE LA BLACHE habe seine Gedanken in erster Linie aus der geistigen Gegnerschaft zu RATZELS Milieutheorie entwickelt. Er kam von der Geschichte zur Geographie, war zunächst Empiriker und widmete sich fast ausschließlich länderkundlichen Studien. Er erkannte dabei sehr bald, daß der Environmentalismus nicht erlaubte, alle oder gerade die wichtigsten Raumstrukturen menschlichen Lebens zu erklären. So begann er die räumliche Existenz der Bevölkerung aus ihren Lebensformen – ,,*genres de vie''* – zu begreifen: Die einzelnen Lebensformgruppen prägen ihre Umwelt bzw. nützen deren Möglichkeit von Fall zu Fall recht unterschiedlich aus. Historische, religiöse, kulturelle und psychologische Traditionen müssen sich daher mehr oder weniger unabhängig vom Naturmilieu in der Landschaft niederschlagen. Ganz bewußt spricht VIDAL DE LA BLACHE von der Rückwirkung sozialer Verhältnisse auf die Raumstrukturen eines Landes. Dieses völlig neue Konzept formulierte er in dem Satz: ,,Dem Menschen fällt mehr und mehr die Rolle der Ursache und nicht die der Wirkung zu."

Durch soziale und wirtschaftliche Aktivitäten, hauptsächlich über das Arbeitsleben, überformt der Mensch – von Zivilisationsstand zu Zivilisationsstand recht unterschiedlich – die natürliche Umwelt. In neuerer Zeit spricht KÖNIG (1969) in diesem Zusammenhang von aktiver Anpassung *(,,creative adjustment"),* d. h. schöpferischer Anpassung menschlicher Gruppen an ihre physische Umwelt. KÖNIG folgt dabei den Modellvorstellungen von HOMANS

(1960) über die menschliche Gruppe. Durch die „schöpferische Anpassung" über den Weg der „Arbeit" werden die natürlichen Gegebenheiten bzw. ganz allgemein die Außenweltbestandteile in den Dienst der Gruppe gestellt und gleichzeitig kulturell überformt. Dieses Prinzip des *„creative adjustment"* erscheint im Grunde schon in den Denkansätzen von VIDAL DE LA BLACHE. Unter dem Grundsatz der „schöpferischen Anpassung" erscheinen die Mensch-Natur-Umwelt-Beziehungen frei von einseitigen Zwangsläufigkeiten, d. h. unbeschwert von jedwedem Geo- bzw. Sozialdeterminismus.

Der Einfluß von VIDAL DE LA BLACHE ist bedeutend. Seine Theorien haben dem sozialen Element in der Geographie einen festen Platz eingeräumt. Die moderne französische Sozialgeographie geht direkt auf ihn zurück. Dasselbe gilt für die Utrechter Schule in Holland. Auch die Schulen der anthropogeographischen Traditionen in Deutschland, England und den USA haben nach und nach, wenn auch zeitlich wesentlich später, das Konzept von VIDAL DE LA BLACHE akzeptiert.

Morphogenetische Phase der Anthropogeographie

Die auf die Familie gerichtete Perspektive der frühen „Science sociale" und die Einengung der geographischen Umwelt auf wenige Typen reichten keineswegs aus, um die räumliche Existenz der Gesellschaft als Ganzes zu erfassen. Ende des 19. Jahrhunderts unternahm DURKHEIM (1899) deshalb den Versuch, die materielle Gesamtkultur einschließlich ihres landschaftlichen Niederschlages darzustellen.

DURKHEIM verstand die soziale Wirklichkeit aus der Zweiheit des „inneren" und „äußeren sozialen Milieus", den „Tatbeständen des Handelns" und dem „Substrat des Kollektivseins". Soziale Normen, Verhaltenssteuerungen durch Erziehung, Recht und Religion beispielsweise bestimmen die Tatbestände des Handelns. Zum Substrat des Kollektivlebens rechnete DURKHEIM Zahl und Natur der Teile, aus denen er die Gesellschaft zusammengesetzt sah, die Art ihrer Anordnung, die räumliche Verteilung der Bevölkerung, die Struktur der Verkehrswege, die Gestaltung der Wohnstätten und Siedlungen. Die Erforschung dieses *„Substrats"* wollte er einer neuen Teildisziplin der Soziologie, der *„sozialen Morphologie"* vorbehalten. Hier wird klar, daß das „Substrat" die Kulturlandschaft im geographischen Sinne einschließt. DURKHEIM wollte deshalb auch RATZEL das Recht absprechen, eine neue Geographie unter Einbeziehung des Menschen zu begründen. Seine Schüler rückten jedoch von diesem Ausschließlichkeitsanspruch ab und verstanden die „soziale Morphologie" als Synthese von Demographie und Anthropogeographie. Ein Hineinwirken geographischer Aspekte in die Sozialforschung mit Akzentverlagerung auf das Kulturlandschaftliche, das Morphologische, bleibt unverkennbar (MAUSS 1927).

Die Neigung zur Überbetonung von Formalelementen zeigte sich Anfang des 20. Jahrhunderts auch in der deutschen Geographie. Die sozialmorphologische Substratforschung findet eine Parallele in SCHLÜTERS (1906) Hinwendung zur sinnlich wahrnehmbaren, vom Menschen geformten Welt, der Kulturlandschaft. SCHLÜTER forderte als Aufgabe der Geographie eine „Morphologie der Kulturlandschaft" und Einsichten in deren historisches Werden. Mag diese Konzeption für die Theorie der Geographie auch sehr bedeutsam sein – brachte sie doch die formale und historisch-genetische Betrachtungsweise –, so bleibt die morphologische Periode doch für die Sozialgeographie wenig fruchtbar und beschleunigte in keiner Weise ihre Entwicklung. Sie führte zur langen Diskussion um den Landschaftsbegriff und zur Überbewertung des Formal-Strukturellen, vernachlässigte aber das aktuelle raumwirksame Kräftefeld gesellschaftlicher Bezüge.

Demgegenüber muß festgestellt werden, daß die Beschreibung des sichtbaren Gefüges der Landschaft zwar notwendig ist, aber zumeist noch keine Erklärung bringt. Die Betrachtung des Formenwandels im Zeitablauf gibt nur bedingt Aufschluß über die Kräfte und Prozesse, die diesen Wandel herbeiführen. Entwicklungstendenzen künftiger Raumbildungen treten weitgehend in den Hintergrund, und das Verhältnis von Inhalt und Form bleibt ungelöst. SCHLÜTER mag dies vielleicht auch empfunden haben, wenn er neben der morphogenetisch orientierten Kulturgeographie auch eine Bevölkerungsgeographie der menschlichen Gemeinschaften fordert. Grundsätzlich ist in der Geographie als allgemein gültiges Prinzip zu berücksichtigen: Physiognomie ist prinzipiell mehrdeutig, d. h., recht verschiedenartige Kräfte und Prozesse können unter Umständen gleiche Formen hervorbringen. Ebenso ist die Bestandsaufnahme sozialmorphologischer Datengefüge zu beurteilen, die oft stillschweigend mit sozialen Systemen in bestimmten Gebieten gleichgesetzt wurden. Materiell gleiche Gegebenheiten der sozialen Morphologie lassen sich jedoch auf sehr verschiedene Systeme zurückführen, die ihrerseits nur durch dahinterstehende Verhaltensweisen, Vorstellungen und Wertungen getrennt werden können.

Gedankengänge, die bis heute Aktualität in der Sozialgeographie besitzen, entdeckt man bei dem deutschen Soziologen SIMMEL (1908) und seinen Vorstellungen zur „räumlichen Ordnung der Gesellschaft". SIMMEL entwickelte bereits Konzeptionen über sozialpsychologische Gebietsabgrenzungen und Vorstellungen über Räume gleichgerichteten Sozialverhaltens, wie sie später etwa von HARTKE (1959) unter sozialgeographischem Aspekt weiterentwickelt wurden. An die Stelle geodeterministischer Abhängigkeiten (wie z. B. Gebirge oder Flüsse als „natürliche Grenzen") setzt SIMMEL den Einfluß politisch-sozialer Verhältnisse. Nicht Grundstücke oder Stadtbezirke begrenzen einander, sondern das Verhalten der Einwohner, der Eigentümer usw. Die Grenze wird gleichsam zum sozialen Faktum, das sich räumlich formt – Gedanken, die in den empirischen Forschungen der Sozialgeographie der fünfziger Jahre des 20.

Jahrhunderts ihre Bestätigung finden (HARTKE 1952).

In diesem Zusammenhang verdient wohl auch die Tatsache Beachtung, daß der Begriff „Sozialwirtschaftsgeographie" zu Beginn dieses Jahrhunderts im Gebrauch war. HEIDERICH (1913) weist darauf hin, daß HARMS, der 1911 das Institut für Weltwirtschaft und Seeverkehr in Kiel gründete, 1912 diesen Ausdruck verwendet. Das Anliegen von HARMS charakterisiert HEIDERICH so: „Mit dem Namen Sozialwirtschaftsgeographie will HARMS zweifellos die Stellung und das Stoffgebiet der Geographie im Rahmen der Sozialwirtschaftslehre kennzeichnen, sie als unentbehrliches und selbständiges Glied und als Teildisziplin der Sozialökonomik charakterisieren." HEIDERICH verweist im übrigen deutlich auf die große Bedeutung soziologischer Momente für die Wirtschaft, die sich „aus der körperlichen und geistigen Verschiedenheit einzelner wie ganzer Rassen und Völker, aus den differenzierten höheren und niedrigeren Formen des gesellschaftlichen Zusammenlebens und überhaupt aus der erreichbaren Kulturstufe ergeben" (HEIDERICH 1913, S. 469).

Funktionale Phase der Anthropogeographie und sozialwissenschaftliche Vorläufer

Wichtige Impulse erhielt die Sozialgeographie von der nordamerikanischen Sozial- bzw. Humanökologie (BARROWS 1923), wobei als Vorläufer im deutschsprachigen Bereich RIEHL (1859) zu nennen ist, dessen „Augsburger Studien" modern als humanökologisch zu bezeichnen wären. MACKENSEN (1960) weist auf diese frühen Beziehungen zwischen Soziologie und Geographie hin. In Amerika entstand die Sozialökologie vor allem aus der soziologisch-geographischen Erforschung des Verstädterungsproblems mit den grundlegenden Studien von PARK, BURGESS und MCKENZIE (1925). Beeindruckt von den Ideen der biologischen Evolutionstheorie, bekundete die amerikanische Soziologie der 20er Jahre ihr Interesse an der Biologie und ihrer Terminologie. Der Begriff *„Ökologie"* weist auf Beziehungen zwischen Organismen und ihrer Umwelt hin. Analog dazu belegte man das Mensch-Umwelt-Verhältnis mit demselben Begriff. In Angleichung an DARWINS Konzept vom „Kampf ums Dasein", der als Entwicklungs- und Ausleseprinzip wirkt, setzten die Ökologen den *„sozialen Wettbewerb"* als differenzierendes Prinzip und untersuchten jene Aspekte räumlicher Systeme, die sie davon gesteuert sahen.

Vor allem die Stadtgeographie erhielt aus den Arbeiten der *Sozialökologie* entscheidende Anregungen. Man denke nur an das „Ringmodell" des Städtewachstums nach BURGESS. Hier wurde nicht nur die funktionale Differenzierung des Stadtgefüges in Geschäftszentren, gewerblich durchsetzte Wohnzonen, reine Wohnzonen, durchmischte Randzonen als Modell diskutiert, sondern auch die daran gekoppelten sozialräumlichen Begleiterscheinungen. Die Stadt erscheint als sozialräumliche Organisationsform, die den Wandel menschlicher Existenz widerspiegelt. Wiederum in Analogie zu biologischen

Stoffwechselerscheinungen verstand man die Stadt als Organismus, der in den verschiedensten Arten der Verkehrsbewegung seinen Ausdruck findet. Kommunikations- und Informationsabläufe zwischen Wohnung, Arbeitsplatz, Schule, Geschäften, Dienstleistungs- und Freizeiteinrichtungen bestimmen die räumlichen Prozesse der Stadt.

Fast zeitgleich mit dieser Entwicklung in der Sozialökologie, wo der Raum als „funktionale Organisation der Gesellschaft" erkannt wurde, griff auch die Stadtgeographie durch BOBEK (1927) den Gedanken von der räumlichen Verflechtung menschlicher Lebensbereiche auf. Die funktionale Betrachtung von Räumen hat seitdem ihren festen Platz in der Geographie, denn gerade bei der Erklärung komplexer Kulturlandschaften, wie etwa der Stadt, reicht die morphogenetische Betrachtungsweise nicht aus. Will man z. B. Erscheinungen der Viertelsbildung oder der Stadt-Umland-Beziehungen verstehen, dann muß man sich der Verflechtung und Differenzierung menschlicher Lebensbereiche zuwenden. Der funktionalen Betrachtungsweise gelingt die dringend erforderliche Abstraktion vom Formalen, gegebenenfalls bis hin zur modellhaften Darstellung räumlicher Einflußgrößen.

Innerhalb des deutschsprachigen Bereiches führte insbesondere im Rahmen stadtgeographischer Betrachtungen BOBEK (1927) die funktionale Methode ein. Um dieselbe Zeit stellte CHRISTALLERS (1933) Theorie der zentralen Orte und ihrer Einflußbereiche einen der ersten und bekanntesten Entwürfe funktionsräumlicher Modelle dar. Außerhalb der Geographie hat sich das funktionale Prinzip zunächst vor allem im Städtebau, z. B. in den Thesen der „*Charta von Athen*" *(Le Corbusier)* niedergeschlagen, in Grundsätzen, die erstmals 1933 formuliert wurden. In Raumordnung und Planung stellt der „*Funktionalismus*" heute – wenn auch z. T. wieder in Frage gestellt – eine vielgeübte Methode dar, welche die wichtigsten Lebensbereiche nach ihren Zusammenhängen analysiert und nach gewissen Wertvorstellungen (Leitbildern) räumlichen Ordnungszielen unterwirft.

Der Begriff Funktion besitzt in der Geographie eine doppelte Bedeutung: nämlich Abhängigkeitsverhältnis und Daseinsäußerung. In Anlehnung an den mathematischen Funktionsbegriff – etwa gemäß der Formel $Y = f(X)$ – versteht die quantitativ denkende Geographie darunter hauptsächlich die Abhängigkeitsbeziehung meßbarer Größen. In einem zweiten Sinn bedeutet Funktion in der Geographie, ähnlich wie in der Sozialökologie, soviel wie Lebensbedürfnis, Aufgabe, Tätigkeit oder Daseinsäußerung. Aus der geographischen Empirie leitet BOBEK (1948) beispielsweise 6 Funktionskreise ab:

1. biosoziale Funktionen (Fortpflanzung und Aufzucht zwecks Erhaltung der Art),
2. ökosoziale Funktionen (Wirtschafts-Bedarfsdeckung und Reichtumsbildung),
3. politische Funktionen (Behauptung und Durchsetzung der eigenen Geltung),

4. toposoziale Funktionen (Siedlungs-Ordnung des bewohnten und genutzten Landes),
5. migrosoziale Funktionen (Wanderung, Standortänderungen),
6. Kulturfunktionen (soweit landschafts- oder länderkundlich belangreich).

Diese Terminologie ist jedoch in der wissenschaftlichen Literatur nicht weiter verbreitet. Nachhaltig dagegen hat sich der Funktionskatalog aus der Sprachregelung der Raumordnung eingebürgert. So spricht PARTZSCH (1964) von den kategorialen Grunddaseinsfunktionen:
1. Wohnen,
2. Arbeiten,
3. Sich-Versorgen,
4. Sich-Bilden,
5. Sich-Erholen,
6. Verkehrsteilnahme,
7. In Gemeinschaften leben.

Diesen Funktionskatalog haben RUPPERT und SCHAFFER (1969) aus folgenden Überlegungen heraus der Sozialgeographie nutzbar gemacht: Die Grundfunktionen menschlicher Daseinsäußerungen verbindet ein mehrseitiges Abhängigkeitsverhältnis, d. h., sie bilden als komplexes Wirkungsgefüge das „anthropogene Kräftefeld", das in enger Wechselbeziehung mit der natürlichen Umwelt steht (BUSCH-ZANTNER, 1937), die nach wie vor die Grundlage für die räumliche Lebensentfaltung darbietet. Alle diese menschlichen Daseinsfunktionen besitzen spezifische Flächen- und Raumansprüche sowie „verortete" Einrichtungen, deren regional differenzierte „Muster" die Geographie zu erfassen und wissenschaftlich zu erklären hat. Die Kulturlandschaft ist letztlich ein komplexes Gefügebild räumlicher Strukturmuster der erwähnten Daseinsfunktionen der Gesellschaft eines Gebietes.

Das Denkschema der Grunddaseinsfunktionen – oder vereinfacht der Grundfunktionen – hat inzwischen eine sehr weite Verbreitung gefunden. Es handelt sich hierbei jedoch keineswegs um ein starres Ordnungsschema, das die Positionen des sogenannten länderkundlichen Schemas einfach nur „umtauft" und durch einen neuen Katalog von beliebig vermehrbaren „Schubfächern" ersetzt. Das entscheidend Neue ist vielmehr, wie THOMALE (1972, S. 248) es ausdrückte, daß hier ein Systemvorschlag gemacht wurde, der „nicht mehr schachbrettartig nach objektbezogenen, sondern sektoral nach funktionsbezogenen Teildisziplinen" gliedert. Damit werden einer weiteren Aufsplitterung der Geographie Grenzen gesetzt. Das integrative Moment des sozialgeographischen Konzeptes wird deutlich, und die Träger der Raumgestaltung, die menschlichen Gruppen, rücken stärker in den Blickpunkt.

Gegenüber kritischen Stimmen muß hervorgehoben werden, daß eine „unmittelbare Plausibilität und intuitive Einsichtigkeit" der Grundfunktionen in der Diskussion nie als vorrangige Eigenschaft betont wurde. Ebenso wäre es ein klares Fehlverständnis, wenn Fachdidaktiker Grenzen der Verwendbarkeit in einer „plakativen Schlagwortbedeutung" sehen oder im „Versuch, von den Grundfunktionen als den grundlegenden Lebensbereichen aus . . . das gesamte geographische Curriculum in der Schule zu bestimmen und zu strukturieren" (BIRKENHAUER 1974).

Schon einfache Erfahrungen mit empirischen Arbeiten zeigen, daß es durchaus zu Zuordnungsüberschneidungen raumwirksamer Verhaltensweisen nach den Grundfunktionen kommen kann. Trotzdem lassen sich Schwerpunkte der Zuordnung ohne Schwierigkeiten verdeutlichen, so daß mit Recht von der Raumrelevanz der einzelnen Grundfunktionen gesprochen werden kann. Schließlich wird man z. B. einen Arbeitsstandort – etwa eine Maschinenfabrik – nicht deshalb zum Versorgungsstandort erklären, weil sich dort u. a. auch eine Kantine befindet. Ebenso entstehen auch nur bei einem naiven „Schubfächerdenken" Schwierigkeiten, weil etwa ein Kaufhaus für eine gewisse Zahl Arbeitskräfte der Arbeitsstandort, für eine Vielzahl von Einwohnern einer Stadt aber Versorgungsstandort ist.

Einen „Zwang, alles und jedes stets und ständig *einer* (Hervorhebung durch d. Verfasser) der Grundfunktionen zuzuordnen...", (BIRKENHAUER 1974, S. 501), gibt es nicht. Im übrigen sei noch darauf hingewiesen, daß auch in dem traditionellen objektbezogenen Schema zahlreiche Zuordnungsüberschneidungen auftraten. So konnte z. B. das Bauernhaus sowohl Bestandteil einer agrargeographischen wie auch einer siedlungsgeographischen Studie sein, ohne dadurch das Ordnungsschema in Frage zu stellen. Wenn in einzelnen Studien dem oben genannten Zwang gehuldigt wurde, dann liegt die Ursache wohl kaum im Schema der Grundfunktionen verborgen. Vielmehr gilt in diesem Zusammenhang sinngemäß, was PFEIFER (1965, S. 23) bezüglich des sogenannten „Hettnerschen Schemas" formulierte: „Wer sich dem Schema als Gesetz unterwirft, ist gesetzeshöriger als das Schema je bei einem Wissenschaftler voraussetzen konnte."

Was die Stellung der Grundfunktionen innerhalb der Konzeption der Sozialgeographie anbelangt, so soll keineswegs nur hier der einzig denkbare wissenschaftliche Ansatz vermutet werden. Ebenso stellen diese Überlegungen keinen Theorieersatz für Modelle einer „geographischen Geometrie" dar. Es wäre sachlogisch falsch, zwischen den Grundfunktionen und sozialgeographischen Prozeßabläufen wie Industrialisierung oder Urbanisierung eine Rangordnung der Bedeutsamkeit aufzustellen (BIRKENHAUER 1974). Es handelt sich vielmehr um zwei völlig verschiedene Ebenen. Die einzelnen Grundfunktionen zeigen z. B. bei einer prozessualen Betrachtung den Ablauf des Urbanisierungsprozesses, der sich in sehr unterschiedlichen Formen niederschlägt (PAESLER, 1975).

Was die Zahl der Grundfunktionen anbelangt, so kann diese weder willkürlich vermehrt werden, noch handelt es sich um normative Setzungen. Sachlogisch ergibt sich ihre Erfassung aus einer typischen, fachspezifischen Arbeitsweise der Geographie: der Empirie. Dabei läßt sich eine quantitative Eingrenzung innerhalb des Schemas der Grundfunktionen auf verschiedenen Wegen erreichen, wenn man ihre Raumwirksamkeit und massenstatistische Erfaßbarkeit als Entscheidungskriterium im Auge hat. Sowohl über Zeithaushaltsstudien als auch über die Bedeutung der Flächenansprüche menschlicher Daseinsäußerungen bieten sich hier Ansatzpunkte. Auch die zahlenmäßige Darstellung verkehrsräumlicher Aktivitäten bietet in diesem Zusammenhang Ansätze zur Quantifizierung (MAIER, 1975). Darin liegt u. a. die Brauchbarkeit dieses Schemas aus fachspezifischer Sicht begründet.

Das auf Seite 26 abgebildete Raumsystem zeigt im übrigen, welcher Stellenwert von den Verfassern den Grundfunktionen im zeitlich und gruppenspezifisch veränderten Ablauf beigemessen wird. Der Niederschlag raumwirksamer Aktivitäten erfolgt über die spezifischen Grundfunktionen, wobei natürlich in der Regel verschiedene Gruppen auch mit unterschiedlicher Intensität handeln. In diesem Zusammenhang sei auf die Studien von JASCHKE (1973, 1974) verwiesen, der die Möglichkeiten und Grenzen der Korrelation zwischen Sozial- und Siedlungsstruktur aufzeigte. Den gleichen Sachverhalt belegen auch die frühen historisch-genetischen Studien der Wiener Schule im Bereich der Wohnstandorte. Die rasche Verbreitung der obigen grundsätzlichen Überlegungen im gesamten Bereich der Raumwissenschaften – über die Geographie hinaus – verweist im übrigen auf ihre Brauchbarkeit.

Das sozialgeographische Konzept

Der Schritt zur sozialgeographischen Konzeption

Trotz des großen Fortschritts, den die funktionale Methode für die Entwicklung der Sozialgeographie bedeutet, haftet ihr doch ein entscheidender Nachteil an: Sie schenkt den Akteuren in ihrem System zu wenig Aufmerksamkeit. Andererseits fehlte aber von der funktionalen Anthropogeographie zur Sozialgeographie nur mehr ein kleiner Schritt. Mit der Einsicht, daß die Träger der Funktionen und Schöpfer räumlicher Strukturen letztlich menschliche Gruppen sind, ist die Schwenkung zur sozialgeographischen Konzeption vollzogen. Abgesehen von den Forschungsergebnissen der Sozialwissenschaften, ist es eine Erfahrungstatsache, daß die Menschen niemals voneinander isoliert, gleichsam als Summe unabhängiger Individuen, werten, agieren und reagieren, sondern daß sie eingebunden sind in einen bestimmten Sozialzusammenhang des Miteinanderlebens, -wertens und -handelns in den Daseinsfunktionen ihrer Existenz.

Vor allem französische Geographen haben als erste mit Nachdruck die Gruppenhaftigkeit menschlichen Wirkens herausgestellt. Besonders deutlich wird diese Auffassung bei DEMANGEON (1942). Seine Überlegungen zur Definition einer „geographie humaine" enthalten bereits 1942 folgende Formulierungen: „... die ‚geographie humaine' ist das Studium menschlicher Gruppen in ihren Beziehungen zum geographischen Milieu. Wir verzichten darauf, die Menschen als Individuen zu betrachten. Durch das Studium des Individuums können Anthropologie und Medizin zu wissenschaftlichen Ergebnissen gelangen, nicht die ‚geographie humaine'. Ihr Forschungsgegenstand sind die Menschen als Kollektiv, als Gruppe: es sind die Aktionen der Menschen ebenso wie die der Gesellschaften. Wir müssen also bei unseren Untersuchungen nicht vom Individuum, sondern von der Gruppe ausgehen. So weit wir auch in die Geschichte zurückblicken, wir stellen immer wieder fest, daß das Leben in Gruppen, mit Menschen gleicher Lebensart, ein unabdingbarer Bestandteil menschlicher Natur ist." Anschließend nimmt er dann auch gegen einen absoluten Determinismus Stellung und verweist auf die Möglichkeiten menschlicher Initiativen.

In jüngster Zeit war es vor allem das Verdienst von BOBEK und HARTKE, die oben angesprochenen Vorgaben sozialgeographischen Denkens in die Geographie integriert zu haben. Gestützt auf Ergebnisse eigener empirischer Untersuchungen, sahen sie das Handeln der Menschen weitgehend von der Zugehörigkeit zu gesellschaftlichen Gruppierungen beeinflußt (BOBEK, 1948, 1950, 1953 u. 1961). Ganz gezielt betrachteten sie menschliche Gruppen als Träger der Daseinsfunktionen und leiteten daraus Regelhaftigkeiten räumlicher Entwicklungen ab (HARTKE, 1959).

Trotz mancher Übereinstimmungen im Grundsätzlichen haben innerhalb der Sozialgeographie weitere Differenzierungen stattgefunden, die einerseits auf unterschiedliche inhaltliche Schwerpunkte der Forschung und andererseits auf zum Teil miteinander konkurrierende methodische Ansätze zurückzuführen sind. Es hat sich jedoch immer wieder sehr deutlich gezeigt, daß eine Anthropogeographie, die an den Erkenntnissen der Sozialwissenschaften nicht vorbeigehen will, letztlich eine Geographie menschlicher Gruppen, d. h. Sozialgeographie als Kernsubstanz enthält.

Definition der Sozialgeographie

Die sozialgeographische Konzeption ergibt sich aus der Weiterentwicklung der funktionalen Anthropogeographie unter sozialwissenschaftlichen Aspekten, ohne dabei ihre Herkunft, die Geographie, zu verleugnen. Als Definition für den Begriff Sozialgeographie wird hier folgende Formulierung verwandt:

Die Sozialgeographie ist die Wissenschaft von den räumlichen Organisationsformen und raumbildenden Prozessen der Daseinsgrundfunktionen menschlicher Gruppen und Gesellschaften (nach SCHAFFER, 1968, S. 16).

Die Erdoberfläche als Inbegriff aller abiotischen, biotischen und sozialen Strukturen und Erscheinungen bleibt also Ausgangspunkt der geographischen Überlegungen. Das Hauptinteresse der Sozialgeographie richtet sich jedoch nicht einseitig auf die Landschaft – im Sinne eines Ausschnittes der Erdoberfläche –, sondern es zielt auf die Raumwirksamkeit der Sozialgruppen bzw. die Gesellschaften in ihren räumlichen Aktivitäten mit ihren raumgebundenen Verhaltensweisen und den von ihnen ausgehenden raumbildenden Prozessen und Funktionen. Nach Meinung BOBEKS (1963) hat jede sozialgeographische Untersuchung mindestens die folgenden drei Fragenkreise zu berücksichtigen: In jedem sozialgeographischen Komplex, das mag eine Siedlung, eine Region oder ein Land sein, muß man
1. die Bestimmung der räumlichen Sozialstrukturen vornehmen, d. h. raumwirksame Gruppen ausscheiden und ihre Verteilung im Gebiet studieren. BOBEK bezeichnet diesen Schritt als Bestimmung der „geographischen Sozialstruktur";
2. hat die Bestimmung des räumlichen Systems der Funktionen und Prozesse eben jener Gruppen zu erfolgen („geographisches Sozialsystem");
3. schließlich geht es um die Erfassung der Raumstrukturen. BOBEK nennt sie die „funktionierenden Stätten", die den räumlichen Ablauf des Lebens ermöglichen.

Die oben gegebene Definition der Sozialgeographie beinhaltet zwei Auffassungen über das Räumliche: eine strukturale und eine prozeßhafte. Die *strukturale* Komponente in der vorgeschlagenen Konzeption zielt auf die Erfassung und Erklärung der regional differenzierten Gesellschaftsstrukturen und unterschiedlich ausgeprägten räumlichen Muster der Daseinsfunktionen der sozialen Gruppen bzw. der Gesellschaften, d. h. auf die „funktionierenden Stätten".

Die *prozeßhafte* Komponente der Definition lenkt das Interesse auf die Entstehung neuer bzw. auf die Abwandlung bestehender Raumstrukturen. Die „Landschaft" wird als Prozeßfeld gedeutet (RUPPERT, 1968), aus dem sich durch die Aktivitäten der Gruppen, d. h. bei ihrer Daseinsentfaltung, fortlaufend Strukturen erneuern, abwandeln oder bilden. Die sichtbar gewordenen Strukturmuster in der Landschaft sind gleichsam als „geronnene Durchgangsstadien" früher abgelaufener Prozesse zu verstehen. HARTKE (1959) bezeichnet im gleichen Sinn die Landschaft als Registrierplatte sozialgeographischer Vorgänge.

Das oben Gesagte bedeutet keineswegs eine Vernachlässigung der physischgeographischen Situation, denn diese wirkt über wechselnde Bewertungsvorgänge, von Zivilisationsstand zu Zivilisationsstand recht unterschiedlich, in die Entscheidungen des Menschen hinein. Wenn man so will, ist das sozialgeographischer Possibilismus neuerer Prägung – VIDAL DE LA BLACHE hat das im Grundsatz schon um die Jahrhundertwende angedeutet.

Gerade die Tatsache der sozialen Relativierung menschlichen Handelns erlaubt es nicht, einen Sozialdeterminismus in der Geographie zu fordern. Es geht nicht darum, „jede Erklärung auf einen Endzweck zurückzuführen oder zu behaupten, daß die Entwicklung jeder Region durch die Organisation ihrer Gesellschaft vorbestimmt sei. Es gibt weder einen sozialen noch einen natürlichen Determinismus. Innerhalb des regionalen Komplexes wirken alle Elemente ständig aufeinander ein und noch dazu im ‚offenen System', d. h. indem sie gleichzeitig durch die Nachbarregionen und durch die allgemeine Entwicklung beeinflußt werden" (BRUNET, 1968 S. 21).

Abb. 1: Übersicht über die Phasen anthropogeographischer und empirisch-soziologischer Wissenschaftsentwicklung (nach Thomale 1972)

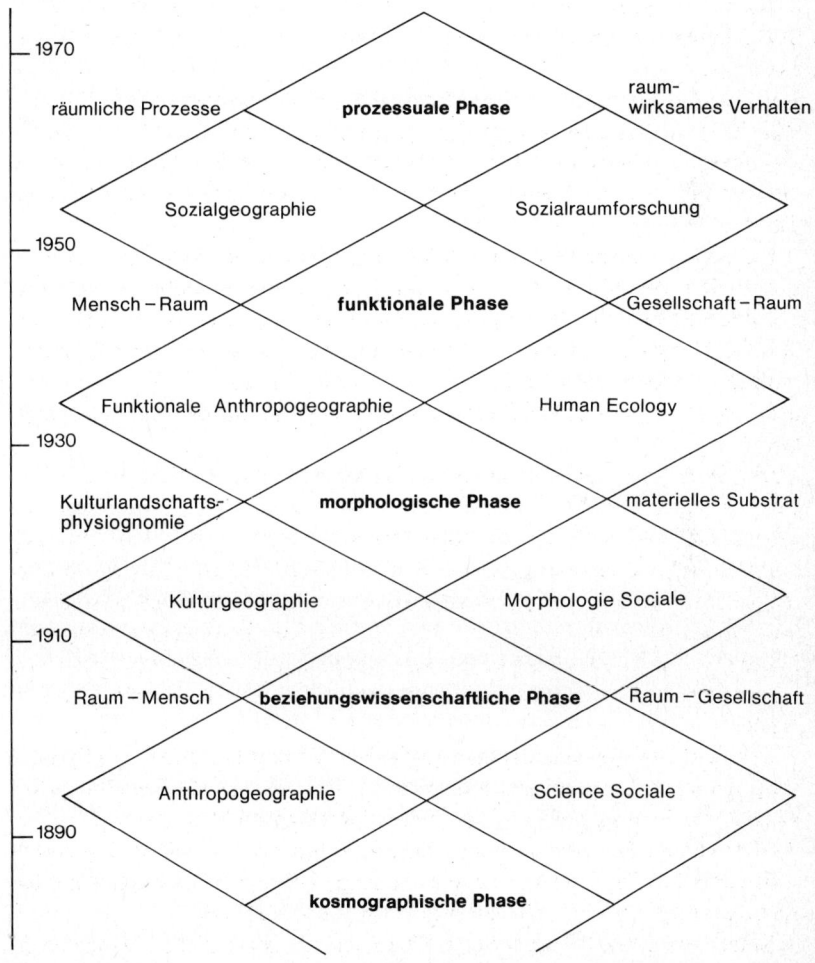

Der integrierende Effekt der Sozialgeographie

Alle Funktionsfelder zentrieren sich in der Gesellschaft bzw. den sozialen Gruppen in einem konkreten räumlichen Bezug, d. h. einer spezifisch gewordenen Kulturlandschaft. Die Sozialgeographie erklärt die räumlichen Erscheinungen dieser Kulturlandschaften aus dem Zusammenspiel der Gruppen und der Ausübung ihrer Grundfunktionen. Daher sollte keine der anthropogeographischen Teildisziplinen (z. B. Wirtschafts-, Siedlungs-, Agrargeographie usw.) isoliert vom gesellschaftlichen Bezug, losgelöst von der sozialgeographischen Denkweise, betrieben werden. Eine scharfe Abgrenzung der einzelnen Perspektiven der Sozialgeographie nach Grundfunktionen wäre aus systematischer Sicht möglich. Aus der Erfahrung empirischer Untersuchungen heraus erweisen sich jedoch scharfe Trennungen oder Rangüberlegungen weder als sinnvoll noch als notwendig.

Die sozialgeographische Denkweise wirkt somit zentrierend, nicht divergierend. Als integrierendes Forschungsprinzip verhindert sie die Verselbständigung der anthropogeographischen Teildisziplinen, die z. B. ILEŠIČ (1968) für die Agrargeographie bedauerte und im Rahmen einer komplexen Geographie des ländlichen Raumes aufhalten möchte. (Eine parallele Zielsetzung für die physische Geographie erörtert WEICHHART [1975] im Konzept einer Ökogeographie.) Überdies trägt die sozialgeographische Betrachtung konkreter funktionaler Raumeinheiten zur Aufhebung der Polarisierung zwischen Allgemeiner Geographie und Länderkunde bei (RUPPERT, 1971b). Die hier im Vordergrund stehenden allgemeinen Prinzipien der Sozialgeographie bedürfen daher in Zukunft einer dringenden Ergänzung durch regionalspezifische Darstellungen in den verschiedensten Räumen der Erde (z. B. sozialgeographisch differenzierter ländlicher Raum).

Ganz in diesem Sinne sehen UHLIG (1970) und BOBEK (1972) in der Sozialgeographie die Lehre von den sozialen Kräften, die in allen Teilgebieten der Anthropogeograpie wirken (vgl. Abb. 2 u. 4). Selbstverständlich bleibt es möglich, das eine oder andere Funktionsfeld, d. h. einzelne Daseinsbereiche, mit den entsprechenden räumlichen Mustern und Prozessen eingehender zu analysieren. Die Rückkoppelung zum Funktionsträger, letztlich zur Gesellschaft mit ihren interdependenten Lebensbedürfnissen, darf nicht außer acht bleiben.

Eine ausschließliche Bearbeitung der räumlichen Aspekte des psychosozialen Funktionsfeldes „in Gemeinschaften leben" im Stile einer soziologisierten Regionalwissenschaft würde sich in diesem Sinne von der übergreifenden sozialgeographischen Konzeption ebenso entfernen wie etwa eine einseitig betriebene Wirtschaftsgeographie, die eine „Rückkoppelung" zum Gesellschaftlichen ablehnt. Erst recht geht es nicht darum, alle bestehenden Zweige der Anthropogeographie auf gegebenenfalls vorhandene sozialgeographische Bestandteile durchzukämmen, um daraus eine neue Sozialgeographie zusammenzuflicken (OTREMBA, 1962).

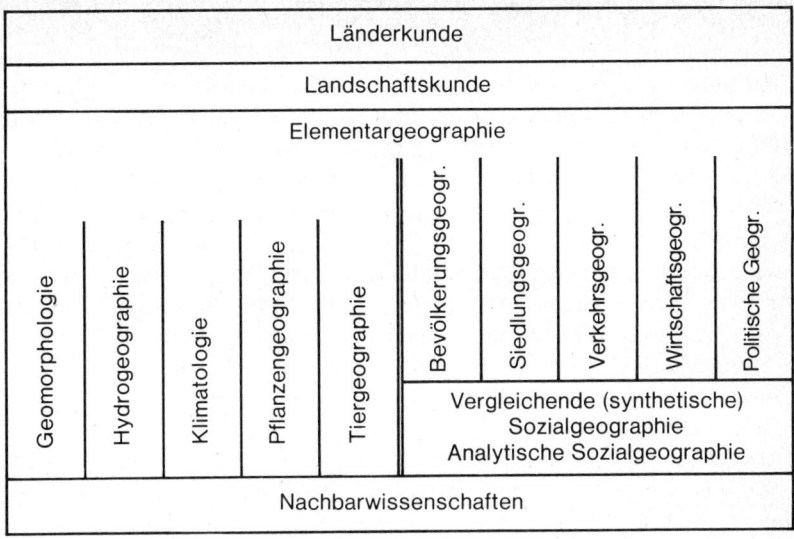

Abb. 2: Die Stellung der Sozialgeographie im System der Geographie (nach Bobek 1957)

Das sozialgeographische Raumsystem

Die bisher dargelegten Grundvorstellungen lassen sich zu einem Denkschema zusammenfügen (vgl. Abb. 3). Es zeigt ein Raumsystem, das sowohl in zeitlicher als auch in räumlicher und gruppenspezifischer Vielfalt existiert. Innerhalb verschiedener Sozialgruppen können durchaus unterschiedliche Abläufe registriert werden, die erst das komplexe Gefügebild der verorteten Muster tragen und gestalten.

Ausgangspunkt des Schemas ist die Gesamtheit der materiellen und immateriellen Informationsvielfalt. Sie bildet die Grundlage für die Entstehung der Vorstellungen von der Umwelt. In diesem Bereich bewegen sich zur Zeit zahlreiche Diskussionen um die Bedeutung der Wahrnehmungspsychologie für die Geographie. Methodologisch spielen diese Untersuchungen, von DOWNS und STEA (1973), HAMELIN (1974), SAARINEN (1969) u. a. angeregt, in der deutschen Literatur etwa bei der Erfassung und Bewertung von Imagequalitäten oder Präferenzen verschiedener Sozialgruppen in bezug auf ausgewählte Städte eine Rolle. Solche Vorstellungen bestimmen die unterschiedlichen Einschätzungen räumlicher Bereiche, die man z. B. als Ortspräferenzen bezeich-

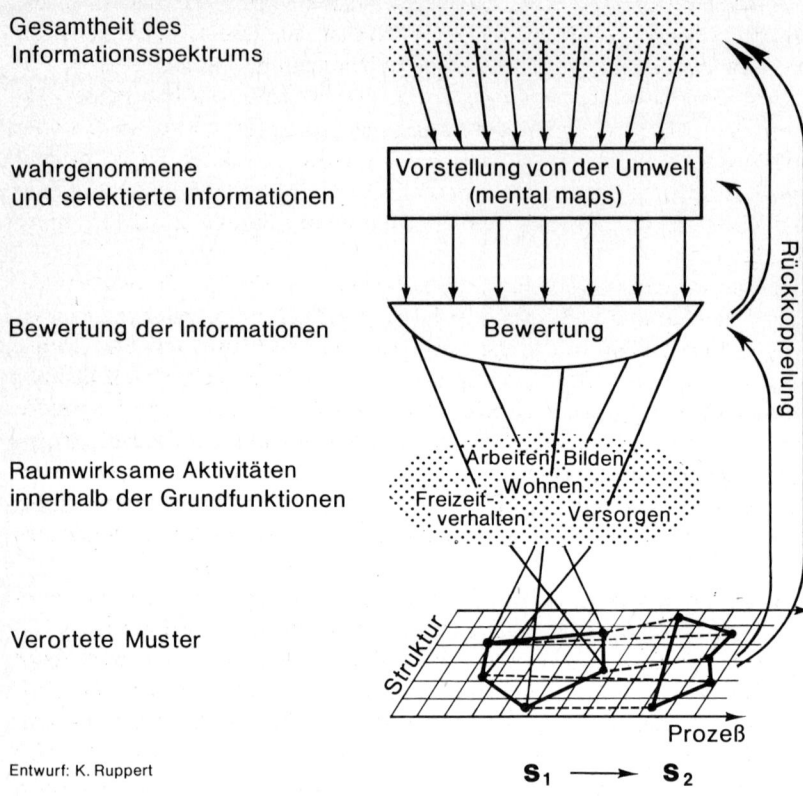

Entwurf: K. Ruppert

Veränderte verortete Muster und Reichweiten

Abb. 3: Das sozialgeographische Raumsystem (Entwurf K. Ruppert)

nen kann. Wie H. MONHEIM (1972) zu zeigen versuchte, können diese u. a. bei Standortentscheidungen eine Bedeutung erlangen.

Studien auf dieser Ebene bemühen sich „... um eine Vertiefung der Frage nach dem Zustandekommen menschlicher Aktivitäten, indem sie den Entschlußbildungen und ihren Motivationen, auf denen letztlich die räumliche Ordnung gesellschaftlichen Lebens beruht", nachgehen (BARTELS, 1970). Insofern gehört das Image eines Ortes ebenfalls zu den sozialgeographisch beachtenswerten Ortsqualitäten. (RUHL, 1971). H. MONHEIM konnte z. B. in seiner Arbeit verdeutlichen, daß die von ihm für 10 Verdichtungsräume ermittelten Ortspräferenzen mit den entsprechenden Zuwachsraten von Bürobetrieben für einen gewissen Zeitraum in der Tendenz übereinstimmen. Dieser Sachverhalt kann als Bestätigung für die Realität der Ortspräferenzen, aber auch als Auswirkung realer Strukturen auf die Standortmobilität angesehen werden. Verfahrenstechnisch steht bei diesen Studien neben der Befragung das Zeichnen räumlicher Erscheinungen in Gestalt von „mental maps" oder die Interpretation vorgelegter Bilderserien im Vordergrund. So sehr dabei auf die sicher nicht unwichtigen Vorstellungen und Bewertungen bestimmter Aktionsräume durch die einzelnen Sozialgruppen verwiesen wird, werfen doch die Probleme der Zeichentechnik und die große subjektive Interpretationsmöglichkeit durch den untersuchenden Geographen eine Reihe von Fragen auf, deren Klärung meist nur von Psychologen und Soziologen vorgenommen werden kann.

Leider wird in manchen dieser Studien versäumt, die Relation zwischen tatsächlichen Strukturen einerseits und den bestehenden Vorstellungen andererseits zu überprüfen, so daß die Frage, wieweit reale Strukturen die „mental maps" bestimmen, offenbleibt. Ebenso wird man der tatsächlichen Bedeutung der Wirklichkeit nur dann gerecht, wenn man auch den Rückkoppelungseffekt berücksichtigt, der von den verorteten Mustern ausgeht. Die Sozialgeographie muß daher immer den realen Strukturen einen außerordentlich hohen Stellenwert einräumen; Geographie wird immer zum größten Teil Strukturforschung bleiben. Dies gilt erst recht, wenn man den Prozeß als Abfolge von Strukturen ansieht.

Insgesamt gesehen, eröffnet sich mit diesen Ansätzen ein neuer, interdisziplinärer Grenzbereich für die Geographie, dessen Bearbeitung durchaus als Ergänzung der sozialgeographischen Forschung angesehen werden sollte. Es ist aber auch zu bemerken, daß diese Gedanken über Vorstellungen von Realitäten und ihre Einbeziehung in menschliches Verhalten im Raum innerhalb der Sozialgeographie durchaus nicht neu sind, sondern z. B. bereits in den 50er Jahren von HARTKE angesprochen wurden, bezieht doch der Mensch seiner Meinung nach alle Faktoren in seine Spekulationen ein, und zwar je nach dem Wert, der diesen Faktoren von der Gesellschaft selbst oder der ihr zugrundeliegenden Wertordnung zugemessen wird.

Die Tatsache gruppenspezifischer Bewertung, als nächster Schritt im Raumsystem, ist in der Sozialgeographie seit langem unbestritten. Relativierungen, wie sie in den Begriffen Wert, Norm oder gruppenspezifische Orientierung zum Ausdruck kommen, sind insbesondere in den grundlegenden Arbeiten von BOBEK (1948 u. 1962) und HARTKE (1953 u. 1959) erläutert worden. Bewertungsvorgänge steuern über die einzelnen Funktionsfelder der Grundfunktionen das prozessuale Geschehen und tragen damit zur Stabilität, zur Veränderung oder zur Neubildung verorteter Strukturmuster bei. Die Steuerung der Siedlungstätigkeit durch unterschiedliche Bewertungen landschaftlicher Gegebenheiten hebt auch JÄGER (1958) beim Studium der Entwicklungsperioden agrarer Siedlungsgebiete hervor, wenn er über Wüstungen schreibt. Die These, daß es sich um Fehlsiedlungen handelte, „schaut zu einseitig auf die natürlichen Verhältnisse und sieht diese noch dazu als für alle Gesellschaften und Zeiten gleichwertig an. Ein und derselbe Fleck Boden kann aber im Laufe der Landschaftsgeschichte seinen Wert für den Menschen ändern. Die Anlage von Ortschaften ... zur mittelalterlichen Ausbauzeit, ihr Eingehen während der Wüstungsperiode und ihre erneute Besiedlung nachher kann nur durch ein derartiges Auf und Ab der Wertung verstanden werden."

Bewertungsvorgänge werden von den sozialen Gruppen getragen. Ihre räumlichen Aktivitäten werden zum steuernden Moment der Struktur- bzw. Prozeßabläufe, erkennbar in den verorteten Mustern, in den funktionierenden Stätten. Im Hinblick auf diesen Sachverhalt nennt BARTELS (1970) als Hauptaufgabe des Faches „... die Erfassung und Erklärung erdoberflächlicher Verbreitungs- und Verknüpfungsmuster im Bereich menschlicher Handlungen und ihrer Motivationskreise...". Erfassung der funktionierenden Stätten, Untersuchung regionaler Zusammenhänge, die nach empirischen Gesetzmäßigkeiten fragt, sind feste Bestandteile jeglicher sozialgeographischer Analyse, die sich dabei fachbezogener Arbeitsweisen, wie z. B. der Darstellung zahlenmäßiger Sachverhalte in thematischen Karten, der Luftbildinterpretation, der Kartierung im Gelände usw. bedient. Auch die zahlreichen statistischen Verfahren haben hier ihren Platz. Sie helfen bei der Hypothesenüberprüfung und zur Zielfindung im Hinblick auf allgemeingültige Vorstellungen, etwa bei der Erstellung räumlicher Modelle.

Im Prozeßfeld werden Gravitationsmuster, Intensitätsrelationen, Innovationen usw. sichtbar, wie sie z. B. von BARTELS, WIRTH, BORCHERDT, HÄGERSTRAND u. a. diskutiert wurden. Hier dokumentieren sich weltweite Prozesse wie Industrialisierung oder Urbanisierung, gesteuert von sozialgeographischen Raumsystemen, deren Auswirkungen schon immer Gegenstand geographischer Betrachtung waren. Dabei ist der Blick nicht mehr – wie häufig bei der historisch-genetischen Betrachtungsweise – nach rückwärts gewendet. Die stärkere Hinwendung zur Verallgemeinerung von Aussagen hat durch ihre Gegenwartsbezogenheit die Sozialgeographie zu einem immer bedeutsameren Partner der Regionalplanung werden lassen. Sie hält wichtige Entscheidungsgrundlagen für die Planung der zukünftigen Entwicklung bereit. Bei der Mitarbeit in praktischen Planungsfragen zeigt sich immer wieder, daß nach wie vor die Kenntnis des jeweils behandelten Raumes eine Voraussetzung ist, die vom Geographen gefordert wird, nicht zuletzt auch in bezug auf die naturgeographischen Verhältnisse.

Arbeitsgebiete der Sozialgeographie

Eine Wertstaffelung der Grundfunktionen im Bereich unserer Industriegesellschaft – so wie es z. B. LENG (1973) fordert – erscheint wenig sinnvoll, denn keine der genannten Funktionen darf vernachlässigt werden, ohne daß das

Gefüge menschlichen Daseins oder der *„räumlichen Gesellschaft"* darunter leidet. Da die Grundfunktionen spezifische Raumanforderungen, d. h. charakteristische Flächenansprüche und Raumstrukturen, zur Folge haben, kann man jedem Funktionsfeld entsprechende Zweige oder Arbeitsgebiete der Sozialgeographie bzw. der sie ergänzenden Nachbarwissenschaften zuordnen. Eine solche Zuordnung hat natürlich nur den Charakter eines Orientierungsschemas. Auf Überschneidungen der Funktionsfelder wurde bereits hingewiesen.

1. Die Funktion *„in Gemeinschaften leben"* läßt sich, wie die anderen Lebensäußerungen auch, in Unterbereiche gliedern: biosozialer, psychosozialer, politisch-sozialer, religiös-sozialer, kulturell-ethnisch-sozialer Bereich. Entsprechend dieser Aufteilung führt der Weg zur sozialgeographisch konzipierten Bevölkerungsgeographie, zur räumlichen Betrachtung des generativen Verhaltens, zur politischen Raumgliederung, zu religionsgeographischen Fragestellungen usw. Wichtigste Nachbarwissenschaften sind hier: Bevölkerungslehre (Demographie), Anthropologie, Psychologie, Soziologie, Geschichte, Religions- und Politikwissenschaften.
2. Die Grundfunktion *„wohnen"* ist ein wichtiger Bestandteil einer sozialgeographischen Betrachtung der Siedlungen, während von den Nachbarwissenschaften z. B. Städtebau und Stadtplanung, Architektur, Regional- und Landesplanung u. ä. für den Geographen von Bedeutung sind. Selbstverständlich wird die siedlungsgeographische Synthese immer auch Standorte weiterer Grundfunktionen in die Betrachtung einbeziehen.
3. Die Grundfunktionen *„arbeiten"* und *„sich versorgen"* vollziehen sich in sozialgruppenmäßig relativ fest gefügten, aber sehr differenzierten Formen. Eine sozialgeographisch konzipierte Wirtschaftsgeographie (bzw. für Teilaspekte: Standorte des primären, sekundären und tertiären Wirtschaftssektors und zugehörige Reichweitensysteme) befaßt sich mit der Raumwirksamkeit dieser Daseinsbereiche. In der Volks- und Betriebswirtschaftslehre und der Landwirtschaftswissenschaft findet die Sozialgeographie wichtige Partner.
4. Die Grundfunktion *„sich bilden"* ist schichtenspezifisch wie regional höchst differenziert. Sie wird von der Sozialgeographie des Bildungsverhaltens behandelt, die sich erst im Aufbau befindet (GEIPEL 1968).
5. Die Grundfunktion *„Freizeitverhalten"* erweist sich als räumlich immer bedeutsamer. Wachsende Verkehrsströme entwickeln sich, Naherholungs- und Ferienregionen entstehen, die zum Beobachtungs- und Forschungsbereich einer Geographie des Freizeitverhaltens gehören. Die einen wichtigen Teilaspekt behandelnde Fremdenverkehrsgeographie ist hier stärker ausgebaut (RUPPERT und MAIER 1970b), während die Untersuchung des Naherholungsverkehrs (RUPPERT und MAIER 1970a) und insbesondere des Freizeitverhaltens im Wohnumfeld aus sozialgeographischer Sicht erst in den letzten Jahren intensiviert wurde.
6. Bei *„Kommunikation"* bzw. *„Verkehrsteilnahme"* handelt es sich nur be-

dingt um eine Grundfunktion im eigentlichen Sinne, sondern eher um Folgen oder Voraussetzungen für ihre Verwirklichung. Ihnen fällt die Mittlerrolle zwischen den verschiedenen Standorten des Wohnens, des Arbeitsplatzes, der Versorgungs-, Bildungs- und Freizeiteinrichtungen, also zwischen den Funktionsstandorten und den Funktionsträgern, zu. „Verkehr" bedeutet dabei Transport von Personen, Gütern und Austausch von Nachrichten zwischen den Funktionsstandorten der Gesellschaft, während „Kommunikation" die Übermittlung von Informationen jeder Art zwischen Funktionsträgern, d. h. Individuen und Gruppen bzw. Funktionsstandorten bezeichnet. Je nachdem, zwischen welchen Funktionsstandorten eine Raumüberwindung stattfindet, kann man entsprechende Verkehrsströme unterscheiden, z. B. Berufs-, Einkaufs-, Freizeitverkehr.

Allein diese definitorischen Andeutungen mögen zeigen, daß die Sozialgeographie des Verkehrs- und Kommunikationsverhaltens noch ganz in den Anfängen steht (MAIER, 1975). Neben der umfassenden Behandlung von Verkehrs- und Kommunikationsabläufen sowie Informationsfeldern aus sozialgeographischer Sicht bleibt es natürlich von Fall zu Fall notwendig, das Verkehrsgeschehen eingehender im Bereich des Wirtschaftslebens zu studieren, d. h., man kann den modernen Verkehr als Wirtschaftsfaktor begreifen und ihn als solchen in seiner räumlichen Differenzierung darstellen. Jedoch wird eine unter sozialgeographischen Aspekten betriebene Verkehrsgeographie nicht bei einer beschreibenden Darstellung von Verkehrswegen, -mitteln und -abläufen stehen bleiben können, sondern im Rahmen einer evtl. so zu nennenden „Geographie der Kommunikation" auch Elemente und Erkenntnisse von Nachbarwissenschaften wie der Zeitungswissenschaft, Sozialpsychologie oder bestimmten Zweigen der Soziologie einbeziehen müssen. Daneben bleibt natürlich die Verkehrswissenschaft eine wichtige Nachbardisziplin.

Begriffsinterpretationen und Fragestellungen der Sozialgeographie und ihrer Nachbarwissenschaften

Verschiedene Auffassungen über die Sozialgeographie

Es wurde bereits erwähnt, daß die Stellung und Bedeutung der Sozialgeographie im Rahmen der geographischen Wissenschaft bisher in mehrfacher Richtung diskutiert wird. Die hier vorgelegte Konzeption stellt den Versuch dar, Überlegungen zur Sozialgeographie in ein System zu integrieren. Dabei ist es jedoch im folgenden notwendig, auch auf abweichende Meinungen und konvergierende Fragestellungen hinzuweisen.

Für manche Geographen ist auch heute noch BOBEKS Frage vom Kölner Geographentag 1961 ungeklärt, ob Sozialgeographie ein neues Arbeitsgebiet mit besonderem Objekt und eigener Methodik sei oder ob es sich nur um eine stärkere Berücksichtigung der gesellschaftlichen Faktoren im Rahmen der bisherigen Arbeitsbereiche der Geographie handele.

Entschieden bestritten wurde der eigenständige Charakter einer Sozialgeographie als einer von vielen „Teilgeographien" von WINKLER (1956). Da die Beziehungen zwischen Landschaft und Mensch, die gegenseitigen Beeinflussungen und Wechselwirkungen, der Hauptgegenstand der Anthropo- oder Kulturgeographie seien und die Gesellschaft aus diesen Beziehungen nicht ausgeklammert werden könne, sei Sozialgeographie im engeren Sinne identisch mit Anthropogeographie, also Geographie des Menschen schlechthin; denn Menschsein ist nur denkbar und möglich „als kollektive und kulturelle Existenz von Individuen". Natürlich ist bei dieser Deutung der Begriff „sozial" im anthropologisch umfassendsten Sinn, als „zwischenmenschlich" schlechthin zu verstehen. Dem Einwand, die Sozialgeographie könne nichtsdestoweniger als Teilbereich der Anthropogeographie betrachtet werden, begegnet WINKLER mit dem Hinweis, daß nach Ausklammerung des „sozialgeographischen" der übrigen Anthropogeographie praktisch kein Problem mehr zur Behandlung übrig bliebe. Jede Anthropo- oder Kulturgeographie sei also notwendigerweise zugleich Sozialgeographie.

Auch die Kölner Schule um KRAUS und OTREMBA wendet sich gegen eine eigene Sozialgeographie als neuen Forschungszweig. Im Unterschied zur eben dargestellten Auffassung wollen sie diese aber in die Wirtschaftsgeographie integriert wissen. OTREMBA (1962) sieht in dem Aufbau einer eigenen Sozialgeographie neben der Wirtschaftsgeographie eine gefährliche Tendenz zur Aufspaltung der gesamten Geographie des Menschen. Die Wirtschaftsgeographie brauche auch keine Ergänzung durch den Zusatz „und Sozialgeographie", weil die Wirtschaft Menschenwerk schlechthin sei und selbstverständlich sozialgeographische Aspekte mit einschließe. Daß dies in der Vergangenheit der Wirtschaftsgeographie nicht oder nur ungenügend geschah, begründet OTREMBA wissenschaftshistorisch.

Die erste Phase der Wirtschaftsgeographie habe in einer Zeit der beginnenden Weltwirtschaft, des Suchens nach neuen Produkten und Produktionsstandorten gelegen, und es sei durchaus natürlich, daß Wirtschaftsgeographie damals im wesentlichen „Verbreitungslehre der Produktion, des Verkehrs und des Handels in Korrelation zu den Naturgrundlagen" gewesen sei. Diese Aufgabe, die Verbreitung ökonomischer Sachverhalte und ihre natürlichen Grundlagen zu erforschen, sei inzwischen im allgemeinen gelöst, und im Rahmen einer gewandelten Problemstellung widme sich die Wirtschaftsgeographie heute stärker als zuvor dem Bereich der Wirkungen der Wirtschaft (anstelle der Ursachen). Damit aber gewinne zwangsläufig das „Beziehungs- und Wirkungsgefüge zwischen Menschen und Wirtschaft" an Interesse. Den Forderungen der Sozialgeographie sei also durch die heutige Wirtschaftsgeographie Genüge geleistet, und es könne „keine ordentliche wirtschaftsgeographische Studie geben, die nicht sozio-ökonomische Problematik gebührend in den

Vordergrund stellt". Außerdem sei zu berücksichtigen, daß die Menschheit nicht nur in sozialen Gruppen, sondern auch als Ganzes und in Einzelpersönlichkeiten raumwirksam tätig sei, die Sozialgeographie also wiederum nur einen Teilaspekt behandele. Notwendig sei lediglich eine vom Menschen und den Menschengruppen bestimmte Wirtschaftsgeographie, die keines neuen Namens bedürfe.

Während OTREMBA also in der Praxis durchaus die Notwendigkeit sozialgeographischer Betrachtung anerkennt, lehnt er eine eigene sozialgeographische Teildisziplin bewußt ab. Neuerdings scheint sich allerdings in seiner Auffassung ein Wandel zu vollziehen. So forderte er kürzlich (1973) ausdrücklich die Erarbeitung einer sozialräumlichen Gliederung der Bundesrepublik Deutschland, nachdem nunmehr zentralörtliche und wirtschaftsgeographische Gliederungen vorlägen. Hierin sieht er die Chance einer Selbstbestätigung für eine eigenständige Sozialgeographie. Ob dies allerdings tatsächlich eine notwendige oder sachspezifische Bewährungsprobe sein könnte, wagen wir in der vorliegenden Zielrichtung zu bezweifeln, denn eine Trennung der Wirtschaftsgeographie von der sozialgeographischen Grundperspektive erscheint nicht möglich. Bei der Durchführung der „wirtschaftsräumlichen Gliederung" der BRD (HOTTES, MEYNEN, OTREMBA, 1972) wurde dieser Mangel besonders deutlich.

Für WEIGT ist die Sozialgeographie eine Teildisziplin der Geographie des Menschen, die das „Bild der Kulturlandschaft unter dem Gesichtspunkt der Wirksamkeit sozialer Verhältnisse" untersucht. Sie könne „bisher vernachlässigte Quellen geographischer Erkenntnisse erschließen", sei jedoch „nur ein Weg von vielen, um an die Wahrheit heranzukommen" und liefe dazu noch Gefahr, den räumlichen Gesichtspunkt zu vernachlässigen und aus einer „Soziogeographie" in eine „Soziographie" umzuschlagen (WEIGT, 1972).

HAHN (1957) wendet sich in stärker differenzierter Weise sowohl gegen eine Gleichsetzung von Sozialgeographie mit Wirtschafts- oder Anthropogeographie als auch gegen eine einfache Unter- oder Überordnung. Er versucht, bei seinen Überlegungen über Sozialgruppen als Forschungsgegenstand der Geographie eine analytische und eine synthetische Sozialgeographie zu unterscheiden, die nicht nur den wirtschaftenden Menschen, sondern vor allem auch die „Lebensformgruppen" erfassen sollen. Die analytische Sozialgeographie wird als eine Geographie solcher menschlicher Gemeinschaften, abgeleitet aus der Bevölkerungsgeographie, konzipiert, während die synthetische Sozialgeographie mit synthetischer Anthropogeographie gleichgesetzt wird.

Eine mehr vermittelnde Position zwischen verschiedenen Richtungen nimmt HOTTES (1955 u. 1970) ein. Er betrachtet die Sozialgeographie einerseits als selbständige Teildisziplin der Anthropogeographie „im Sinne der Erfassung, Abgrenzung, Begründung und Darstellung sozialräumlicher Einheiten", andererseits als Kräftelehre mit der Aufgabe, „die anderen anthropogenen Geofaktoren (auch Funktionsgruppen) wie Wirtschaft, Verkehr, Siedlung" in den Rahmen übergeordneter gesellschaftlicher Vorgänge und Kräfte zu stellen.

Wieder andere Aspekte betont SCHÖLLER (1968). Er folgt zwar weitgehend BOBEKS (1948 u. 57) programmatischen Aussagen, daß die Sozialgeographie den „gemeinsamen gesellschaftlichen Urgrund und Rahmen" für die kulturgeographischen Gefüge der Wirtschaft, der Siedlung und des Verkehrs darstelle und deshalb eine die Kulturgeographie übergreifende Sonderstellung beanspruchen könne. In seiner systematischen Gliederung der Kulturgeographie stellt er jedoch die Sozialgeographie als Teildisziplin gleichberechtigt neben Bevölkerungsgeographie, Wirtschaftsgeographie, Handels- und Verkehrsgeographie und Siedlungsgeographie, allerdings im Bewußtsein einer gewissen Sonderstellung, da „die sozialgeographischen Kräfte ökonomisch-gesellschaftlicher, politischer, religiöser und geistig-kultureller Art in alle Teilbereiche der Wirtschaft, der Siedlung und des Verkehrs hineinwirken" (SCHÖLLER, 1968, S. 177) und somit die Sozialgeographie Grundlagenforschung für die übrigen Zweige der Kulturgeographie betreibt.

SCHÖLLER kennzeichnet folgerichtig die Aufgaben der Sozialgeographie im Hinblick auf eine Abgrenzung zur Soziologie: Während diese „das soziale oder zwischenmenschliche Geschehen als solches zum Gegenstand ihrer Forschung hat", ist es das Ziel der Sozialgeographie, „die Ausbildung, Differenzierung und Wirkung der sozialen Prozesse und dynamischen Sozialgebilde im Raum" zu untersuchen. (SCHÖLLER, 1968, S. 178). Eine so verstandene Sozialgeographie oder „Geographie der menschlichen Gemeinschaften, Gesellschaften, Gruppen und Klassen" gliedert er in vier Teilbereiche:

1. Politische Geographie
2. Ökonomische Gesellschaftsgeographie
3. Religions- und Konfessionsgeographie
4. Geographische Kulturraumforschung.

UHLIG legte 1970 eine Studie vor, in der im Rahmen einer großen Überschau über das System der geographischen Wissenschaft und die Verknüpfung ihrer Einzeldisziplinen die Einordnung der Sozialgeographie eine eingehende Würdigung erfährt. Er geht davon aus, daß die Kulturgeographie eine Kräftelehre enthalten muß, die die anthropogeographischen Faktoren der allgemeinen Geographie (= „Geofaktorenlehre") in bezug auf Qualität und Quantität, regionale Organisationsformen und Prozeßfelder und gegenseitige Beziehungen behandelt (vgl. Abbildung 4). Diese Kräftelehre ist die Sozialgeographie, da „die Dynamik, die in den Wirkungsgefügen des Landschaftshaushaltes durch natürlichen Stoffumsatz entsteht, ... in der menschlichen Ökumene von sozialen Kräften getragen" wird. Sie hat daher die gesellschaftlichen Gruppen „in ihren Verhaltensweisen und Ordnungen im Raum" und die sich daraus ergebenden unterschiedlichen Ausprägungen der Geofaktoren in ihren regionalen Systemen zu erforschen.

Die Sozialgeographie wird somit als „Lehre von den sozialen Kräften, die in

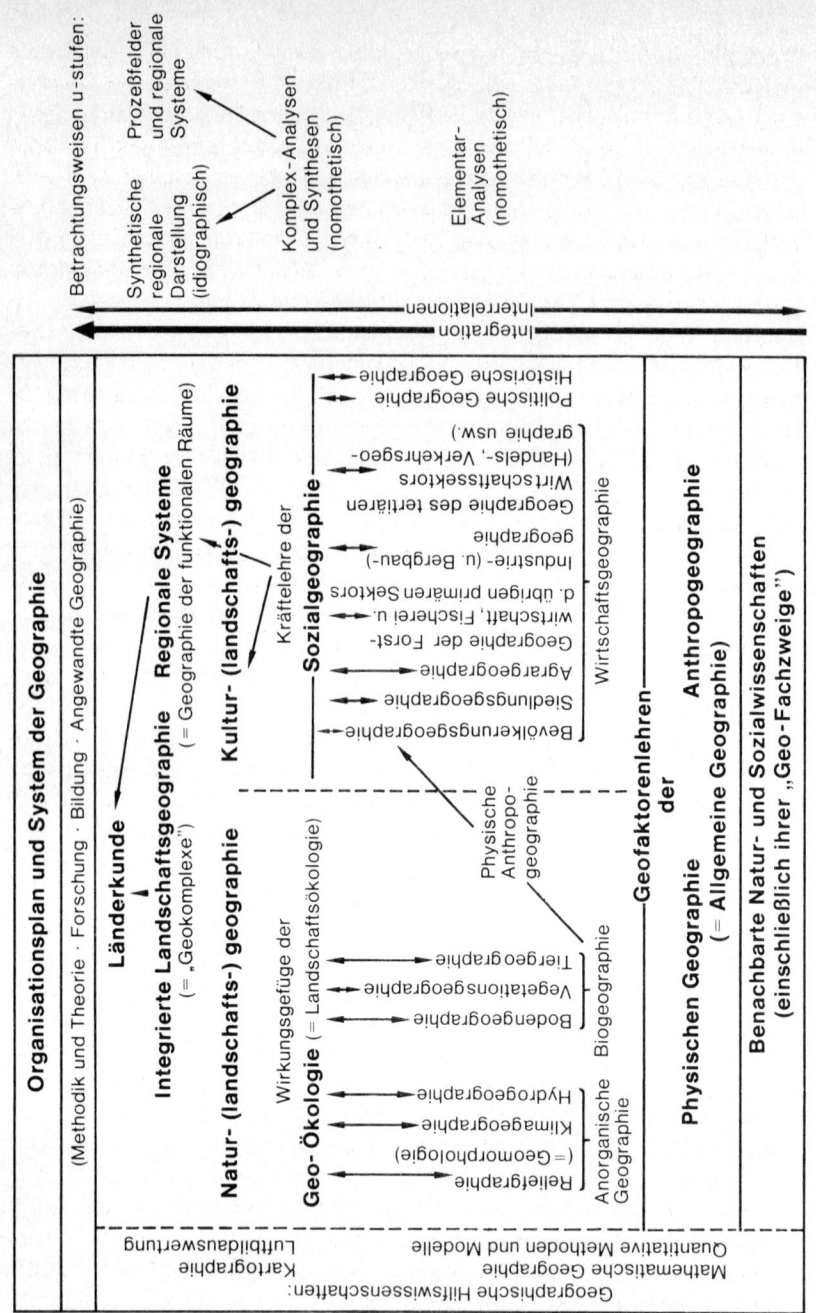

Abb. 4: *Organisationsplan und System der Geographie (nach Uhlig 1970)*

allen Teilgebieten der Anthropogeographie wirken", verstanden und steht daher im System der Kulturgeographie nicht neben Teilgebieten wie Bevölkerungs-, Siedlungs- oder Wirtschaftsgeographie, sondern als übergreifende Kräftelehre über ihnen. Es handelt sich um unterschiedliche Kategorien geographischer Arbeitsweisen. Alle einzelnen „Geofaktorenlehren" (wie z. B. Agrargeographie, Industriegeographie) untersuchen bestimmte Objekte (Geofaktoren) und deren „Partialkomplexe", während die Sozialgeographie in jede dieser Teildisziplinen einwirkt und schließlich das durch die gesellschaftlichen Prozesse verursachte Verschmelzen zu „Geofaktorenkomplexen" untersucht. Insofern ist die Sozialgeographie auch nicht als Gegenposition zur älteren Kulturlandschaftsforschung anzusehen, sondern diese benötigt die sozialgeographische Kräftelehre, die ihr „die Kategorien zur Ordnung der Vielfalt ihrer Objekte nach dem Wirken bestimmter menschlicher Gruppen bietet". Kulturgeographie ist also unvollständig ohne Einbeziehung der sozialgeographischen Arbeitsweise (UHLIG, 1970, S. 37ff.).

In diesem Zusammenhang ist auch WIRTH (1969) zu nennen, der in seiner „kulturgeographischen Kräftelehre" auf den Zusammenhang zwischen verursachenden sozialen, wirtschaftlichen und politischen Kräften und ihren Auswirkungen in der Landschaft eingeht. Wenn diese auch bei empirischen Arbeiten nur schwer zu trennen sein dürften, so weist er doch mit diesen Vorstellungen der verschiedenen Einflußkräfte auf einen Übergang von der funktionalen Kulturgeographie zur Sozialgeographie hin.

Von einem anderen Ansatz geht BARTELS (1970) aus. Er unterscheidet zunächst nicht zwischen Wirtschafts- und Sozialgeographie. Beide Begriffe werden bei ihm einer gemeinsamen Grundperspektive einverleibt, wobei „Sozialgeographie" und „Wirtschafts- und Sozialgeographie" austauschweise verwendet werden. BARTELS bestimmt die Sozialgeographie von zwei Seiten her: einer methodischen und einer inhaltlichen. Die rein methodische Definition betont den raumwissenschaftlichen und den zeitwissenschaftlichen Aspekt der Geographie. Die inhaltliche Definition ergibt sich aus der Einbeziehung von Problemen in die sog. „Wirtschafts- und sozialwissenschaftliche Grundperspektive". Der Gegenstand der „Sozialgeographie" ergibt sich somit aus der Anwendung raum-zeit-wissenschaftlicher Methodik auf Problemzusammenhänge der wirtschafts- und sozialwissenschaftlichen Grundperspektive.

Von den beiden übergeordneten Aspekten – dem raum- und dem zeitwissenschaftlichen – liegt der Nachdruck naturgemäß auf dem raumwissenschaftlichen. Dieser hat das *choristische Prinzip* (Fixierung von Tatbeständen hinsichtlich ihrer Lage auf der Erdoberfläche und Bildung von Theorien und Ordnungsmodellen erdräumlicher Verteilungen) und das *chorologische Prinzip* (Aussagen über erdräumliche Distanzen, Bildung von Modellen distanzieller Abhängigkeiten) als wichtigste Arbeitsgrundlagen zu beachten.

Geographie ist also die Beschreibung und Erklärung von Erscheinungen der Erdoberfläche mit dem Ziel, regelhafte Zusammenhänge herauszuarbeiten, wobei die strukturale (choristisches Prinzip), funktionale (chorologisches Prinzip) und historisch-genetische Betrachtungsweise (zeitwissenschaftlicher Aspekt) verwendet werden. Die Zielsetzung der Sozialgeographie wird nun aus der konsequenten Einbeziehung der „wirtschafts- und sozialwissenschaftlichen Grundperspektive" in diese allgemeingeographischen Fragestellungen abgeleitet, d. h., Aufgabe des Faches ist das Studium und die Erläuterung erdoberflächlicher Verbreitungs- und Verknüpfungsmuster unter dem Aspekt menschlicher Aktivitäten.

Folgende wichtige Aufgaben der Sozialgeographie werden angesprochen: choristische Typenbildung (Beschreibung von Verteilungsmustern, Charakterisierung von Arealen und Feldern, Typisierung von Gebieten, z. B. Gemeindetypisierung); Aufdeckung chorologischer Regelhaftigkeiten (insbesondere Untersuchung von Regionszusammenhängen, von räumlichen funktionalen Verknüpfungen bestimmter Erscheinungen); chorologische Modellbildung (modellhafte Darstellung menschlichen Handelns in Abhängigkeit von erdräumlichen Distanzen); raumwissenschaftliche Theorienbildung (insbesondere ökonomische Standorttheorien). Die Sozialgeographie würde damit nach BARTELS zu einer wirtschafts- und sozialwissenschaftlichen Regionalforschung und könnte sich stark der Regional Science annähern (vgl. S. 42). So wichtig numerische Techniken als Verfahrensweisen sind, so besteht doch die Gefahr, daß ihre Überbetonung zu einer Einengung des Ansatzes von BARTELS führt und keineswegs zu einer „Neuen Kultur- und Sozialgeographie" (KILCHENMANN). Treffend wirken in diesem Zusammenhang die Ausführungen von RENAUD (1974), der die quantitative Geographie als „Einbruch der Mathematik – oder, genauer, lediglich der Statistik – in die geographische Forschung" bezeichnet.

Von einem völlig anderen Ansatz geht WAGNER (1972) aus, der sich vor allem bemüht, historische Geographie und Sozialgeographie in ihren Erkenntnismöglichkeiten und Arbeitsweisen zu verknüpfen und der Kulturgeographie nutzbar zu machen. Die Verbindung liegt in übergeordneten sozialen bzw. ökonomischen Gesetzmäßigkeiten, die, unter Berücksichtigung von sozialgruppenspezifischen Differenzierungen, für räumliche Ordnungsprinzipien verantwortlich sind. Diese wirken somit relativ kontinuierlich kulturlandschaftsgestaltend. Aufgabe der historischen Geographie ist es dabei, diese Gesetzmäßigkeiten im historischen Zeitablauf zu verfolgen und auf ihre Auswirkungen auf die Kulturlandschaft zu überprüfen, während die Sozialgeographie die Verhaltensweisen und die dahinterstehenden Motivationen bei den einzelnen Sozialgruppen erforschen soll. In der Hauptsache ist es jedoch Aufgabe der Sozialgeographie, „allgemeine Regelhaftigkeiten gruppenspezifischer Kulturlandschaftsgestaltung unter fortschreitender Abstraktion von der individuelleinmaligen landschaftlichen Substanz hinsichtlich ihres geschichtlichen Entwicklungsgangs zu untersuchen (WAGNER, 1972, S. 48). WAGNERS Auffassung erhält für die genetische Kulturlandschaftsforschung große Bedeutung.

Obwohl die hier vertretene Auffassung der Sozialgeographie deutlich auf den Vorarbeiten von BOBEK fußt (BOBEKS Auffassung über die Stellung der Sozialgeographie im System der geographischen Wissenschaft zeigt Abbildung 2), sei im Rahmen dieses Überblicks doch auch ein kurzer Hinweis auf österreichische, insbesondere die am Wiener Geographischen Institut durchgeführten sozialgeographischen Arbeiten gestattet. Die zahlreichen dort entstandenen Studien stellen eine entscheidende Weiterentwicklung der kulturlandschaftlichen Forschungen aus der Schule HASSINGERS dar, die der Aktivität und der Bedeutung raumgestaltender Bevölkerungsgruppen noch nicht ausreichend Aufmerksamkeit geschenkt hatten. In diesem Zusammenhang ist auch auf die von KINZL in Innsbruck initiierte bevölkerungsgeographische Forschungsrichtung zu verweisen, die deutliche Ansätze sozialgeographischer Betrachtung besitzt. LEIDLMAIR und seine Schüler haben diese Ansätze besonders innerhalb landeskundlicher Studien weiterentwickelt.

BOBEK (1973) selbst hat in zahlreichen Arbeiten immer wieder darauf hingewiesen, daß die Sozialgeographie „den gesellschaftlich bestimmten Menschen mit seinen raumwirksamen Aktivitäten (Daseinsgrundfunktionen) in den Mittelpunkt ihrer Forschung stellt...". Dabei lag sein Hauptanliegen in der Erforschung der räumlichen Dimensionen stark differenzierter Systeme unterschiedlicher Größenordnung. Während in Frankfurt und München unter dem Einfluß HARTKES der „aktualistische", stärker prozeßhafte Forschungsansatz besonders gefördert wurde, betonte BOBEK immer wieder auch die Bedeutung des „struktural-funktionalen" Aspektes. Beide erwiesen sich für eine Anwendung in der Planung als sehr tragfähig. Für die verschiedenen Betrachungsweisen mag vielleicht auch die unterschiedliche Entwicklungsdynamik der jeweiligen Untersuchungsräume (hier der rasche Prozeßablauf im Rhein-Main-Gebiet – dort der stabilere Wiener Raum) eine Schwerpunktbildung in der einen oder anderen Richtung gefördert haben. Die Arbeit hauptsächlich in der struktural-funktionalen Richtung führte jedoch nicht dazu, daß die prozeßhafte Betrachtung aus dem Auge verloren wurde. Sehr anregend waren auch die großräumlichen Studien auf der Basis eines sozialgeographischen Wissenschaftsverständnisses, Versuche, die noch heute in der Literatur außerordentlich selten sind.

Im Hinblick auf die Abgrenzung sozialer Schichten sind zahlreiche Studien über österreichische Städte beachtenswert. Häufig stehen die Persistenz baulicher und funktionaler Strukturen und die räumliche Verteilung von Sozialgruppen im Hinblick auf sozialökologische Fragestellungen im Vordergrund. Die Vielfalt städtischer Strukturen führte notwendigerweise zu zahlreichen Ansätzen für die Aufstellung eines brauchbaren Schichtungsschemas (vgl. BACKE [1968], SCHWARZ [1970], SCHERZINGER [1970] u. a.). Sozialgeographische Entwicklungsprofile ermöglichen LICHTENBERGER (1963) die Aufhellung stadtgeographischer Sachverhalte.

In zahlreichen Darstellungen wird immer wieder gezeigt, wie die historisch-genetische Betrachtungsweise zum Verständnis der heutigen Situation führen kann. Die direkten Kontakte zur landesplanerischen Problematik verweisen auch auf die Brauchbarkeit dieser Arbeiten in einer angewandten Geographie. Die theoretischen Ansätze werden zu wertvollen Bausteinen für die Fortentwicklung der Sozialgeographie. In eigenwilliger Wertung hat LICHTENBERGER (1975) kürzlich eine Skizze der Entwicklung sozialgeographischer Forschung in Österreich entworfen.

Nachbarwissenschaften der Sozialgeographie

Die Sozialgeographie weist zahlreiche Berührungspunkte mit Nachbarwissenschaften auf. Es erscheint daher notwendig, an dieser Stelle einen Blick in die benachbarten Teilgebiete einiger Sozialwissenschaften zu werfen, deren Forschungsgebiete und -aufgaben sich zum Teil mit denen der Sozialgeographie berühren und auf deren Forschungsergebnisse sie bei der Untersuchung ihrer eigenen Fragen zurückgreift bzw. die andererseits Erkenntnisse sozialgeographischer Forschung für ihre Zwecke übernehmen. Generell kann gesagt werden, daß die Grenzen der Einzelwissenschaften in diesem Bereich häufig fließend sind und sich oftmals keine klare Trennungslinie zwischen Sozialgeographie, Soziographie, Sozialökologie, Raumforschung usw. ziehen läßt.

Eine relativ klare Unterscheidung läßt sich am ehesten zwischen Sozialgeographie und Soziologie treffen. Die Soziologie als Wissenschaft von der Gesellschaft untersucht Formen, Ordnungen, Gesetzmäßigkeiten und Entwicklungstendenzen innerhalb einer Gesellschaft, zwischen verschiedenen Gesellschaften sowie zwischen Gesellschaft und Individuum. Der Hauptunterschied zur Sozialgeographie liegt also in der Gesellschaftsbezogenheit ihrer Fragestellungen gegenüber der Raumbezogenheit sozialgeographischer Forschung. Anders ausgedrückt: Die Soziologie untersucht menschliche Gruppen und Gesellschaften als solche, die Sozialgeographie untersucht die räumlichen Organisationsformen dieser Gruppen und die raumbildende und raumverändernde Wirksamkeit ihrer Lebensäußerungen.

Zwar fehlen raumbezogene Forschungsansätze auch in der Soziologie nicht (THOMALE, 1972), bei der Untersuchung regional differenzierten Verhaltens von Gesellschaften werden sie sogar fast unumgänglich notwendig. Sie dienen jedoch in ähnlichem Maße lediglich als Mittel zum Zweck der Untersuchung gesellschaftlicher Verhältnisse, wie die Sozialgeographie menschliche Gruppen nicht als Selbstzweck untersucht, sondern mit dem Ziel der Erklärung raumbedeutsamer Verhaltensweisen eben dieser Gruppen. Besonders bei empirischen Untersuchungen können sich demnach Sozialgeographen und Soziologen – von verschiedenen Forschungsansätzen herkommend – durchaus in der praktischen Arbeit treffen, während die Auswertung der Untersuchungsergebnisse dann wiederum, entsprechend den unterschiedlichen Forschungszielen, getrennte Wege geht: in Richtung auf die Erklärung des Raumes beim Sozialgeographen, der Gesellschaft beim Soziologen (ATTESLANDER 1974).

Umstrittener als zur Soziologie ist die Abgrenzung der Sozialgeographie zur Soziographie. Der Begriff entstand aus „sozialer Geographie"; gemeint war durch den Begründer, den seit 1908 in Amsterdam lehrenden Soziologen STEINMETZ (1913), eine Synthese aus Geographie und Soziologie, d. h. die Erweiterung der damaligen Politischen Geographie und die Ergänzung der theoretischen Soziologie durch eine empirisch arbeitende Disziplin (vgl. DE VRIES REILINGH, 1967). Die Soziographie von STEINMETZ übte einen starken Einfluß auf die niederländische Geographie aus. Er widersetzte sich energisch den damaligen deterministischen Tendenzen und versuchte statt dessen, den Menschen in den Mittelpunkt der Geographie zu rücken. Schon früh begegnet uns hier die Auffassung, daß die Kulturgeographie eine Sozialwissenschaft sei. Als empirische Wissenschaft sollte sie dem Mangel abhelfen, daß die Soziologie zwar Theorien über das soziale Leben der Völker entwarf, ohne jedoch damals die notwendige Sachkenntnis zu besitzen (BORCHERT, 1974). Soziographie als Wissenschaft von Völkern und ihren Teilen sollte eine konkrete Wissenschaft sein im Gegensatz zur abstrakten Soziologie der damaligen Zeit. Aus den Vorstellungen von STEINMETZ entwickelte sich die bis heute wirksame „Amsterdamer Schule".

Soziographie ist nicht nur die Lehre von der räumlichen Verbreitung sozialer Erscheinungen und ebensowenig nur die Erfassung sozialer Beziehungen und Strukturen, die in jeweils untersuchten Gebieten festzustellen sind. Sie behandelt den ganzen Bereich des sozialen Lebens aus geographischer Sicht. Sie ist sozusagen ein geographischer Querschnitt durch die gesamten Sozialwissenschaften. Sie wird heute zur komplexen sozialen Raum- bzw. Regionalforschung mit zunehmend praktischen Zielsetzungen für die Orts-, Regional- und Landesplanung. (In dieser Aufgabenstellung deckt sich das Programm der Soziographie zum Teil mit Zielsetzungen der Münchner Schule der Sozialgeographie bei HARTKE, RUPPERT, SCHAFFER und GANSER.)

Gegenstand der Soziographie ist dabei das Studium der regionalen Differenzierung, Gruppierung und Interdependenz der menschlichen Gesellschaften. Ein wichtiger Aspekt ist die individualisierende Grundperspektive, d. h. die Synthese der sozialen Erscheinungen innerhalb eines ausgewählten Gebietes. Der Soziograph muß über genügend physisch-geographische, historische, wirtschaftliche, politikwissenschaftliche, sozialpsychologische und soziologische Kenntnisse verfügen, um die Ergebnisse dieser Wissenschaften für ein bestimmtes Gebiet koordinieren zu können. Da sich Soziographie als soziale Raumforschung versteht, tritt die Frage der soziologischen Theoriebildung in den Hintergrund. Es geht vielmehr um die Kenntnis eines Gebietes und seiner Bevölkerung. Die Lokalisierung der Eigenschaften von Bevölkerungen ist sehr wesentlich für die soziographische Arbeit.

In den Niederlanden ist die Soziographie heute als selbständige Wissenschaft anerkannt. Der Einfluß von STEINMETZ war hier außerordentlich groß. Sein Nachfolger TER VEN führte die Tradition der Amsterdamer Schule unter starker Einbeziehung praxisorientierter Arbeiten weiter. Auch wenn sich diese Form geographischer Studien wohl manchmal für unsere Begriffe von der fachspezifischen Grundlage entfernte, so zeigt sich doch schon früh die Hinwendung zu praxisnahen Studien. DE VRIES REILINGH förderte dann wieder stärker die geographische Perspektive (vgl. BORCHERT, 1974). Trotzdem standen bis in die jüngste Zeit Arbeiten über soziale Komplexe immer noch stark im Vordergrund. Dies kommt auch in der Formulierung von HEINEMEYER (1968) zum Ausdruck, der die Kulturgeographie als diejenige Wissenschaft bezeichnet, die sich mit räumlichen Mustern soziologisch bedeutsamer, dauerhafter Gesellschaftsphänomene beschäftigt, während die Utrechter Schule die wirtschaftliche Tätigkeit menschlicher Gruppen in ihrer landschaftsprägenden Tätigkeit stärker in den Vordergrund stellte.

Abb. 5: Die Lebensform sozialer Gruppen als Gegenstand der Analyse natur- und sozialgeographischer Faktoren (nach Keuning 1969)

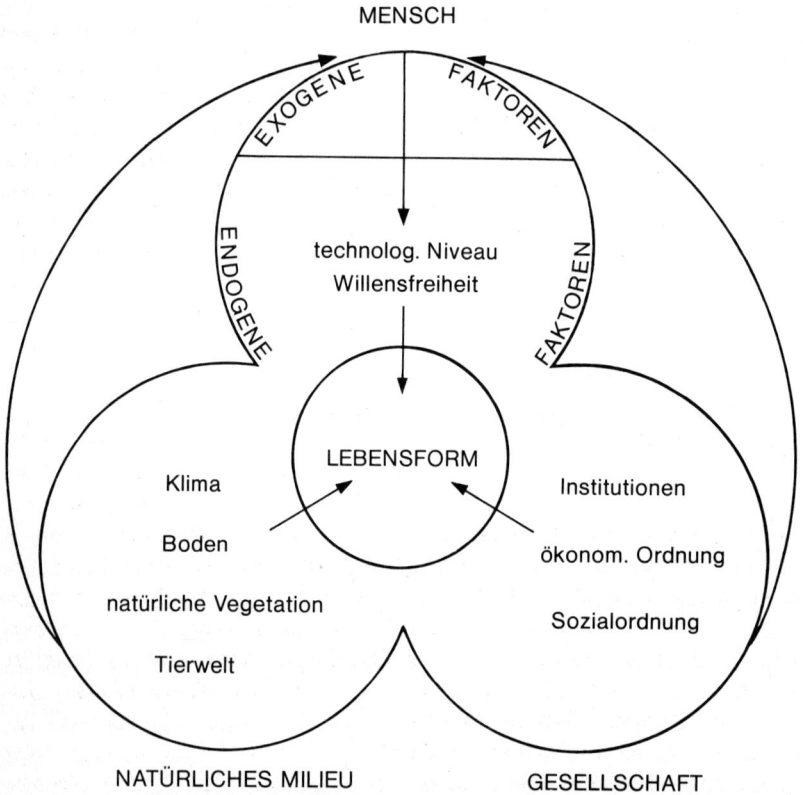

Einen gegenüber dieser Auffassung veränderten Weg geht KEUNING (1969), der eine besondere Bedeutung den Faktoren beimißt, die die Lebensform(bestaanswijze) der Gruppen bestimmen und die als Grundlage für einen methodischen und systematischen Aufbau der Sozialgeographie in einem Schema (vgl. Abbildung 5) dargestellt werden. Gleichzeitig diskutiert er eine zweite Form der Charakterisierung des Objektes sozialgeographischer Forschung, die der traditionellen Wirtschaftsgeographie stark verhaftet ist und die Lebensform nach Produktions- und Konsumaspekten bzw. weiter nach den drei Erwerbssektoren gliedert. Die Soziographie hat eine große Bedeutung als angewandte Disziplin im Bereich der Landes- und Regionalplanung, wo Soziographen vielfach mitarbeiten (z. B. Planungen für die Zuiderzeepolder, Dorfsanierungsprojekte u. ä.). Weitere Forschungsschwerpunkte der Soziographie liegen heute im Bereich der Verwaltungsgebiets-Einteilung, der Demographie (insbesondere Mobilitätsvorgänge), der Freizeitforschung und -planung, der Verbraucherforschung, der Gastarbeiterfrage usw.

Enge Beziehungen zwischen Soziographie und Sozialgeographie sind nicht zu übersehen. Unterschiede kann man höchstens insoweit erkennen, als die Soziographie in erster Linie soziale Verhaltensweisen, Institutionen und Situationen ausgewählter Gebiete zu erfassen trachtet und weniger den räumlichen Bezug der sozialen Phänomene, den die Sozialgeographie in erster Linie berücksichtigt. Außerdem ist die Soziographie etwas stärker im Kleinräumlichen verhaftet (DE VRIES REILINGH, 1967), während die Sozialgeographie diese Einengung nicht kennt. Besonders dort, wo die Forschungen der Soziographie Planungsfragen dienen, ist die Verbindung zur Sozialgeographie relativ eng, da hier die räumlichen Differenzierungen gesellschaftlicher Phänomene stärker in den Vordergrund treten. Es handelt sich also bei Soziographie und Sozialgeographie häufig um verschiedene Namen für gleiche Begriffsinhalte.

Eine weitere der Sozialgeographie verwandte Wissenschaft ist die Sozialökologie („human ecology"), die in Nordamerika entstand (vgl. S. 16). In Anlehnung an die in den 1920er Jahren stark ausstrahlende Evolutionstheorie schien sich der „Kampf ums Dasein" als selektierendes Prinzip bei der Entwicklung der Arten auch auf gesellschaftliche Situationen, insbesondere auf die städtische Zusammenballung der Bevölkerung im Zeitalter der Industrialisierung, analog übertragen zu lassen. So wie in der Biologie der Begriff „Ökologie" mit Beziehungen zwischen Organismen und ihrer Umwelt assoziiert ist, wurde als Hauptaufgabe der Sozialökologie die Untersuchung räumlicher und zeitlicher Beziehungen menschlicher Lebewesen gesehen, die hauptsächlich durch sogenannte selektive, distributive und adaptive Kräfte der Umwelt bewirkt werden. Analog zu DARWINS „Kampf ums Dasein", der als natürliches Entwicklungs- und Ausleseprinzip wirkt, setzten die Ökologen der 20er Jahre den „sozialen Wettbewerb" als differenzierendes Prinzip. Die Sozialökologie wird zur Untersuchung derjenigen Aspekte räumlicher Systeme und Verteilungen der Gesellschaft, die durch jenen Wettbewerb verursacht werden, der als elementarer sozialer Prozeß wirkt.

Selbstverständlich haben sich die Erklärungsprinzipien der Sozialökologie heute gewandelt. Nach HAWLEY (1967) geht es ihr in erster Linie um die Untersuchung von Form und Entwicklung der menschlichen Gemeinde. Dem sozialen Beziehungsgefüge, das sich in einer räumlich begrenzten Umgebung als Anpassungsmechanismus entwickelt, wird besondere Aufmerksamkeit geschenkt. Der räumliche Aspekt, vielfach als Distanzrelation, wird dabei aber in eine sekundäre Position verwiesen, gleichsam als e i n Gesichtspunkt unter mehreren, die Beachtung verdienen. Dennoch spielt die räumliche Struktur der Gesellschaft in der Sozialökologie eine beachtliche Rolle. Das läßt sich bereits an den Forschungsschwerpunkten ablesen, mit denen sie sich befaßt, z. B. Ballung und Verdichtung, Zonenbildung und innere Differenzierung in Großstädten, Bevölkerungssukzessionen usw.

Solche und ähnliche Themenstellungen finden sich auch in zahlreichen sozialgeographischen Arbeiten wieder, so daß die zuweilen erfolgte Gleichstellung von Sozialökologie und Sozialgeographie nicht verwundert. Insbesondere in den USA ist diese Gleichsetzung soweit vorangeschritten, daß sich dort eine der europäischen vergleichbare „Sozialgeographie" nicht entwickelt hat, da die entsprechenden Fragestellungen bereits weitgehend durch sozialökologische Forschung abgedeckt waren. Im deutschsprachigen Raum dagegen wurde die Entwicklung der Sozialgeographie sicherlich dadurch gefördert, daß die Soziologie die empirische raumbezogene Forschung lange Zeit hintanstellte. Sozialökologische Konzepte wurden zunächst kaum aufgegriffen und später eher von der Sozialgeographie als von der Soziologie in ihre Fragestellungen und Forschungsansätze einbezogen.

Auch die *Regional Science* (Regionalwissenschaft) besitzt zahlreiche Berührungspunkte mit der Sozialgeographie, obwohl sie zu ihr zweifellos einen anderen Bezug hat als die bisher behandelten Disziplinen. Regional Science ist ein interdisziplinärer Ansatz zur Erklärung wirtschaftlichen, politischen und sozialen Verhaltens aus räumlicher Sicht. Es geht um die ausdrückliche Einführung der Raumdimension in bestehende Wissenschaften (z. B. Wirtschaftswissenschaften, Verkehrswissenschaft, Soziologie, Politologie, Agrarwissenschaft, Finanzwissenschaft u. ä.) einerseits und um die interdisziplinäre Analyse der Raumsituation andererseits. Die von ISARD (1954) in den USA gegründete „Regional Science Association" widmet sich dieser interdisziplinären Raumanalyse (ISARD, 1956 u. 1960). Zu den Hauptproblemen der Regional Science gehören die Erklärung der räumlichen Verteilungsmuster menschlicher Aktivitäten (Standorttheorie und -modelle), die Bestimmung von Regionen und die Analyse räumlicher Interaktionen (Mobilitäts-, Informations- und Kommunikationssysteme, Diffusions- und Innovationsanalysen u. ä.). Allerdings fehlt hier häufig der direkte Bezug zur Strukturanalyse konkreter Räume. Eine Hinwendung zur stärkeren Berücksichtigung regionalspezifischer Untersuchungen ist jedoch zur Zeit zu beobachten.

Schließlich sei die *Raumforschung* (vgl. OLSEN, 1970) erwähnt, die sich der Erforschung regional begrenzter Teile des Erdraumes in bezug auf dessen Nutzbarmachung (Inwertsetzung), Besiedlung und planerische Gestaltung widmet. Sie stellt somit die wissenschaftlichen Grundlagen für Raumordnung, Regional- und Landesplanung als Teil der staatlichen Daseinsvorsorge zur Verfügung. Der Begriff „Raumforschung" entwickelte sich in engem Zusammenhang mit dem Entstehen staatlicher Raumordnungspolitik zu Beginn der 1930er Jahre („Reichsarbeitsgemeinschaft für Raumforschung" als Hochschularbeitsgemeinschaft, die über Fakultätsgrenzen hinweg die verschiedenen Fachdisziplinen zur gemeinsamen Arbeit an räumlichen Problemen zusammenführen sollte) und verstand sich anfänglich mehr als eine Methode der Koordination bzw. der raumbezogenen Anwendung bestehender Wissenschaften wie Geographie, Demographie, Wirtschaftswissenschaften, Rechts- und Verwaltungswissenschaften. Erst nach dem 2. Weltkrieg versuchte sich die Raumforschung entsprechend gewandelter und intensivierter Fragestellungen und spezifischer Methoden als eigenständige Wissenschaft zu begreifen, die aber weiterhin hauptsächlich von interdisziplinär zusammengesetzten Forschergruppen betrieben wird (z. B. in der „Akademie für Raumforschung und Landesplanung" in Hannover).

Der Aufgabenbereich der Raumforschung gliedert sich in: Analyse des Raumes (Strukturuntersuchung), Wertung des Raumes unter gesellschaftsbezogenen Aspekten einschließlich der Prognose zukünftiger Entwicklungen, Erarbeitung von alternativen raumbezogenen Leitbildern als Grundlage sachgerechter Raumordnungspolitik und Raumplanung (OLSEN, 1970). Bei all diesen Aufgaben bestehen enge Beziehungen zur Sozialgeographie bzw. ist die Mitarbeit des Sozialgeographen unerläßlich. Insbesondere bei der Raumanalyse deckt sich das Vorgehen der Raumforschung weitgehend mit dem Untersuchungsgang der Geographie, und die Strukturkomplexe Raum und Bevölkerung, Raum und Wirtschaft, Raum und Verkehr werden sachdienlich aus sozialgeographischer Sicht analysiert. Ebenso kann die Sozialgeographie bei der gesellschaftlichen Wertung der Raumsituation und bei der Erarbeitung von Prognosen der zukünftigen Entwicklung wie auch von Alternativen der Entwicklungssteuerung aus der Kenntnis raum-gesellschaftlicher Zusammenhänge heraus wertvolle Hilfe leisten. Unter diesem Blickwinkel wird die Sozialgeographie zur notwendigen Teilwissenschaft der Raumforschung.

Gruppen und Schichten im räumlichen Bezug

In zahlreichen sozialgeographischen Arbeiten konnte man Regelhaftigkeiten räumlicher Entwicklungen der Kulturlandschaft aus der Gruppengebundenheit menschlichen Handelns herleiten. In seiner räumlichen Aktivität wird der Mensch als Mitglied von Gruppen, sozialen Gebilden, gesehen, die sein Handeln beeinflussen oder lenken (BUSCH-ZANTNER, 1937, DEMANGEON, 1952, BOBEK, 1948). Es wurde deutlich, daß die Menschen niemals voneinander isoliert, gleichsam als Summe unabhängiger Individuen, werten und reagieren, sondern daß sie eingebunden sind in einen bestimmten Sozialzusammenhang des Miteinanderlebens, -wertens und -handelns. Der einzelne wird sozialkulturellen Einheiten zugeordnet, die sein Verhalten bestimmen (HAHN, 1957, HARTKE, 1959, SCHAFFER, 1968).

Mit diesen Überlegungen taucht in der Geographie ein neues Problem auf. Man hatte bisher wenig Vorstellung über Abgrenzungsmethoden von Sozialgruppen. Die Gruppenhaftigkeit menschlichen Handelns und die daraus folgenden räumlichen Konsequenzen wurden zunächst nicht einmütig als wichtiges Grundprinzip betrachtet. Meinungsverschiedenheiten über diese Grundsatzfrage konnten u. a. am Kölner Geographentag 1961 ausgetragen werden. OTREMBA (1962) bezweifelte damals die Bedeutung der Sozialgeographie, als er eine eigenständige „Individualgeographie" ins Spiel brachte, die der räumlichen Wirkung der Einzelpersönlichkeit gerecht werden sollte.

Zweifellos gibt es immer wieder Führungspersönlichkeiten, die es verstehen, die Handlungen menschlicher Gemeinschaften zu beeinflussen. Man sollte jedoch berücksichtigen, daß es verfehlt wäre, die Führungspersönlichkeiten isoliert zu betrachten. Vielmehr sind sie gleichsam mit HARTKE als Exponenten der von ihnen beeinflußten Gruppen zu interpretieren. In ähnlicher Weise wie HARTKE, aber von einer anderen, sozialpsychologisch geprägten Position, argumentiert DE VRIES REILINGH gegen eine Individualgeographie. Er mißt persönlichen Initiativen nur dann eine räumliche Bedeutung zu, wenn sie von der Gesellschaft akzeptiert und weitergetragen werden. Ein Beispiel aus der in der Sozialgeographie bislang weniger intensiv behandelten industriellen Tätigkeit ist hierfür der sog. „Schumpeter-Unternehmer". Dieser nach dem Wirtschaftswissenschaftler SCHUMPETER bezeichnete Unternehmer ist gewissermaßen als Pionier als erster mit einem Produkt auf dem Markt, macht also einen besonderen Gewinn, bis die Konkurrenten nachziehen. Dieses Verhalten könnte geradezu charakteristisch individuell erscheinen. Da aber im gleichen Augenblick in vielen Branchen und auf vielen Gebieten derartige Pionierleistungen zu beobachten sind, haben wir es mit einem typischen Gruppenverhalten zu tun. Die schöpferische Individualität ist dadurch natürlich keinesfalls in Frage gestellt.

BOBEK möchte Sozialgruppen, die landschaftlich nicht von Bedeutung sind, aus der geographischen Betrachtung ausschließen. Hier steht er in einem gewissen Gegensatz zu HARTKES Auffassungen, der auch jene menschliche Tätigkeiten und Seinsformen in seine Untersuchungen einbezieht, für die im einzelnen unter Umständen noch nicht feststeht, ob und wieweit sie räumlich wirksam werden können.

Allgemein läßt sich sagen, daß jede soziale Beziehung, die eine raumprägende Komponente enthält, von der Sozialgeographie analysiert werden kann. Gruppenverhalten ist dann von entscheidender Bedeutung, wenn es zu Verortungs- und Reichweitensystemen menschlichen Handelns führt.

Zur Bestimmung geographisch relevanter Gruppen

Die Möglichkeiten der Gruppenbildung sind sehr vielfältig. Gegenwärtig steigt die Zahl der Gruppen in den verschiedenen Gesellschaftsbereichen, und die Lebensbeziehungen unterscheiden sich hinsichtlich der Funktionsstandorte auch aus räumlicher Sicht in zunehmendem Maße. Nach HAHN (1957) soll sich die Sozialgeographie bei Analyse und Einteilung der Gruppen und des Gruppenverhaltens weitgehend an den Vorstellungen der Soziologie orientieren. Das läßt sich bei geographischen Arbeiten jedoch nur sehr begrenzt verwirklichen. Die hier auftretenden Probleme werden deutlich, wenn man sich die Differenziertheit des soziologischen Gruppenbegriffs vor Augen führt.

Zum soziologischen Gruppenbegriff

Die Soziologie richtet ihr Hauptinteresse weniger auf den einzelnen Menschen oder auf die Menschheit als Ganzes, sondern auf die zwischen den Menschen bestehenden Beziehungen, die als aufeinander bezogenes Verhalten, als soziale Beziehungen verstanden werden und die zur Entstehung „sozialer Gebilde", d. h. sozialer Gruppen führen (BOLTE, 1967, u. ZOLL u. BINDER, 1968). Die Mannigfaltigkeit möglicher sozialer Gruppen läßt sich nach sehr verschiedenen Gesichtspunkten ordnen. WEIPPERT (1956) z. B. unterscheidet in Anlehnung an SOMBART drei Gruppenarten: „natürliche Lebenseinheiten", „spezifische Zweckverbände", „intentionale Verbände".

Zu den *„natürlichen Lebenseinheiten"* gehören jene Gruppen, die sich aus dem menschlichen Zusammenleben ergeben. Als Beispiel für diese daseinsnotwendigen Gruppen kann man soziale Gebilde wie Familie, Sippe, Stamm oder religiöse und kultische Verbände nennen. In die natürlichen Lebenseinheiten wird der Mensch hineingeboren und findet hier die Entfaltungssphäre seiner personalen und sozialen Existenz. In der Kulturgeographie konnte das Raumverhalten „natürlicher Lebenseinheiten" besonders am Beispiel der Religionsgemeinschaften eingehend studiert werden (FICKELER, 1947; WIRTH, 1965; BÜTTNER, 1972).

Die „*spezifischen Zweckverbände*" im Sinne von SOMBART stellen Gruppen dar, deren Einheit sich aus einem zu erzielenden Endzweck ableiten läßt. Diese „finalen Verbände" basieren auf einem organisatorischen Akt, und der einzelne kann ihnen mehr oder weniger durch freie Entscheidungen beitreten. Grundsätzlich sind so viele Zweckverbände möglich, als Zwecke gesetzt werden können, d. h. die Zahl dieser Gruppen ist unübersehbar groß. Soziale, wirtschaftliche, politische Interessenorganisationen, wie Gewerkschaften, Aktiengesellschaften, Innungen, Vermarktungsgenossenschaften usw., gehören hierher. Die räumliche Wirkung solcher finaler Verbände, d. h. Interessengruppen, ist in der Geographie noch wenig erforscht. Bei agrargeographischen Arbeiten und Innovationsstudien konnte auf raumbeeinflussende Effekte solcher Zweckverbände hingewiesen werden, die über das Vermarktungs- und Verwertungssystem der Betriebe die Ausbreitung bestimmter Anbaufrüchte steuern. So hat z. B. das Genossenschaftswesen Ende des 19. und zu Beginn des 20. Jahrhunderts die Fruchtfolge und Marktorientierung der Betriebssysteme in Bayern regional deutlich beeinflußt (BORCHERDT, 1960).

Als dritte Gruppenart unterscheidet SOMBART die „*intentionalen Verbände*". Ihre Einheit ergibt sich aus der Gleichheit eines „intendierten Objektes", d. h. eines bestimmten Wertes, einer Absicht usw. Die Größe solcher Gruppen folgt aus der Zahl der Menschen, die das gleiche „Objekt intendieren". Durch einen organisatorischen Akt kann eine intentionale in eine finale Gruppe, d. h. einen Zweckverband umgewandelt werden.

Die drei Gruppenarten können darüber hinaus in verschiedenen Modifikationen in Erscheinung treten, z. B. als Klein- oder Großgruppe (im Sinne von V. WIESE), als lokale oder überlokale Gruppe (TENBRUCK), als Primär- oder Sekundärgruppe (COOLEY), als gemeinschafts- oder gesellschaftsstrukturierte Gruppe (TÖNNIES, MAX WEBER) oder als herrschaftsstrukturierte oder genossenschaftlich strukturierte Gruppe (TÖNNIES, VIERKANDT). Die Gruppen können Augenblicksbildungen, aber auch geschichtstief festgefügte soziale Gebilde darstellen. Langlebigen Charakter besitzen vor allem die natürlichen Lebenseinheiten (z. B. Sippen, Religionsgemeinschaften usw.), kurzlebig können viele kleine finale bzw. intentionale Gruppen sein. Besondere Theorien der Soziologie beschäftigen sich mit den Strukturen der Gruppenarten und ihrer Veränderungen mit dem Ziel, Eigengesetzlichkeiten herauszufinden. Eigenleben, Einheit und Wir-Empfinden, Selbstbehauptungs- und Entfaltungsdrang, einheitsstiftender Sinngehalt, interne Positions- und Rollenfragen, der Kampf gegen das Sinnfremde, prägende Kraft des Gruppengeistes, Normen-, Bewußtseins- und Entscheidungsgefüge – um nur einige Perspektiven aufzuzeigen –

gehören zu wichtigen Erklärungsmerkmalen der Wesenszüge der Gruppen. Der einzelne kann im Ablauf eines Tages in der Familie, im Betrieb, in der Freizeit sehr verschiedenen Gruppen angehören. Gerade dieser zeitlich und räumlich wechselnde Gruppenbezug und die Vielzahl der Erscheinungsformen innerhalb der Gruppenarten komplizieren die Übernahme des soziologischen Gruppenbegriffes für sozialgeographische Fragestellungen. Allgemein ist zu sagen, daß in der Sozialgeographie all jene Gruppen von Interesse sind, die räumlich wirksam werden.

Beispiele für die Bildung sozialgeographischer Gruppen

Lebensformgruppen

Es war BOBEK, der das Konzept der „genres de vie" (VIDAL DE LA BLACHE), der Lebensformgruppen, weiterentwickelte und ihm eine zentrale Stellung in der Sozialgeographie zugewiesen hat. BOBEK möchte die Lebensformen u. a. über die Hauptfunktionsfelder darstellen, die mehr oder weniger empirisch erfaßbar sind und als anthropogene bzw. soziale Kräftefelder den physisch-biologischen gegenüberstehen. Er bezieht sich z. B. auf biosoziale, politische, wirtschaftliche, ideelle und kulturelle Kräftefelder und leitet aus der Auffächerung der Lebensbereiche entsprechende räumliche Lagerungssysteme, die Produktionsstätten, die Wohnstätten, die Freizeitstätten, die räumliche Ordnung im Regenerationsprozeß der Bevölkerung usw. ab. Die Bedeutung der Lebensformgruppen sollte geradezu darin liegen, daß sie gleichermaßen sichtbar in der Landschaft und in der Gesellschaft hervortreten. „Ganz überwiegend stellen also die Lebensformen Gruppierungen dar, die sowohl von landschaftlichen als auch von sozialen Kräften gleichzeitig geprägt erscheinen und ihrerseits sowohl in den natürlichen (Landschaft) wie in den sozialen Raum (Gesellschaft) hineinwirken. Beispiele sind: Hirt, Fischer, Bergmann, Bauer. Aber nicht Bauer schlechthin sondern Fellache, Kolone, Freibauer, Erbzinsbauer, Pächter, überdies Vollerbe, Kötter, Büdner, usw. Auch nicht Arbeiter schlechthin, sondern Fabrikarbeiter, Heimarbeiter, Handwerksgeselle usw., in allen Abstufungen, die die Lebensführung wesentlich bestimmen" (BOBEK, 1948, S. 122).

BOBEKS Lebensformbegriff unterscheidet sich von dem eines VIDAL DE LA BLACHE oder SORRE. In der französischen Geographie besitzt der Begriff eine größere Spannweite und umfaßt ganze Sozialkomplexe, d.h. Gesellschaften im Sinne von BOBEK (SORRE, 1948). Die Vorstellungen BOBEKS sind wesentlich präziser und beziehen sich auf Menschen gleicher Lebensführung in ihrer gesamten Daseinsgestaltung. Die Forderung nach der landschaftlichen Prägekraft der Lebensformgruppen engt jedoch ihre Verwendbarkeit ein, nicht zuletzt deshalb, weil die sichtbaren Gegensätze der Lebensführung in der modernen Gesellschaft deutlich abnehmen. Lebensformgruppen mit unmittelbar landschaftlichem Bezug konnten in neueren Arbeiten z. B. von TOTTEN (1959) und VOGEL (1959) nachgewiesen werden.

TOTTEN analysiert u. a. die Auswirkungen der Erdölgewinnung auf die räumliche Differenzierung der Gesellschaft in Saudi-Arabien. Er stellt dabei zwei landschaftlich bedeutsame Gesellschaftselemente heraus, die *„primären und sekundären Lebensformgruppen"*. Zu den ersteren zählen die bodenständigen Bauern, Viehzüchter, Handwerker, Händler und Gewerbetreibenden in den Oasen sowie das Nomadentum der Beduinen. Der landschaftliche Gegensatz von Oase und Wüste findet hier gleichsam seine Entsprechung in der raumgebundenen Tradition der seit Jahrtausenden gleichbleibenden Sozialverfassung. Zu den *„sekundären Lebensformgruppen"* rechnet TOTTEN jene neuen gesellschaftlichen Gruppen, die im Zuge des wirtschaftlichen Wandels durch die Erdölindustrie entstanden sind: die Arbeiter, die Angestellten, die Beamten.

Aus geographischen Milieugegensätzen skizzierte VOGEL die unterschiedlichen Lebensformen von Steinkohlenbergmann und Braunkohlenarbeiter. In ortsgebundenen Steinkohlenzechen auf der einen Seite und wandernden Braunkohlengruben andererseits treten besondere Verhaltensweisen der Belegschaften auf. Zechenverbundenheit und mangelnde Bereitschaft zum Berufswechsel bzw. zur Umschulung des ehemaligen Steinkohlenbergmanns stehen mobileren Verhaltensweisen der Braunkohlenarbeiter gegenüber.

Verzichtet man auf die Forderung nach unmittelbarer landschaftlicher Prägekraft der Lebensformen, dann läßt sich eine Vielfalt sozialer Lebensformen – unter Umständen soziale Gruppen im Sinne der Soziologie, z. B. die natürlichen Lebenseinheiten nach SOMBART – auf ihre räumliche Bedeutung hin untersuchen. Arbeiten von HARTKE (1963a) über süddeutsche Hausierergemeinden, von BARTELS (1968b) und SCHRETTENBRUNNER (1970) über türkische und italienische Gastarbeiter, die Fallstudien von BOPST (1968) über die arabischen Palästinaflüchtlinge oder die Untersuchungen von GREES (1963) zum Seldnertum in Schwaben können als Beispiele für den räumlich-funktionalen Aspekt des Lebensformgruppen-Ansatzes dienen. Als eine Verfeinerung des Konzepts der Lebensformgruppen kann man die Studien von UHLIG (1962) über das sozialgeographische Gefüge und die naturräumlichen Voraussetzungen und Verflechtungen der „Bauern- und Wanderhirtentypen" in Kaschmir ansehen (vgl. Abb. 6).

Bei der Untersuchung städtischer Sozialräume stellte SCHÖLLER (1959) die Dynamik der Lebensform in den Mittelpunkt der Forschung. Mit dieser Zielsetzung verfeinerte BUCHHOLZ (1970) den Begriff „städtische Lebensform", indem er dynamische und formale Elemente unterschied. Die Aktivitäten der Menschen und ihre Entscheidungen schlagen sich in besonderer Weise im Erscheinungsbild des Raumes und im gesellschaftlichen Wirkgefüge ihrer Lebensbereiche nieder. Derartige Lebensformen lassen sich über Berufsgruppen, Vielfältigkeit der Berufe, Wohnformen, spezifische Versorgung mit Gütern

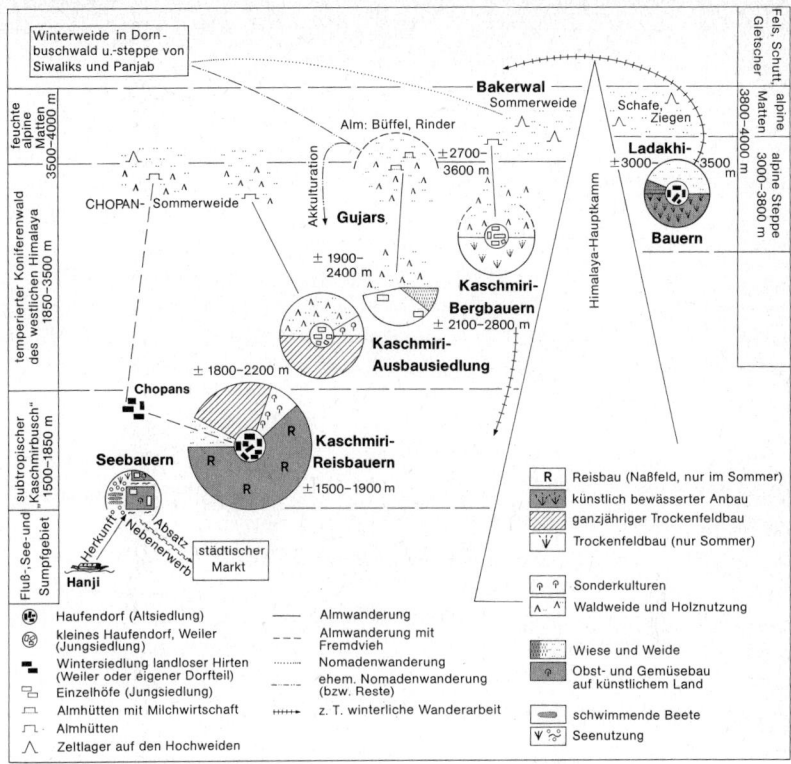

Abb. 6: Lebens- und Nutzungsräume der Bauern- und Wanderhirten in Kaschmir (nach Uhlig 1961)

und Diensten, Verkehrsbeziehungen zwischen Wohnung und Arbeitsplatz, soziale und regionale Mobilität und Verhaltensweisen bei politischen Wahlen kennzeichnen. Aus der Analyse von Beispielgebieten konnte BUCHHOLZ Prinzipien städtischer Lebensform wie z. B. Streben nach Anonymität und geringere Sozialkontrolle; Änderungsbereitschaft in bezug auf politische Wahlen, den sozialen Status, das Einkaufen und Wohnen; gesteigerte Bedarfsorientierung in deutlicher Zentrenbezogenheit ableiten.

Verhaltensgruppen

Die sozialgeographische Verhaltensforschung verfolgt mit dem Studium geographisch wirksamer sozialer und wirtschaftlicher Prozesse ein Hauptanliegen. Sie sieht sich u. a. darin bestärkt, daß Wirtschaft und Gesellschaft einem mehr oder weniger raschen Wandel unterworfen sind. Die Fragestellung zielt auf die Veränderungstendenz vorhandener Raumstrukturen, die im wesentlichen von den Verhaltensweisen der Bevölkerung gesteuert wird. Vorgängen, die den Wandel von Raumsituationen herbeiführen, wird große Aufmerksamkeit gewidmet.

Elemente für die Bestimmung „sozialgeographischer Verhaltensgruppen" lassen sich aus Reaktionsketten ableiten, die zur Auslösung räumlicher Prozesse und damit zur Bildung sozialgeographischer Raumstrukturen führen (vgl. S. 25). Bewertungsvorgänge, Informationen, Umweltwahrnehmung, Motive usw., die für raumrelevantes Bevölkerungsverhalten verantwortlich sind, eignen sich grundsätzlich für die Kennzeichnung sozialgeographischer Gruppen. Befinden sich Menschen in einer vergleichbaren sozialen Lage und entwickeln sie infolgedessen Verhaltensweisen, die vergleichbare Einflüsse auf räumliche Prozesse und Strukturen ausüben, dann kann man diese Menschen derselben „sozialgeographischen Verhaltensgruppe" zurechnen. Bei agrargeographischen Studien, aber auch bei der Analyse des Wohn-, Bildungs- und Wahlverhaltens, kann man solche Verhaltensgruppen nachweisen.

Insbesondere in der Agrarlandschaft läßt sich gleichartige Raumbeeinflussung über bestimmte Indikatoren erfassen. Am Rückgang der Wiesenbewässerung und dem Auftreten der Sozialbrache konnte z. B. HARTKE auf soziale Entmischungsvorgänge in Spessartdörfern hinweisen, die u. a. durch die Ansiedlung kleinerer Industriebetriebe in Gang gebracht wurden (HARTKE, 1957, vgl. Abb. 7). Die Betriebsleiter, die sich von der Landbewirtschaftung abgewandt haben, befanden sich in einer vergleichbaren sozialen Situation (z. B. unzulängliche Betriebsgrößen, Kapitalbesatz usw.), die ihnen die Industriearbeit als wesentlich attraktiver erscheinen ließ. Sie gaben die Landwirtschaft auf und entwickelten Verhaltensweisen, die zu gleichartigen Auswirkungen auf die Bodennutzung (Aufgabe der Wiesenbewässerung, Sozialbrache) führten, d. h., sie handelten als gleiche sozialgeographische Verhaltensgruppe.

Der indikatorische Ansatz zur Kennzeichnung der Wechselwirkung „Verhaltensgruppe" – „Raumsituation" besitzt in der Sozialgeographie eine große Tradition. Sie geht zurück auf die Vorstellungen HARTKES (1959) über die Bestimmung von Räumen gleichen sozialgeographischen Verhaltens. Danach wird die Kulturlandschaft als Ergebnis menschlicher Wertungen interpretiert, die nicht individuell erfolgen, sondern überwiegend vom „sozialen Zwang" gesteuert werden. HARTKE möchte deshalb aus der Entwicklung der Kulturlandschaft die steuernden Sozialprozesse und deren gruppenmäßige Bindungen erfassen. Seit den Arbeiten von HARTKE und RUPPERT verwenden zahlreiche Autoren in der Agrar-, aber auch in der Stadtgeographie, die kombinierte, parzellengebundene Nutzungs-, Besitz- und Eigentumskartierung, um gegebenenfalls im Zeitvergleich Zusammenhänge zwischen Gruppenverhalten und Raumstruktur (z. B. Bodennutzung) herauszuarbeiten.

Häufig untersucht wurde auch das Verhalten der Bevölkerung bei poli-

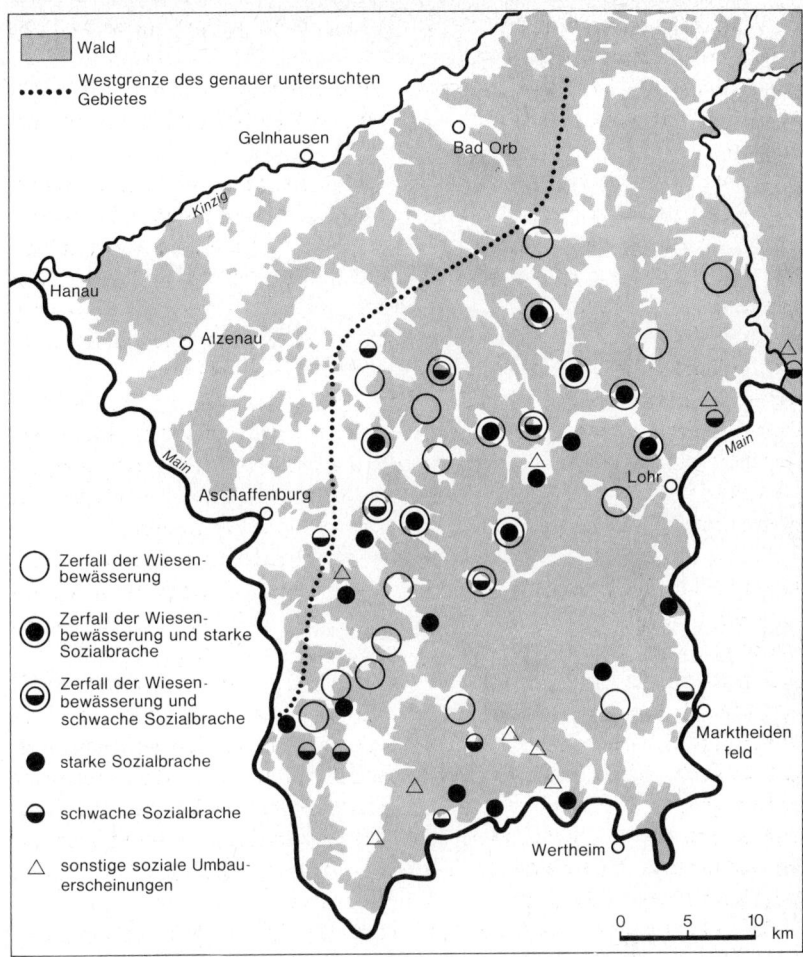

Abb. 7: Die im sozialen Umbau befindlichen Gebiete im Spessart (nach Hartke 1957)

tischen Wahlen mit dem Ziel, daraus Rückschlüsse auf komplexe räumliche Entwicklungsprozesse ziehen zu können. So benutzte z. B. ISBARY (1960) die Wahlbeteiligung zur regionalen Abgrenzung von Problemgebieten. SCHÖLLER (1959) kennzeichnete mit schwankenden CDU- und SPD-Stimmanteilen Räume bestimmten Mobilitätsverhaltens. Kombiniert mit der zentralörtlichen Situation unterschied er Gebiete unterschiedlicher Dynamik und Stabilität (vgl. Abb. 8). POSCHWATTA (1971) und GANSER (1966) indizierten mit Hilfe des Wahl- und Wanderungsverhaltens Stadtgebiete unterschiedlicher „sozialer Integration" (vgl. S. 88).

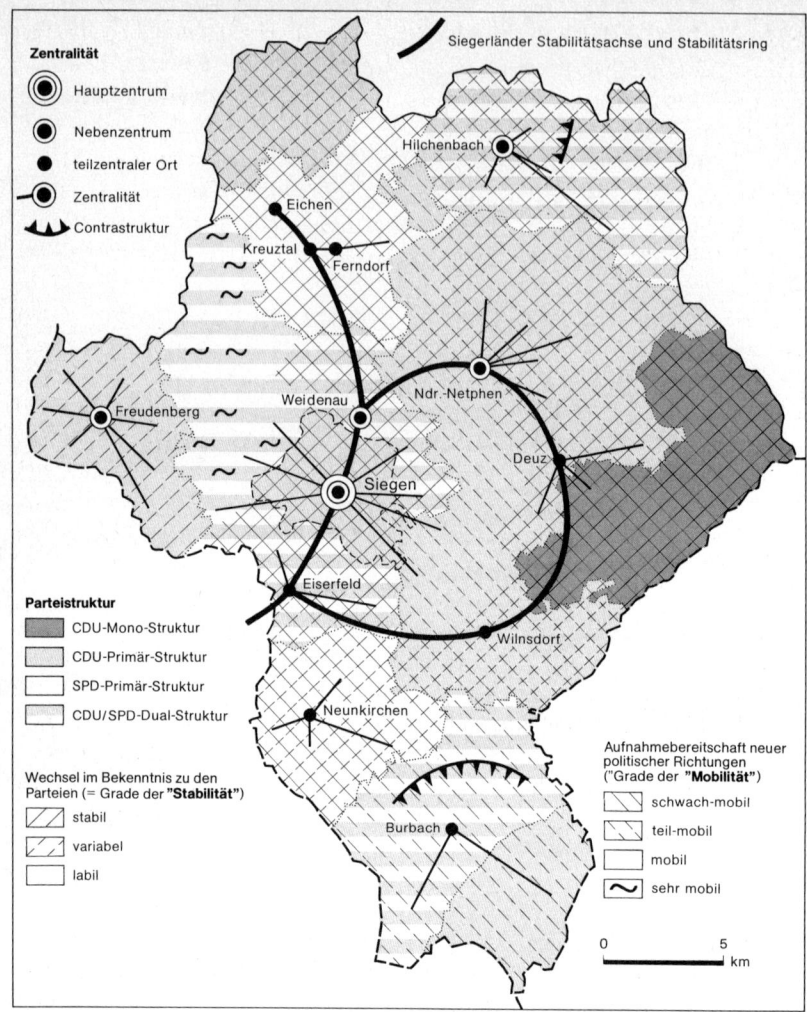

Abb. 8: Räume gleichen politischen Verhaltens am Beispiel des Siegerlandes (nach Schöller 1960)

Aktionsräumliche Gruppen

Bei der Entfaltung ihrer Existenz sind die Menschen, entsprechend ihrer sozialen bzw. wirtschaftlichen Situation, auf charakteristisch zugeordnete Standorte im Bereich ihrer Grundfunktionen angewiesen. Wohn- und Arbeitsstandort, Versorgungs-, Bildungs-, Freizeitstandorte gehören zu den wichtigsten Positionen eines „Funktions-Standort-Systems", auf das sich im Laufe eines Tages, einer Woche, eines Monats und zeitlich darüber hinaus die räumlichen Handlungen der Menschen beziehen (SCHAFFER, 1970). Diese sind z. B. Bewegungen bzw. Austausch von Personen, Gütern und Nachrichten zwischen den Positionen des Standortsystems, die man als Berufs-, Einkaufs-, Freizeitverkehr bzw. Kommunikation im weitesten Sinne meßbar beobachten kann. Methodisch bietet sich eine Fülle von Möglichkeiten, um z. B. Richtung, Intensität oder zeitliche Rhythmen der räumlichen Interaktion empirisch zu erfassen und die Menschen danach zu *sozialgeographischen Gruppen* zusammenzufassen.

Personen oder Haushalte bilden dann eine sozialgeographische Gruppe,*wenn sie gleichartige „Funktions-Standort-Systeme" entwickeln und/oder sich darin annähernd gleich verhalten. Diesen „aktionsräumlichen Aspekt" der Gruppenbildung berücksichtigen z. B. DÜRR (1973) bei der Bestimmung „aktionsräumlicher Haushaltstypen", HEIL (1971) bei der Darstellung „räumlicher Konfigurationen kommunikativer Beziehungen", KESSEL (1971) oder MAIER (1975) bei der Analyse der „Verhaltensmuster des Personenverkehrs" und SCHAFFER/RISSLER (1974) bei der Ermittlung des Tagesablaufes von Haushalten nach der Ortsbeziehung ihrer Tätigkeiten und Kommunikationspartner.

Aktionsräumliche Haushaltstypen: Am Erlanger Geographentag 1971 stellte DÜRR (1972) den „aktionsräumlichen Aspekt" bei der Bestimmung des Gruppenbegriffes zur Diskussion. Unter sozialgeographischer Gruppe versteht er zunächst eine bestimmte Anzahl von Personen oder Haushalten mit gleichem Raumverhalten. Dabei stellt sich die Frage, wie „Raumverhalten" in beobachtbare Ereignisse übersetzt und durch geeignete Indikatoren erfaßt werden kann. In diesem Zusammenhang kennzeichnet DÜRR die sozialgeographische Gruppe als bestimmte Anzahl von Personen oder Haushalten mit gleichem Einfluß auf die räumliche Struktur (d. h. Physiognomie der Landschaft) und gleichen landschaftlich bedeutsamen „internen Strukturmerkmalen", mit gleichem Aktionsraum und gleichartigem Verhaltenstrend im Hinblick auf diese Merkmale. Hier spielen die Reichweiten der Menschen bei der Ausübung der Grundfunktionen und die dabei auftretende Ausrichtung im Raumverhalten eine wichtige Rolle. Der „Aktionsraum" wird abgegrenzt über Richtung und Reichweite der Interaktion der Menschen zu den Standorten der Arbeitsplätze, Versorgungs-, Freizeiteinrichtungen usw. Es lassen sich im wesentlichen alle Grundfunktionen in die Betrachtung einschließen, d. h., man kann einzel- bzw. mehrfunktionale Aktionsräume von Personen bzw. Haushalten typisieren.

---

* In einem Gespräch mit K. RUPPERT anläßlich eines Kolloquiums in Bulgarien 1975 schlug PREOBRAZHENSKIY den Begriff „sozialterritoriale Gruppe" vor und brachte damit die enge Verbindung des sozialen und räumlichen Bezugs zum Ausdruck.

In empirischen Studien analysierte DÜRR durch Befragungen das aktionsräumliche Verhalten von Haushalten in neun Gemeinden südlich von Hamburg. Sie liegen in einem Feld einander überschneidender Einzugsbereiche zentraler Orte unterschiedlicher Rangstufe. Für die Bevölkerung, die nach Beruf, Wohndauer und Herkunft betrachtet werden konnte, bieten sich daher vielseitige Möglichkeiten der Raumorientierung zum Arbeitsplatz, zu den Versorgungs- und Einkaufseinrichtungen oder zu den stadtnahen Erholungsgebieten an.

Im aktionsräumlichen Verhalten spielen die arbeitsörtliche Orientierung, die Einkaufs- und Versorgungsorientierung, die Einkaufsräume für die Güter des periodischen oder selteneren Bedarfs und die räumliche Ausrichtung bei der Wochenenderholung eine wichtige Rolle. Diese Beziehungen dienen als „aktionsräumliche Leitindikatoren" zur Einteilung einzelner Haushalte in typische „Aktionsraum-Konfigurationen" des Arbeitens, Versorgens und Freizeitverhaltens. Als Resultat ergeben sich „aktionsräumliche Haushaltstypen", die sich zu sozialgeographischen Gruppen zusammenfassen lassen (vgl. Abb. 9). Einige Beispiele mögen das verdeutlichen: Bei der Gruppe mit „extrem ortsbezogenen Wohn-, Erwerbs- und Rentnerhaushalten" (= Gruppe I) sind die Haushaltungsvorstände am Ort beschäftigt bzw. Rentner. Sie tätigen ihre Einkäufe überwiegend im Nah- und Mittelbereich und nehmen sehr selten an Wochenendausflügen teil. Die sozialgeographische Gruppe der „außenorientierten Wohn-, Erwerbs- und Rentnerhaushalte" (= Gruppe IV) kennzeichnet Haushaltungsvorstände, die zwar am Ort beschäftigt sind, sich in ihrem Einkaufsverhalten aber auf das großstädtische Zentrum Hamburg orientieren und häufig an Wochenendausflügen teilnehmen. Die Gruppe der „extrem außenorientierten Wohnhaushalte" (= Gruppe X) umfaßt Personen, die Arbeitsstätten überwiegend in Hamburg aufsuchen, dort ihren Bedarf decken und besonders häufig an Wochenendausflügen teilnehmen.

Aus der Korrelation der „aktionsräumlichen Haushaltstypen" mit sozialstatistischen Merkmalen der Haushaltungsvorstände ergeben sich zusätzliche Aussagen, z. B. Querverbindungen zu den Kriterien Beruf, Wohndauer, Herkunftsort. Daraus ließ sich ableiten, daß das Merkmal Beruf einen deutlichen Aussagewert für die aktionsräumliche Orientierung besitzt. Das ist u. a. ein Hinweis darauf, daß die Arbeitsstätten-Wohnort-Beziehung entscheidend zur aktionsräumlichen Bevölkerungsgruppierung beiträgt. Kenntnisse über den Zusammenhang von „aktionsräumlichen Haushaltstypen" und Berufs- bzw. anderen sozialstatistischen Merkmalen liefern wichtige Hinweise für die Bedarfsplanung im kommunalen Bereich. Wie im vorliegenden Fall kann man für Ballungsrandgebiete Aussagen über Zuordnung der Arbeitsstätten bzw. der Versorgungseinrichtungen zu einer spezifisch strukturierten Bevölkerung (Beruf, Wohndauer, Herkunft) ableiten.

Räumliche Konfiguration kommunikativer Beziehungen: HEIL (1971) hat in zwei Münchner Stadtvierteln, einem alten innenstadtnahen Wohnquartier

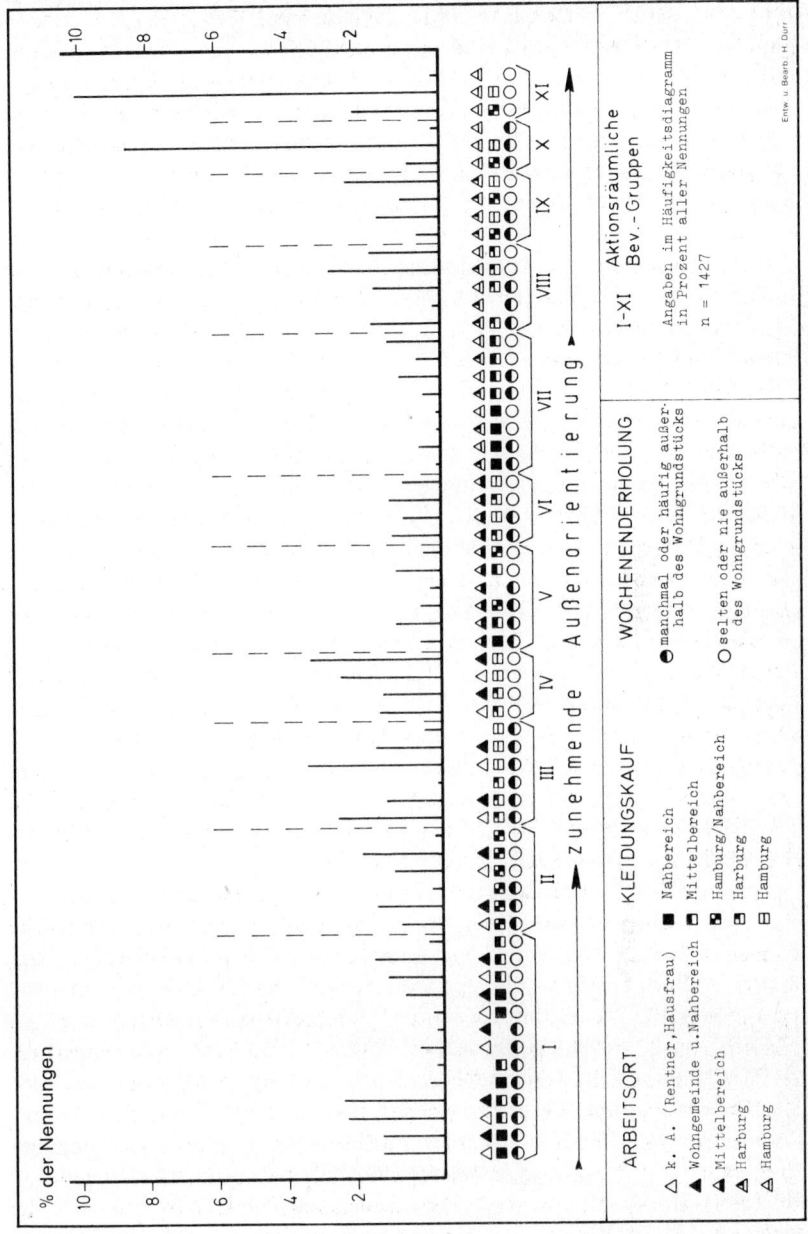

Abb. 9: Aktionsräumliche Gruppierung der Wohnbevölkerung der Gemeinden um Jesteburg (nach Dürr 1972)

(Haidhausen) und einer neuen Großsiedlung am Stadtrand (Fürstenried-West), das räumlich-kommunikative Verhalten ausgewählter Bevölkerungsgruppen analysiert. Es handelte sich um nicht berufstätige Hausfrauen, die den spezifischen Bedingungen ihrer Wohnquartiere besonders stark „ausgesetzt" waren. Die räumlichen Kommunikationsmuster z. B. bei Besuchen von Bekannten unterschieden sich im Altbauviertel und in der Stadtrandsiedlung in charakteristischer Weise. HEIL konnte die räumlichen Kommunikationsmuster zusätzlich nach der Wohndauer, dem Vorhandensein von Kindern und dem sozialen Status unterscheiden. Daraus ließen sich Hinweise für die Gliederung künftiger Bebauungspläne im Hinblick auf „kommunikationsfreundliche" Wohnsituationen ableiten.

Muster verkehrsräumlicher Aktivitäten: Die Untersuchungen von KESSEL (1971) und MAIER (1975) ermöglichen wertvolle Einblicke in die Verhaltensmuster verkehrsräumlicher Beziehungen und Aktivitäten der Stadtbevölkerung und auch des regionalen Feldes. Verkehrsvorgänge im „Funktions-Standort-System" werden als Kommunikation begriffen, die sich zwischen einer Tätigkeit am Quellort, die man beendet hat, und einer Tätigkeit am Zielort, die aufgenommen werden soll, vollzieht. Von KESSEL werden die räumlichen Beziehungen zwischen Wohnung, Schule, Arbeitsstätte, Geschäft, Einkaufsstätte, Freizeit und Bekannten, Krankenhaus/Arzt und sonstigem unterschieden. An Werktagen wird das Verkehrsbild ganz entscheidend vom Wechselspiel zwischen Wohnung und Arbeitsplatz geprägt; erst mit großem Abstand folgen Fahrten zwischen Wohnung und Versorgungsstandorten usw. Die Rangfolge der Interaktionen – ausgehend vom Wohnstandort – ist charakteristisch abgestuft in der Reihenfolge: Arbeitsplatz und geschäftliche Zwecke – Einkauf – Freizeit und Bekanntenbesuche – Schule – sonstige Zwecke – medizinische Versorgung. Diese Beziehungen können nach ihrem Rhythmus im Tagesgang oder nach ihrer Verortung im regionalen Bezugsfeld differenziert werden (vgl. Abb. 10). Anknüpfend an diese Untersuchungsergebnisse, könnte man in Anlehnung an die Überlegungen von DÜRR „verkehrsräumliche Haushaltstypen" im Sinne aktionsräumlich geprägter sozialgeographischer Gruppen bestimmen.

Das Verfahren zur Bestimmung sozialer Gruppen von MAIER (1975) unterscheidet sich insoweit deutlich von dem KESSELS, als hier die Gruppen zunächst unter dem Gesichtspunkt eines gleichartigen verkehrsräumlichen Verhaltens definiert sind, die dann in einem zweiten methodologischen Schritt nach ihren möglichen Einflußgrößen (etwa Alters- oder Berufsschichtung, Wohndauer am Ort oder PKW-Besitz) befragt werden. Als erklärende Faktoren werden berufs-, versorgungs- (mittelfristige Bedarfsdeckung) und freizeitorientierte (Aktivitäten aus dem Naherholungsverhalten) Verkehrsbewegungen herangezogen. Bei den so gewonnenen Haushaltstypen handelt es sich um Grundmuster verkehrsräumlichen Verhaltens, die von überaus stark innenorientierten (bezogen auf Wohngebiet oder -ort) bis zu überaus stark außen-

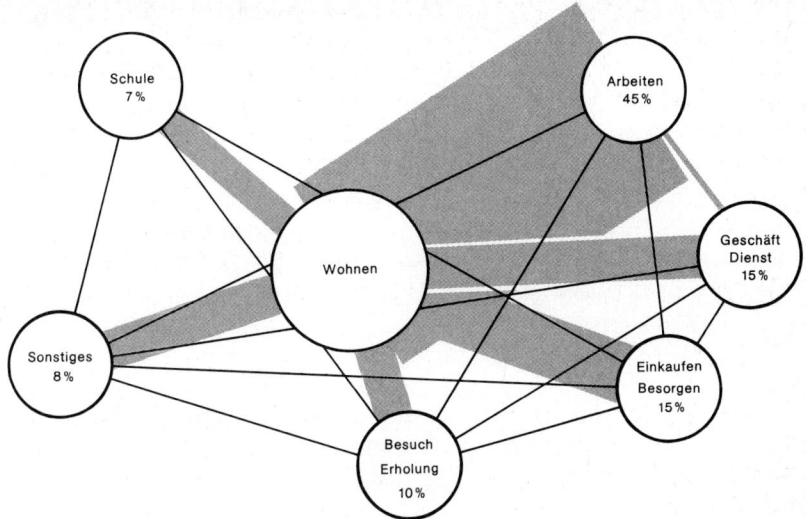

Abb. 10: Reisezwecke im Personenverkehr (nach Kessel 1974)

orientierten Typen reichen. Bei der Übertragung in das regionale Betrachtungsfeld zeigt sich nicht nur, daß in großen Teilen Südbayerns standortgebundene traditionelle Verhaltensweisen zu beobachten sind, sondern daß auch erhebliche Unterschiede innerhalb des Urbanitätsgefälles auftreten. So sind – bezogen auf einzelne Gemeindetypen – in noch landwirtschaftlich orientierten Gemeinden, in Arbeiter-Bauern-Gemeinden und traditionellen zentralen Orten im eher ruralen Raum häufig innenorientierte Verhaltensweisen festzustellen, während die Bevölkerung in den städtischen Testgebieten sowie den stadtnahen und stärker urbanisierten Gemeinden durch eine starke Außenorientierung mit hoher Beteiligung und großen Reichweiten gekennzeichnet ist. Um die Unterscheidung gegenüber einer Bildung von „Merkmalsgruppen" deutlich zu machen, kann erwähnt werden, daß z. B. die Berufsschicht der Ärzte etwa in den städtischen und stadtnahen Gemeinden durch außenorientierte Verhaltensmuster geprägt ist, während sie in weiten Teilen des eher ruralen Raumes als ausgesprochen innenorientiert angesehen werden kann.

Tagesablauf der räumlichen Interaktion: HOMANS (1969) faßt Personen zu einer Gruppe zusammen, die gemeinsam an „sozialen Ereignissen" (z. B. in der Familie, am Arbeitsplatz, im Freundeskreis nach Feierabend usw.) teilnehmen. Individuen bilden eine Gruppe, wenn sie innerhalb eines gegebenen Zeitraumes häufiger untereinander in Wechselbeziehungen stehen als mit anderen Personen. Durch Abzählen dieser Interaktionen wird es möglich, Gruppen herauszuarbeiten, die sich quantitativ voneinander unterscheiden. Aus der Definition HOMANS' geht deutlich hervor, daß eine Person im Tagesablauf keineswegs nur einer sozialen Gruppe angehören muß. Nach Betriebsschluß kann sich z. B. ein Arbeiter in der Gruppe seiner Familie, im Kreis seiner Bekannten, etwa am Stammtisch, oder im Sportverein bewegen. Dieser Wechsel der Gruppenbezogenheit äußert sich auch räumlich, etwa in den unterschiedlichen verkehrsräumlichen Interaktionen nach den Zwecken Wohnen, Arbeitsplatz, Bekanntenbesuche usw.

Durch die Erfassung der Raumbezüge im Tagesablauf wird es möglich, sozialgeographisches Gruppenverhalten zu typisieren. SZALAI (1972) und HUNDHAMMER (1973) benutzten z. B. Zeithaushaltsstudien, um gruppenspezifisches Verhalten in Abhängigkeit von Infrastrukturausstattungen in Stadtgebieten zu überprüfen. Aufbauend auf solchen Vorüberlegungen haben SCHAFFER und RISSLER (1974) die aktionsräumlichen Verhaltensweisen sozialer Randgruppen in einem Obdachlosenlager im Münchner Norden analysiert. Es ließen sich vor allem zwei sozialgeographische Gruppen voneinander unterscheiden. Zu den Haushalten mit „stationär-regressivem Raumverhalten" gehörte ein Großteil der Bewohnerschaft, der die Betätigung in den meisten Lebensbezügen auf ein Minimum herabsetzt und versucht, sich weitgehend auf die Sphäre des Lagers zurückzuziehen. Eine zweite Bevölkerungsgruppe mit „dispers-mobilem Raumverhalten" steht mehr oder weniger regelmäßig mit der Außenwelt in Verbindung, ist bemüht, bei den meisten Lebensbezügen die Standorte häufig zu wechseln und weitgespannte Aktionsradien zu entwickeln, die über das gesamte Stadtgebiet Münchens streuen.

Die Abkapselung eines Teiles der Bewohnerschaft („stationär-regressive Gruppe") wird aus der Beobachtung des Tagesablaufs der Lagerbevölkerung sehr deutlich. Die überwiegende Mehrheit der erwachsenen Bevölkerung verläßt im Tagesablauf das Lager nicht. Die Isolierung auf den Bereich des Lagers, besser gesagt auf die enge Sphäre des Wohnwagens, ist an Sonn- und Feiertagen noch stärker ausgeprägt. Maximal verlassen nur 16–18 Prozent das Lager, und zwar erst am Nachmittag zwischen 14 und 20 Uhr. In der Regel sind die Kontakte nur auf die Familienangehörigen im Wohnwagen beschränkt. Kontakte der Bewohner innerhalb des Lagers spielen eine sehr bescheidene Rolle. Nur ein Fünftel der Bewohnerschaft kommt im Tagesablauf mit Personen in Kontakt, die nicht zur eigenen Familie bzw. zum Wohnwagenhaushalt gehören. Es sind vor allem gute Bekannte, Arbeitskollegen, Geschäftsleute, Amtspersonen und Verwandte. Der Tagesablauf ist also im Lager weitgehend auf den Personenkreis innerhalb der Wohnwagengemeinschaft bezogen.

Veränderungstendenzen des „Funktions-Standort-Systems": Man kann Personen oder Haushalte, die in ähnlicher oder gleicher Weise ihr Funktions-Standort-System verändern oder die gleiche Tendenz zum Wechsel der Funktionsstandorte zeigen, ebenfalls zu sozialgeographischen Gruppen zusammenfassen. Durch die quantitative wie qualitative Staffelung des Angebots entsprechender Einrichtungen – wie Wohn-, Arbeits-, Bildungs-, Versorgungs-, Freizeitstätten – gibt es, von Gebiet zu Gebiet wechselnd, unterschiedliche Beanspruchungs- und Entwicklungschancen bei den Grundfunktionen. Überschreiten nun die Reichweiten der Personen zu ihren Funktionsstandorten bestimmte krititsche Dimensionen und bleiben im Gebiet keine Wahlmöglichkeiten offen, die ihnen gemäß gesellschaftlicher Leitbilder gewisse Existenz- oder Aufstiegschancen garantieren, dann neigen sie dazu, ihr angestammtes Standortsystem teilweise oder ganz zu wechseln. Anlässe dazu können z. B. vom räumlich unausgeglichenen Angebot in der Funktion Arbeiten bzw. von nicht mehr befriedigenden Wohnverhältnissen ausgehen.

In diesem Zusammenhang soll auch darauf verwiesen werden, daß KLINGBEIL (1969) aufgrund ähnlicher Überlegungen Typen „labiler" und „stabiler" Pendlerräume erörterte (vgl. S. 120). ZIMMERMANN und REDING (1973) ermittelten die regionalen Präferenzen von Arbeitnehmerhaushalten nach der Wohnortorientierung und Mobilitätsbereitschaft, d. h. ihrer Neigung angestammte Funktionsstandorte wie Wohnort/Arbeitsort zu wechseln.

Sozialräumliche Gliederung

Im Zusammenhang mit Fragen der sozialräumlichen Gliederung wird vielfach von *„Sozialstruktur"* gesprochen. Mit BOLTE (1967) lassen sich hauptsächlich zwei Gesichtspunkte der Struktur sozialer Gruppen hervorheben, der *„Gefügeaspekt"* und der *„Gliederungsaspekt"*. Der Gefügeaspekt kennzeichnet das typische Netz der Beziehungen, die zwischen Mitgliedern einer sozialen Gruppe zu einem bestimmten Zeitpunkt bestehen, z. B. die Über- und Unterordnungsverhältnisse, die Abgrenzung der Rollen bzw. ihre Verknüpfung, das Geflecht der Prozesse, die mehr oder weniger zur Bewältigung des Zusammenlebens innerhalb der Gruppe beitragen. Dieser Gefügeaspekt und sich daran knüpfende räumliche Konsequenzen der Gruppenexistenz blieben bei sozialgeographischen Untersuchungen bisher weitgehend unberücksichtigt.

Dagegen spielt der „Gliederungsaspekt" sozialer Gruppen und Gebilde eine wichtigere Rolle. Er charakterisiert die Gliederung der Gruppenmitglieder nach einem oder auch mehreren Merkmalen. Solche Merkmale können Alter, Beruf, Einkommen, Bildungsstand, Besitzverhältnisse usw. sein. Mitglieder eines sozialen Gebildes, die nach einem oder mehreren Merkmalen als annähernd gleich anzusehen sind, kann man als Sozialkategorie bezeichnen. Verbinden sich mit diesen Gliederungsmerkmalen Wertvorstellungen, die die unterschiedenen Sozialkategorien als höher bzw. tiefer einordnen, und knüpfen sich an dieses Höher oder Tiefer Verhaltensabstufungen, dann hat man es mit Schichten zu tun. Nimmt man Unterscheidungen auf Grund des Einkommens vor, so spricht man von Einkommensschichten. Gliedert man nach den wichtigsten Merkmalen, die die soziale Wertschätzung (wie Einkommen, Beruf, Herkunft usw.) bestimmen, dann kann man von Gesellschaftsschichten sprechen.

In vergleichbarer Weise werden Einzelpersonen nach dem sozialen Status unterschieden. Der Status eines Menschen läßt sich bestimmen durch die ihm zugewiesene soziale Wertschätzung im Verhältnis zu anderen Menschen. Nimmt man diese Wertung nur bei einem Merkmal vor, z. B. dem Beruf, so spricht man vom Berufsstatus. Schließt man mehrere Merkmale, z. B. Beruf, Abstammung, Einkommen, in die Bewertung ein, so kann man vom „Positionsstatus" sprechen. Bezieht sich die Betrachtung auf alle für die soziale Wertschätzung entscheidenden Merkmale, so kann man schließlich den gesellschaftlichen Status eines Menschen bestimmen.

Aus Gründen der leichteren statistischen Erfaßbarkeit unterscheidet man bei sozialräumlichen Gliederungsvorhaben die Bevölkerung nach sozialen Kategorien, Schichten oder Statuspositionen, deren räumliches Verteilungsbild kartographisch festgehalten wird. Hierher gehört eine Vielzahl von Arbeiten zur sozialräumlichen Gliederung im Sinne der Darstellung von Verortungsmustern sozialer Kategorien und Schichten (BRAUN, 1968; BACKÉ, 1968; NIEMEYER, 1969; FISCHER, 1963). Dazu einige Beispiele:

Gliederung nach strukturellen Raumtypen: Am Beispiel der 16 000-Einwohner-Stadt Reinbek, die im Verflechtungsbereich der Agglomeration von Hamburg liegt, konnte JASCHKE (1973) nachweisen, daß zwischen Sozial- und Siedlungsstruktur ein qualitatives und quantitatives Beziehungsgefüge besteht. JASCHKE greift u. a. das Denkmodell über den Ablauf räumlicher Prozesse auf, der über folgende Situationen führen kann: Veränderte Bewertung der Umwelt durch einen gewandelten Informationsstand – veränderte Verhaltensweisen – Auslösung sozialwirtschaftlicher Prozesse – Umbau persistenter Muster und Entstehung neuer Raumsituationen (vgl. S. 25 ff.). JASCHKE möchte diesen Reaktionsablauf besonders dann beachtet sehen, wenn die Raumstrukturen aus genetischer Sicht erklärt werden sollen. Siedlungsstrukturelle Merkmale wie Gebäudetypen dürfen jedoch mit sozialstrukturellen Merkmalen wie Berufskategorien oder -schichten nur dann in Verbindung gebracht werden, wenn in der untersuchten Raumeinheit – wie es in Reinbek der Fall ist – die Daseinsfunktion Wohnen dominant erscheint. In seiner Studie stellt JASCHKE 11 Gebäudetypen 6 nach Berufsmerkmalen kategorisierten Schichten gegenüber.

Bei den Gebäudetypen wurden unterschieden: Traufenhaus (Typ TH), Giebeltraufenhaus (GH), Kastenhaus (KH), Kleinwohnhaus (KW), Reihen- und Doppelhaus (RD), Laube und Behelfsheim (LB), Villa (VA), Landhaus und Bungalow (LH), Wohnblock (WB), Hochhaus (HH) sowie Pavillon und Flachbau (PF). Die sozialen Schichten wurden nach finanziellen Kriterien und Berufsmerkmalen in 6 Typen aufgegliedert: Arbeiter (Typ A), einfache Angestellte und Beamte (EB), mittlere Angestellte und Beamte (MB), höhere Angestellte und Beamte (HB), kleine Selbständige (KS), Unternehmer und freie Berufe (U). Die Korrelationsrechnung zeigt zwischen bestimmten Gebäudetypen und der Berufsschichtung unterschiedlich enge Zusammenhänge. Aus der Kombination typischer Strukturmerkmale der Bevölkerung, der Gesellschaft, der Wirtschaft und des Siedlungsgefüges war es möglich, für Reinbek eine sozialräumliche Gliederung nach strukturellen Raumtypen vorzunehmen (vgl. Abb. 11).

Eine räumliche Gliederung nach sozialgeographischen Gruppen in anderen Gesellschafts- und Wirtschaftssystemen ist bislang erst in Ansätzen versucht worden. Für die Situation in wirtschaftlich unterentwickelten Ländern liegen zwar eine Reihe von Arbeiten dieses Zieles vor, jedoch stehen sie in den meisten Fällen in enger Beziehung zu Abgrenzungen nach ethnischen oder religiösen Gruppierungen (z. B. SEGER, 1975). Da in diesen Ländern zwischen derart abgegrenzten Gruppen und sozialgeographischen Gruppen aufgrund von Personal- und Sachzwängen (Normen und -kontrolle, gesellschaftliche Leitbilder usw. infolge von Religion oder Abstammung) u. U. Zusammenhänge auftreten können, soll als Beispiel die innerstädtische Gliederung von Haifa an Hand der von H. RUPPERT (1972) erfaßten Reaktionsweite sozialer Gruppen ausgewählt werden. Danach spiegelt die Entwicklung und innere Struktur der heutigen israelischen Städte deutlich die nach regionaler Herkunft, Kulturtradition, Wirtschaftsdenken und Lebensgewohnheiten unterschiedlichen räumlichen Verhaltensmuster der verschiedenen jüdischen Gruppierungen wider. So ist neben der Veränderung des traditionell arabischen Stadtkerns nach 1948 durch die Abwanderung der Araber in die ehemaligen Quartiere der christlichen Gemeinschaften (z. B. Wadi Nisnas) auch ein Absinken des sozialen Niveaus der verbliebenen Araber und neue Viertelsgliederungen zu beobachten. Die Überlagerungszone zwischen den arabischen und jüdischen Wohnbereichen, in denen es aufgrund der regionalen Herkunft der verschiedenen Personengruppen ebenfalls zu erheblichen Viertelsbildungen kommt, wird in besonderem Maße von wohlhabenden Arabern gebildet, die geschäftlich in Kontakt mit jüdischen Personengruppen stehen. Durch den Prozeß der israelischen Staatsgründung und ihre räumlichen Folgen kam es nicht nur zur räumlichen Umschichtung zwischen arabischen und jüdischen Bevölkerungsteilen, sondern die unterschiedlichen Reichweiten der verschieden ethnisch, nach Einkommensschichten oder nach ihrer regionalen Herkunft abgegrenzten sozialen Aktionsgruppen haben zu neuen Viertelsbildungen, zu neuen „verorteten" Einrichtungen und damit zu neuen Raummustern geführt.

Gliederung nach Prozeßtypen: Am Beispiel Penzbergs versuchte SCHAFFER (1971) die sozialräumliche Gliederung nach typischen Veränderungsvorgängen vorzunehmen, die die soziale Entwicklung der Bergbaustadt nach Stillegung ihrer Kohlengrube in einer Phase der Umstrukturierung geprägt haben. Mit der Stillegung des Bergbaus veränderten sich die Bindungen der Bevölkerung an ihre Stadt als Wohn- und Arbeitsort. An der sozialen Mobilität, der Verstärkung des Auspendelns und der Abwanderung läßt sich jener Wandel nachprüfen. Es gab Viertel in der Stadt, in denen mehr als jeder zweite Familienvater

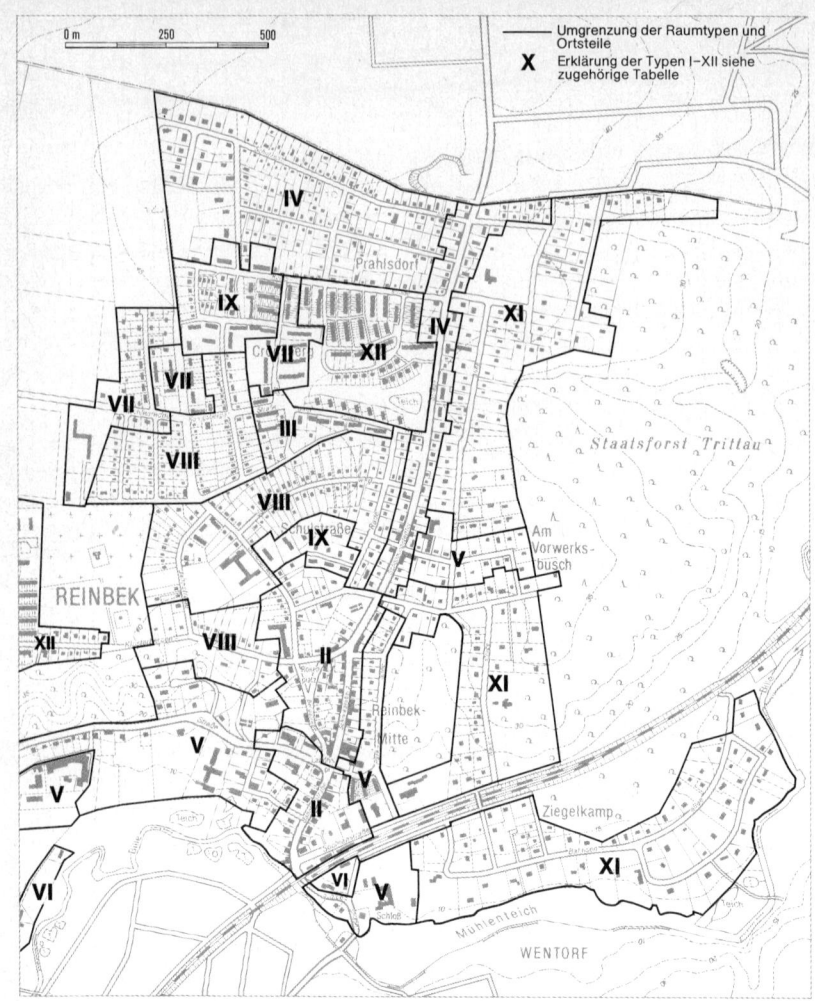

Abb. 11: Reinbek – Strukturelle Raumtypen 1970 (nach Jaschke 1973)

Raumtyp	Bevölkerung	Gesellschaft				Wirtschaft			Siedlung
	[E/qkm]	[%EP/WB]	[%/EP]	Gruppen-relation[3]	Gymnasial-, Hochschul-Absolventen [%/EP]	Quotient: Haushalte/ Telefon	Arbeits-stätten[4] SWS TWS [ASt/qkm]	Arbeits-plätze[4] gesamt [API/qkm]	Dominanter Gebäude-typ[5]
Typ I Gewerbegebiete	1600	38	A: 47 S: 16	A-U: a	15	0,1	42 30	5680	PF
Typ II Versorgungsgebiete mit hohen Selbständigenanteilen	3 800 - 6 100	48-52	KS: 17-21 B: 49-54	KS-MB: s KS-HB: s	10-24	0,9-1,5	66 - 550 - 133 736	3 279 - 8 499	GH TH KH VA
Typ III Versorgungsgebiete mit hohen An-gestellten- und Beamtenanteilen	5400 - 9000	39-56	B: 57-68 KS: 0-10	B-KS: a	7-18	1,3-5,0	41 - 625 - 231 976	5 528 - 5 656	PF TH WB
Typ IV Mischgebiete mit hohen Selbständigen-anteilen	3 900 - 6900	39-48	KS: 11-14 A: 30-49 EB: 18-23	KS-A: a A-EB: a-s	2- 6	2,0-2,3	61 - 42 - 137 234	1 320 - 2 651	KW KH GH WB
Typ V Mischgebiete mit hohen Angestellten- und Beamtenanteilen	2 200 - 8300	39-51	B: 49-75 KS: 0-14	KS-EB: s KS-MB: a-s KS-HB: a-s	9-33	0,8-2,4	0 - 0 - 98 228	978 - 8 725	VA KW GH LH
Typ VI Arbeiterwohngebiete	1400 - 4100	40-63	A: EB: 82-87	A-EB: s	0- 7	3,5-17,6	0 0	0	KW WB TH RD
Typ VII Angestellten-Beamtenwohngebiete mit hohen Arbeiteranteilen	5 600 - 22300	37-45	EB: MB: 47-62 A: 29-47	EB-A: a	1- 7	0,6-4,1	0 - 0 - 32 68	32 - 371	WB HH RD
Typ VIII Angestellten-Beamtenwohngebiete	2 400 - 4 200	38-44	B: 60-79 A: 17-29	EB-A: a-s	12-43	1,3-2,0	19 - 23 - 26 136	143 - 641	KW KH
Typ IX Wohngebiete mittlerer und höherer Angestellter und Beamter	8 600 - 19 500	36-45	MB: 29-43 HB: 13-38 A: 4-16	MB-A: a-s HB-A: a-s MB-HB: a-s	17-35	0,9-1,1	0 0 - 34	0 - 34	WB RD
Typ X Angestellten-Beamtenwohngebiete mit hohen Anteilen gehobener Sozialgruppen	1 300 - 7600	40-49	EB: MB: 47-56 GG: 19-24 A: 12-25	EB-MB: a-s MB-HB: a HB-U: a	19-28	0,9-1,5	0 - 19 - 19 95	143 - 414	RD LH KW
Typ XI Wohngebiete gehobener Sozialgruppen	1 300 - 2000	33-40	GG: 28-52 KS: 8-16	KS-U: a KS-HB: a	27-45	0,8-1,4	0 - 33 - 7 52	120 - 436	VA LH
Typ XII Wohngebiete gehobener Sozialgruppen mit hohen Anteilen junger Akademiker	3 800 - 6800	27-42	GG: 26-47 KS: 6-13	KS-U: a-s KS-HB: a-s	30-48	0,9-1,5	0 - 0 - 18 111	0 - 419	RD LH

[1] Einwohner/qkm Bruttobauland;
[2] EP = Erwerbspersonen, WP = Wohnbevölkerung, B = Angestellte und Beamte, S = Selbständige (A = Arbeiter, EB = einf. Ang. u. Beamte, MB = mittl. Ang. u. Beamte, HB = höhere Ang. u. Beamte, KS = kleine Selbständige, U = Untern. u. freie Berufe);
[3] Hier ist die Korrelation der Berufsgruppen untereinander angesprochen, die einzelnen Gruppen können in Assoziation (a), Segregation (s) bzw. in Ambivalenz (a-s) zueinander stehen;
[4] SWS = sek. Wirtschaftssektor, TWS = tert. Wirtschaftssektor, qkm Bruttobauland;
[5] GH = Giebeltraufenhaus, HH = Hochhaus, KH = Kastenhaus, KW = Kleinwohnhaus, LB = Laube u. Behelfsheim, LH = Landhaus u. Bungalow, PF = Pavillon u. Flachbau, TH = Traufenhaus, VA = Villa, WB = Wohnblock.

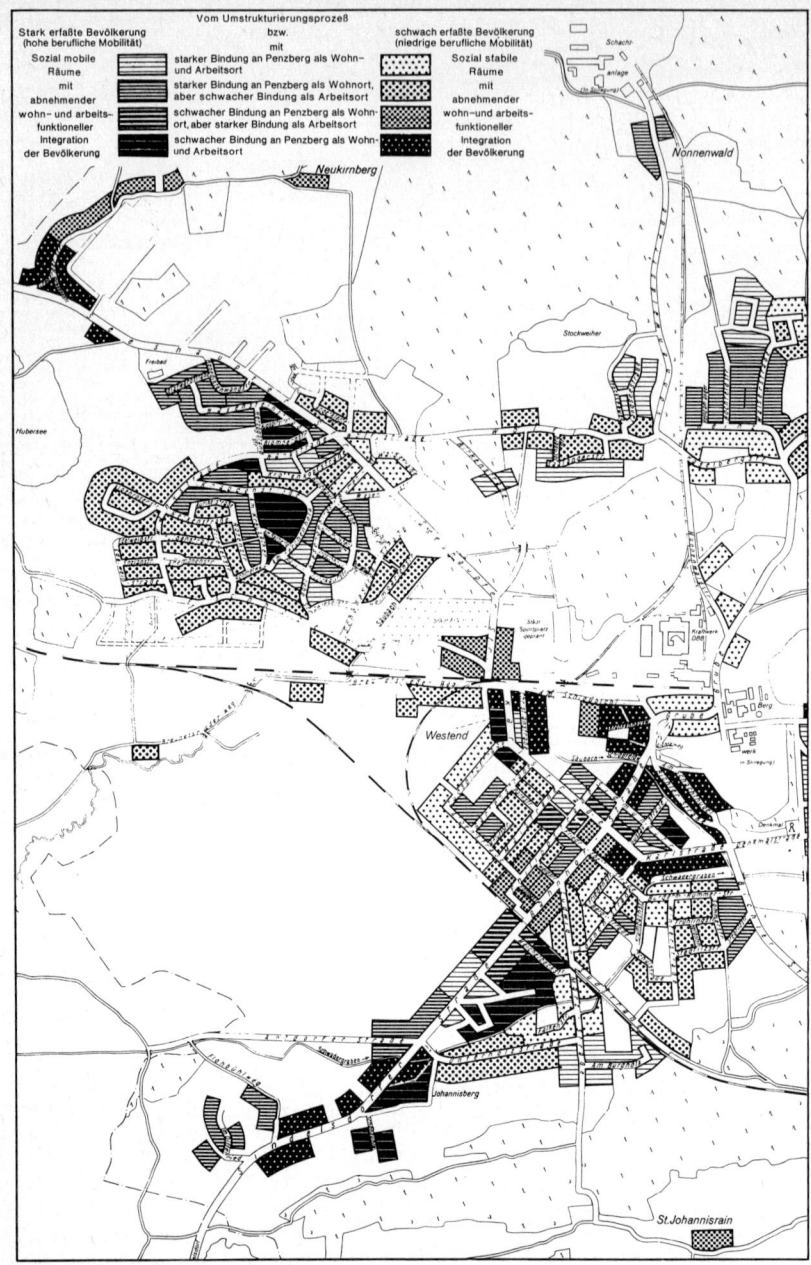

Abb. 12: Prozeßtypen sozial-wirtschaftlicher Integration, Ausschnitt des Stadtgebietes von Penzberg (nach Schaffer 1971)

sich kurzfristig zum Berufs- und Arbeitsplatzwechsel gezwungen sah. Die Grubenschließung ließ die Auspendlerquote der Stadt um ca. 30 % ansteigen, und vorübergehend traten bei bestimmten Bevölkerungsgruppen verstärkte Abwanderungstendenzen hervor.

Verknüpft man zählbezirksweise die skizzierten Prozesse, dann ergeben sich Gebiete unterschiedlicher wohn- und arbeitsfunktionaler Bindungen der Bevölkerung an ihre Stadt. Zwei Prozeßtypenreihen heben sich heraus: sozial mobile Zonen (Strichraster) und sozial stabile Zonen (Punktraster) (vgl. Abb. 12). In beiden Reihen wächst mit der Dunkeltönung des Rasters die Loslösung der Bevölkerung von Penzberg als Wohn- und Arbeitsort an. In den sozial mobilen Zonen mußte sich die Bevölkerung in verstärktem Maße die berufliche Existenz völlig neu aufbauen. In den sozial stabileren Gegenden hat sich die Einwohnerschaft rechtzeitig von der direkten Abhängigkeit vom Bergbau freigemacht. Besondere Problemgebiete in der Stadt bestehen beispielsweise überall da, wo die Bindung an Penzberg als Wohn- und Arbeitsort immer lockerer wird (sehr dunkler Punktraster). Hier zeigt die ehemalige Monostruktur der Stadt immer noch negative Nachwirkungen.

Multivariate Typisierung der Statusdifferenzierung: Mit Hilfe von Faktorenanalysen läßt sich eine Vielzahl sozial- und siedlungsstruktureller Merkmale der Bevölkerung für sozialräumliche Gliederungszwecke verwerten. Je nach Merkmalsauswahl kann man die soziale Statusdifferenzierung auf wenige Dimensionen zurückführen. Für das bereits behandelte Beispiel der Stadt Penzberg wurden 66 Merkmale herangezogen. Es handelt sich um vier Gruppen von Merkmalen: soziale Schichtung, berufliche Gliederung und berufliche Mobilität – Altersgruppen, Haushaltsstrukturen, Situationen im Lebenszyklus der Familien – Wohnungsstrukturen, Sanierungskriterien, Mietpreise – Umzugs- und Wahlverhalten.

Die sozialräumliche Gliederung ließ sich im wesentlichen mit Hilfe von drei Faktoren darstellen: Faktor I kennzeichnet die sozial-berufliche Statusdifferenzierung innerhalb der Stadt. Er ist eng mit bestimmten Merkmalen der sozialen Schichtung, der Berufsgruppen und des Wohnstandards verbunden (vgl. Abb. 13). Faktor II zeigt Wirkungen an, die mit dem Altersaufbau der Bevölkerung zusammenhängen. Besonders der Lebenszyklus der Familien, Erwerbsverhalten und der bauliche Zustand der Wohnung bestimmen diesen Faktor in charakteristischer Weise. Faktor III kennzeichnet die Wanderungs- und Umzugsbereitschaft der Bevölkerung.

Aus der „sozialräumlichen Gliederung" nach sozialen Schichten und Kategorien lassen sich funktionale Zusammenhänge im Raumverhalten nicht unmittelbar ableiten. Einblicke in diese Beziehungen erschließen sich z. B. über Haushaltsbefragungen oder Kartierung von Reichweitenbeziehungen, die geschichtet nach sozialen Kategorien durchgeführt werden können. Nur so gelingt es, das Bild auch von der Seite der räumlichen Verhaltensweisen und aktionsräumlichen Aktivitäten zu ergänzen. Darüber hinaus ist zu berücksichti-

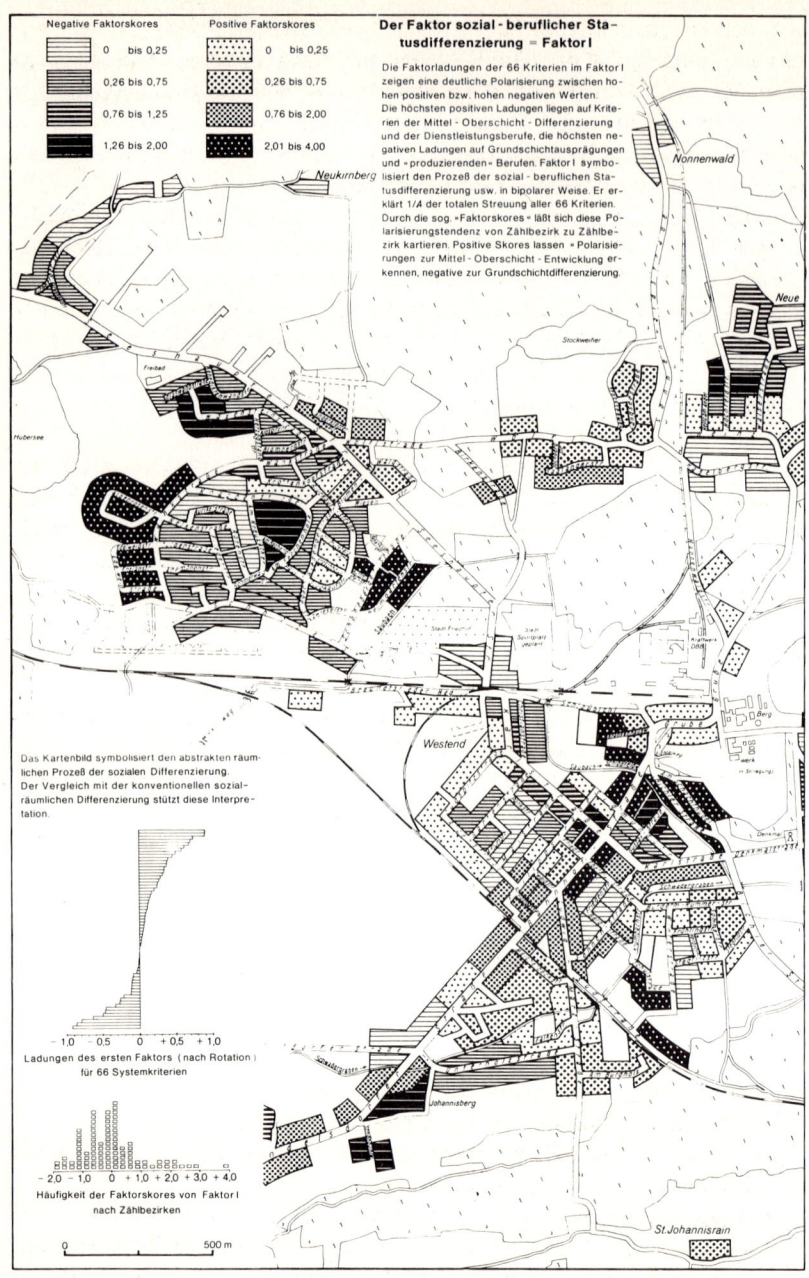

Abb. 13: Der Faktor sozial-beruflicher Statusdifferenzierung, Ausschnitt des Stadtgebietes von Penzberg (nach Schaffer 1971)

gen, daß die „sozialräumliche Gliederung" keineswegs statisch gesehen werden darf, sondern daß das räumliche Gefüge der Bevölkerungsschichten durch räumliche (z. B. Wanderungen) und soziale (z. B. Berufswechsel) Mobilität in Bewegung gehalten wird. Erfassen diese Mobilitätsvorgänge die einzelnen Schichten in unterschiedlicher Weise (z. B. Siebungsvorgänge), dann können bestehende sozialräumliche Gefüge rasch verändert werden.

Großräumige Differenzierung der Lebensformen: In Anlehnung an Überlegungen der Ethnologie und Volkswirtschaftslehre skizzierte BOBEK (1959) gesellschaftliche Entfaltungsstufen, die alle wesentlichen wirtschaftlichen und sozialen Aspekte des Lebens umfassen. Diese Stufen kennzeichnen nicht nur den heutigen Entwicklungsstand, sondern vermitteln auch Einblicke in genetische Zusammenhänge. Für die Typisierung dieser Entfaltungsstufen stellt BOBEK folgende Elemente heraus:

1. Die vorhandenen Lebensformen, in deren Zahl und Art sich Anlage und Breite der Aktivität einer Gesellschaft oder Kultur spiegelt (unterschieden nach primären, sekundären und tertiären Lebensformen, je nachdem, ob sie sich der Nutzung des physischen Lebensraumes, der Weiterverarbeitung von Gütern oder der Erbringung von Diensten widmen);
2. das Zusammenspiel der Lebensformgruppen und Aktivitäten in der Gesellschaft, ihre Geltung in der sozialen Hierarchie und ihr Anteil am Sozialprodukt;
3. die bevölkerungsmäßige Valenz der Gesellschaft (insbesondere Bevölkerungsdichte und generatives Verhalten);
4. die räumlich-siedlungsmäßige Gruppierung und die landschaftliche Ausprägung der Gesellschaften bzw. Kulturen.

Unter Beachtung dieser vier Gesichtspunkte unterscheidet BOBEK aus historisch-genetischer Sicht folgende zum Teil noch weiter untergliederte Entfaltungsstufen:

Wildbeuterstufe;
Stufe der spezialisierten Sammler, Jäger und Fischer;
Stufe des Sippenbauerntums mit dem
Seitenzweig des Hirtennomadismus;
Stufe der herrschaftlich organisierten Agrargesellschaft;
Stufe des älteren Städtewesens und des Rentenkapitalismus;
Stufe des produktiven Kapitalismus, der industriellen Gesellschaft und des jüngeren Städtewesens (vgl. Abb. 14).

Aus sozialgeographischer Sicht erweisen sich die Entfaltungsstufen des „Rentenkapitalismus" und die damit verbundenen räumlichen Verhaltensweisen auch zur Erklärung gegenwärtiger Raumsituationen im Vorderen Orient als besonders tragfähig. Hier war die Aufrichtung der Herrschaft von der Ausformung des Städtewesens begleitet. Die Stadt wurde auf dieser Stufe der ge-

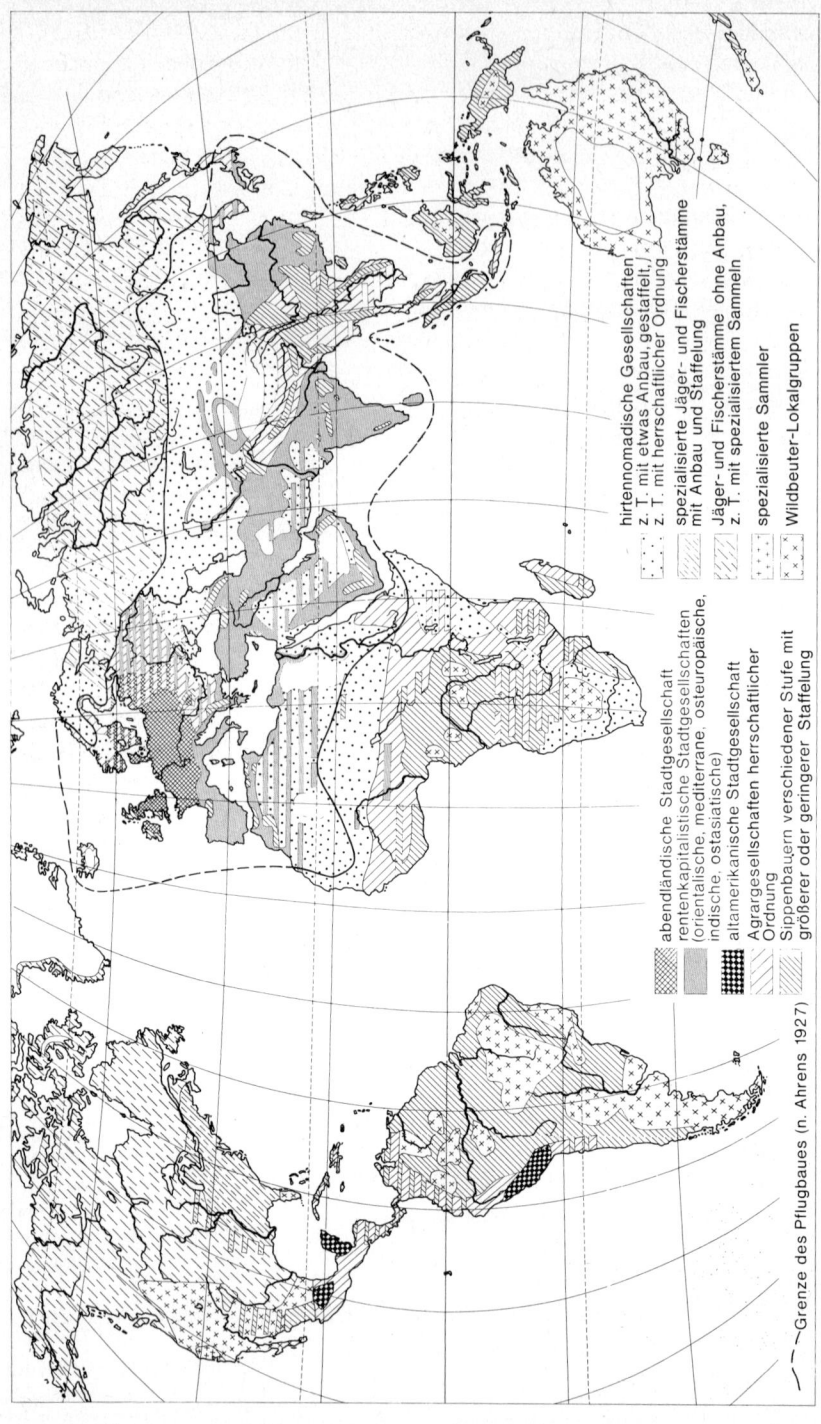

sellschaftlichen Entwicklung als grundlegend neues Element in die Kulturlandschaft eingefügt, sie sammelte die bisher schon vorhandenen sekundären und tertiären Lebensformen und gab ihnen den bevorzugten Standort.

Parallel dazu verläuft die Ausbildung einer arbeitsteiligen Gesellschaft, mobilen Kapitals, lokalen Handelns und des Fernhandels. Ein neuer Mechanismus der Lebensbeziehungen spielt sich ein: Bestimmte Landgebiete werden jeweils einer Stadt als ihrem zentralen Ort zugeordnet, die sich zum Sammelbecken und Ort höchstmöglicher Steigerung des politischen, wirtschaftlichen und kulturellen Lebens entwickelt. Diese Zentralisierung strahlt deutlich auf die anschließende ländliche Kulturlandschaft aus, in der sich Zonen abnehmender Intensität der Bewirtschaftung, der Verkehrserschließung und allgemein der städtischen Beeinflussung herausbilden.

Aus der engen Verbindung von Herrschaft und Stadt leitet sich ein sozialwirtschaftliches Gefüge ab, das im wesentlichen von Städten getragen wird und das BOBEK als „Rentenkapitalismus" bezeichnet. Dieses System entstand aus der Kommerzialisierung der ursprünglich herrschaftlichen Rentenansprüche an die bäuerliche und gewerbliche Unterschicht. Das Wesen der Rentenansprüche (Zahlungs- und Leistungsverpflichtungen) bestand darin, ihnen Titel zu unterlegen, die als Waren frei gehandelt werden konnten. So wird beispielsweise die bäuerliche Erzeugungswirtschaft nach Produktionsfaktoren (Boden, Wasser, Saatgut, Arbeitstiere, menschliche Arbeitskraft) aufgegliedert, „verrentet", und gegen einen bestimmten Wert am Rohertrag verrechnet. Der landwirtschaftliche Betrieb beginnt sich damit in eine Vielzahl von Leistungsansprüchen (Rentenverpflichtungen) gegenüber anderen aufzulösen. Die landwirtschaftliche und gewerbliche Produktion verbleibt zum überwiegenden Teil in der Hand von Kleinstellen, gleichgültig wie stark sich die verschiedenen Eigentumstitel in den Händen weniger großer oder auch zahlreicher kleiner „Rentenkapitalisten" angesammelt hat. Die abgeschöpften Erträge werden in den Städten zusammengetragen. Der materielle und kulturelle Wohlstand beginnt sich in der Stadt zu konzentrieren, und gleichlaufend dazu vollzieht sich eine kräftige Steigerung der Bevölkerungszahl und Differenzierung in soziale Schichten.

◁ *Abb. 14: Sozialökonomische Entfaltungsstufen am Ende des 15. Jahrhunderts (nach Bobek 1959)*

Der sozialgeographische Raum

Räumliche Organisationsformen und -prozesse

Entscheidend für unsere Auffassung von Sozialgeographie ist ein gegenüber der traditionellen Kulturgeographie verändertes Raumverständnis. Früher betrachtete man in der Geographie den Raum vielfach als absolute Gegebenheit, dem der Mensch mehr oder weniger passiv gegenübersteht. Die exakte Beschreibung der Fakten im Raum, seiner Natur- und Kulturausstattung, erschien als geeigneter Weg, das Wesen eines Landes zu verstehen. Man gestand dem Raum gleichsam organisch vorstellbares Eigenleben zu, bescheinigte ihm feststehende Werte, wie z. B. fruchtbar, durchgängig oder blockierend. Der Raum war aktiv, schuf Großmächte, drängte zur Expansion oder prägte gar den Charakter von Völkern (vgl. HARTKE, 1970).

Vorstellungen dieser Art finden in der Sozialgeographie keinen Platz. So ist z. B. eine politische Geographie ohne sozialgeographische Betrachtungsweise nicht mehr möglich (SCHÖLLER, 1958). Raumeinheiten werden hier als Ergebnis gleichartiger raumprägender Verhaltensorientierung der Menschen verstanden. Die Gebiete der Erde, im Großen wie im Kleinen, werden mit ihrer Natur- und Kulturausstattung von den Bewohnern einer ständigen Bewertung unterzogen und an gültigen Leitbildern der Lebensgestaltung geprüft. Über derartige Prüfungsvorgänge werden die Geofaktoren in den Motivationen der Menschen bewertet. Auf diese Weise werden Investitionen in Form von Arbeit und Kapital an den als geeignet erachteten Stellen vorgenommen, bzw. sie werden an anderen Orten verhindert. Damit vollzieht sich eine ständige Standortbewertung, und der Raum bekommt prozeßhaften Charakter. Diese Auffassung vertrat schon früh RÜHL (1929), wenn er darauf hinweist, daß „das Standortbild kein endgültiges, sondern ein vorübergehendes, sich ständig in Bewegung befindliches" ist.

Sozialgeographische Räume erscheinen in diesem Sinn als Abstraktion, wobei ihre Grenzen durch spezifische Aktionsreichweiten des Gruppenverhaltens von Menschen bestimmt werden, die dort ihre Daseinsfunktion entwickeln. Ändern sich die Verhaltensweisen, Reichweiten und Funktionsfelder der Gruppen, dann wandeln sich folgerichtig auch die Dimensionen der sozialgeographischen Räume. Die hier vorgenommene begriffliche Verschmelzung von Raum und Gesellschaft ist von grundlegender Bedeutung und führt zu folgender Definition: Der sozialgeographische Raum umfaßt die „verorteten" Bezugssysteme sozialen Handelns, die bei der Entfaltung der Grundfunktionen gesellschaftlicher Existenz entstehen, anders ausgedrückt, die Räume stellen sich als Kapazitäten-Reichweiten-Systeme dar. Erklärungsansätze über sozialgeographische Räume sollten daher Abläufe und Normen sozialen Handelns einbeziehen. Unter „Bezugssystemen" im obigen Sinn sind sowohl System-Gefüge als auch System-Beziehungen und System-Prozesse zu verstehen, die sich aus den Lebensansprüchen der Gesellschaft entwickeln. Für den Sozialgeographen sind somit all jene gesellschaftlichen Sachverhalte, Aktivitäten und Entwicklungen „räumlich relevant", die „Verortungen" und Reichweitenbeziehungen schaffen, abwandeln und differenzieren. D. h. die sozialgeographische Forschung muß sich mit solchen raumprägenden gesellschaftlichen Strukturen und Prozessen und mit den durch sie gestalteten Räumen befassen. Selbstverständlich sind dabei die einzelnen Grundfunktionen der menschlichen Existenz räumlich verschieden wirksam. So treten „Verortungen" des Wohnens in ihrer landschaftsprägenden Wirkung weit deutlicher in Erscheinung, als z. B. diejenigen des Bildungsverhaltens; die Reichweiten des Pendelverkehrs entwickeln größere räumliche Dimensionen als beispielsweise Nachbarschaftsbeziehungen im Wohnumfeld usw.

Diese Auffassung vom geographischen Raum deckt sich auch weitgehend mit der Darstellung, die kürzlich ISNARD (1975) entwickelte. Auch hier ist der Raum das Ergebnis einer Projektion der Gesellschaft, die ihn gestaltet. Dabei betont ISNARD besonders die Zweckbezogenheit und die geschichtliche Entwicklung. „Gesellschaft und Raum bilden ein untrennbares Ganzes in einem System von Interaktionen, wo die Gesellschaft sich selbst gestaltet, indem sie den Raum gestaltet."

Aus der Definition sozialgeographischer Räume folgt, daß sie nicht nur statisch gesehen werden können. Die Menschen und ihre Gruppen sind vielfältigen Wandlungen unterworfen, d. h. es entstehen laufend veränderte Situationen der Gruppenexistenz und folglich auch anders gerichtete Verhaltensweisen, die auf einer Neubewertung der Umwelt beruhen. Dadurch kommen gegebenenfalls neue Prozesse in Gang, die die bestehenden räumlichen Muster wandeln und veränderte Raumsituationen herbeiführen. Daraus ergibt sich eine wichtige Aussage der sozialgeographischen Konzeption: Die Sozialgruppen sind nicht nur Träger der Funktionen, sondern auch Träger räumlicher Prozesse. Die Reaktionskette, die zum räumlichen Prozeß führt, kann durch veränderte Information über folgende Stationen laufen (SCHAFFER 1968, S. 206)

Veränderung der Wertvorstellung; d. h. die Wertschätzung oder Beurteilung, die eine Sozialgruppe gesellschaftlichen oder physischen Umweltfaktoren zukommen läßt, kann sich durch mehr oder weniger rasch wirkende Einflüsse ändern. Dadurch wandeln sich
bestimmte wirtschaftliche und soziale Verhaltensweisen,
die ihrerseits neuartige sozio-ökonomische Prozesse induzieren können, die dann nach gewisser Laufzeit die bestehenden Muster umbauen und dadurch in räumliche Prozesse übergehen, d. h. sie bilden neue „Verortungen" und/oder

Reichweitensysteme und bringen neue sozialgeographische Strukturen hervor.

Der empirische Nachweis diesbezüglicher Prozeßabläufe wurde schon früh im Bereich der sozialgeographisch orientierten Agrargeographie geführt, wie das Beispiel der Nachfolgekulturen des Weinbaus in Bayern deutlich macht (RUPPERT, 1960).

Der von den menschlichen Gruppen getragene Systemablauf Informationswandel – Bewertung – Verhalten – Prozeß – Raumsituation muß keineswegs nur in einer Richtung und über alle Stationen voranschreiten. Im System Gruppe – Umwelt (abiotische, biotische, anthropogene Welt) – Bewertung – Verhalten – Prozeß – Produktion bzw. Regeneration von Raumsituationen sind alle Rückkoppelungen und Korrelationen im Sinne eines mehrseitigen Abhängigkeitsverhältnisses möglich. Zusammenfassend läßt sich sagen, daß von diesem prozeßhaften Gesichtspunkt her jede Siedlung, jede Region, ihrem Wesen nach kein ausschließlich strukturell-statisches Gebilde ist, sondern ein sozialräumlicher Prozeß, der dem Wandel menschlicher Existenz folgt.

Hier muß auf die Bedeutung der sozialgeographischen Relativierung hingewiesen werden. Es handelt sich bei den geschilderten Organisationsprozessen räumlicher Strukturmuster keineswegs um unabänderliche Kausalitätsfolgen, wenngleich der Gruppe bzw. der Gesellschaftsorganisation beachtliche Steuerwirkungen zukommen. Aber diese Lenkungen sind von Gruppe zu Gruppe, von Gesellschaftssystem zu Gesellschaftssystem recht unterschiedlich. Zu dieser sozialen Relativierung gesellt sich noch der Wandel der Zeit. Wenn die Geographie es gegenwärtig mit den räumlichen Situationen der Industrie- und Dienstleistungsgesellschaft zu tun hat, so kann es in Zukunft ganz andere sozial-räumliche Systeme geben. Der Blick zurück auf die verschiedenen gesellschaftlichen Entfaltungsstufen mit ihren spezifischen Raumbildungen beweist das mit aller Deutlichkeit. Aufgrund der sozialen und zeitlichen Relativierung kann also von einem neuen Sozialdeterminismus in der Geographie – etwa entsprechend überholten naturdeterministischen Vorstellungen – keine Rede sein (vgl. S. 12).

Wichtigstes Anliegen sozialgeographischer Forschung ist die Erfassung räumlicher Prozesse, die zu veränderten Raumstrukturen führen. Formale und funktionale Betrachtungsweisen werden dadurch ergänzt. Die Kenntnis der Entwicklungsrichtungen räumlicher Prozesse bildet eine wichtige Grundlage nicht zuletzt für die Lösung praktischer Planungsfragen. In dieser Hinsicht kann sich die Sozialgeographie auf Erfahrungen historisch-genetischer Erklärungsansätze stützen. Erkennt man in der Sozialgeographie die Wissenschaft von der räumlichen Organisation des Lebens der Gesellschaft, dann ist es geradezu selbstverständlich, daß man diese Disziplin benutzt, um mit ihrer Hilfe unsere Existenz räumlich sinnvoll zu organisieren (vgl. S. 115 ff.). BACKÉ (1974) hat kürzlich den Anwendungsgesichtspunkt – vielleicht etwas überbetont – als bestimmend für die Stellung der Sozialgeographie in der Praxis hervorgehoben.

Die Untersuchung der räumlichen Organisationsformen wird vor allem im angelsächsischen Bereich sehr stark mit Hilfe mathematischer Methoden betrieben („quantitative geography"). Nach diesem Vorbild vor allem der englischen und amerikanischen Kulturgeographie sowie der „Regional Science" (HAGGETT, 1972 und 1973; ABLER, u. a. 1971; MORRILL, 1970, u. ISARD, 1960) bemüht sich in Deutschland besonders BARTELS (1970), die Sozialgeographie auf der Basis standorttheoretischer Methoden weiterzuentwickeln. Aufgebaut auf Begriffen wie Lage, Verbindung und Richtung werden die Verbreitungs-, Verknüpfungs- und Ausbreitungsmuster menschlicher Aktivitäten auf der Erdoberfläche dargestellt. Diese Muster werden gleichsam in drei Stufen auf quantitativ-statistischem Weg mit Hilfe von Modellen beschrieben, erklärt und prognostiziert. In einem vierten Schritt schließlich werden die räumlichen Modelle mit sozialwissenschaftlichen Theorien in Verbindung gebracht. Meist handelt es sich um zentralörtliche Theorien, Theorien der industriellen Standortlehre oder weitergefaßte Handlungstheorien.

Die gruppenspezifische Aktionsreichweite

Wie sich aus der Darstellung des sozialgeographischen Raums ergeben hat, kann von einem Verfahren ausgegangen werden, das über die Erfassung sozialer Gruppen, ihrer Grundfunktionen und ihrer spezifischen Reichweiten zur Raumabgrenzung führt. Wenn wir dabei davon ausgehen, daß die Sozialgruppen die Träger räumlicher Prozesse sind, dann muß es für den Geographen von größter Bedeutung sein, sowohl die potentiellen als auch die effektiven Reichweiten kennenzulernen, innerhalb der die einzelnen Sozialgruppen agieren.

Der Begriff der Reichweite, von RUPPERT (1959) in das sozialgeographische Konzept eingeführt, knüpft dabei an das in der Kulturgeographie häufig verwandte Element der Distanz an (Abb. 16). Zu erwähnen sind in diesem Zusammenhang etwa die Raummodelle von THÜNENS oder CHRISTALLERS, in denen dieser Sachverhalt in den ökonomisch bewerteten Transportkosten seinen Ausdruck findet. Bereits bei CHRISTALLER zeigte es sich, daß die Entfernung zur Erfassung räumlicher Phänomene nicht ausreicht, da diese nicht unabhängig von der jeweiligen Aktivität und ihren Trägern bzw. ihren Bewertungen gesehen werden darf. Obwohl CHRISTALLER schon eine „obere und eine untere Grenze der Reichweite" eines zentralen Gutes bestimmte, ging er den weiteren Schritt einer gruppenspezifischen Reichweite nicht mehr. Auch innerstädtische Prozeßabläufe werden in entscheidendem Maße von gruppenspezifischen Reaktionsweiten bestimmt, wie H. RUPPERT (1972) am Beispiel von Tel Aviv und Haifa nachweisen konnte (vgl. S. 61).

Heute unterscheidet man, vor allem bei agrargeographischen Studien, die effektive gruppenspezifische Reichweite, die in starkem Maße an den Besitz und das Eigentum gebunden ist, von der potentiellen Reichweite, die dagegen von einem breiten sozioökonomischen Spektrum, u. a. der Agrartechnik, dem Arbeitskräfte- oder Kapitalbesatz, abhängig ist (RUPPERT, 1968). Diese Relation und mit ihr die potentielle Reichweite haben sich in den letzten Jahrzehnten stark ausgeweitet. Es ist daher einleuchtend, daß etwa landwirtschaftliche Kleinbetriebe eine geringere gruppenspezifische Reichweite besitzen als z. B. Gutsbetriebe. Unabhängig von der Distanz gilt jedoch, daß das Reaktionsvermögen im Sinne unterschiedlicher Handlungsalternativen die Agrarlandschaft im Einflußbereich der jeweiligen Sozialgruppen gestaltet (vgl. Abb. 15).

Abb. 15: Beispiel für das Auftreten des Reichweitenprinzips in der Agrargeographie: Moosinning (Erdinger Moos) (nach K. Ruppert 1968)

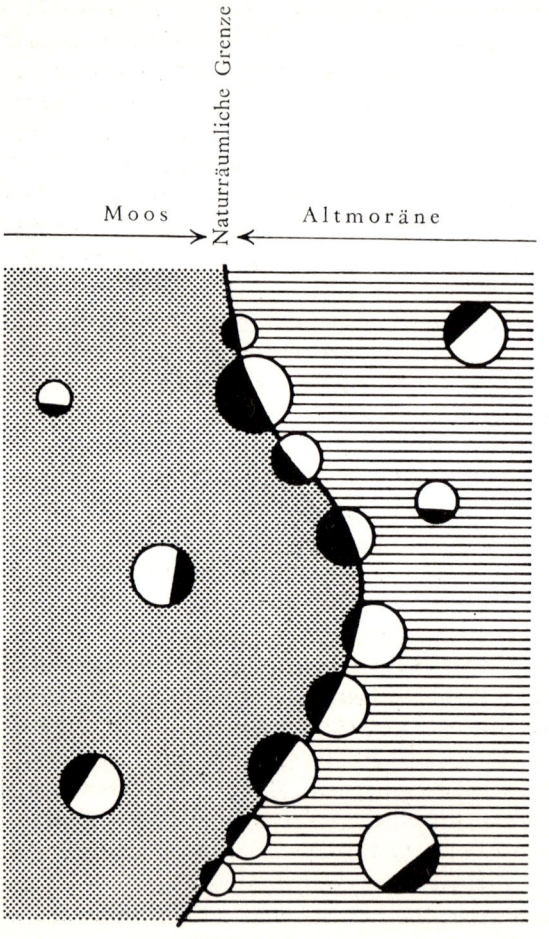

Die Kreise symbolisieren die effektive Reaktionsweite. Wird diese durch eine naturräumliche Grenze geschnitten, dann erfolgt häufig eine Sortierung der Bodennutzung entsprechend der unterschiedlichen natürlichen Eignung. Dadurch tritt der Rand naturräumlicher Einheiten besonders deutlich hervor.

Dieses Prinzip der gruppenspezifischen Reichweite ist auch in anderen Teilbereichen der Geographie als Arbeitshypothese verwendbar. So wird es z. B. bei den Beziehungen zwischen Wohn- und Arbeitsort, dem Pendelverkehr, deutlich. In der praktischen Arbeit gewinnen dann Verflechtungsintensität und -richtung besondere Bedeutung. HARTKE (1938) verwies schon früh auf die Bedeutung des Pendelverkehrs für die kleinräumige Differenzierung der Landschaft. Später zeigte ZIEGLER (1964) die unterschiedlichen Pendlerreichweiten für Arbeiter und Angestellte in Münchner Großbetrieben, während KLINGBEIL (1969) (in Gestalt des „räumlichen Aktionsradius") und BARTELS (1970) („Kontakt-Reichweite") darauf hinwiesen, daß sich unterschiedliches gruppenspezifisches Verhalten in bezug auf Pendlerreichweiten beobachten läßt.

Deutlich wird dabei, daß sich diese Vorstellungen von Reich- oder Aktionsreichweite klar von den metrischen Entfernungsangaben der Isochronen-Darstellungen unterscheiden, spielen hier doch neben den Präferenzstrukturen auch eine Reihe subjektiv bewerteter, gruppenspezifisch sich äußernder Einflußgrößen im Sinne der strukturalen Distanz bei CLAVAL (1970) oder der sozialen Distanz bei WIRTH (1965) eine Rolle. Dabei sind Struktur und Einschätzung der sozioökonomischen Situation des Quell- und Zielortes der Pendlertätigkeit und die Möglichkeit gewünschter Bedarfsbefriedigung am Quellort ebenso von Bedeutung wie quantitative und qualitative Bestimmungsgrößen bei der Distanzüberwindung. Die Reichweite einer bestimmten Tätigkeit innerhalb einer Sozialgruppe ist demnach durch diejenige Distanz zwischen Quelle und Ziel der räumlichen Bewegung formal begrenzt, die die Mitglieder dieser Gruppe bei der Ausübung einer Grundfunktion zurücklegen. Das Problem dieser an sich einfachen Definition liegt in der nach einem qualitativen Nutzenmaßstab faßbaren Bewertung.

Wie Studien in 40 Testgemeinden in Südbayern, die aufgrund ihrer sozioökonomischen Struktur- und Prozeßmuster, ihres Urbanisierungsgrades bzw. ihrer Lageorientierung zu den zentralen Orten und des Grades der Verkehrserschließung ausgewählt wurden, gezeigt haben, bestehen deutlich faßbare gruppenspezifische Reichweitensysteme im arbeitsfunktionalen Pendelverkehr (MAIER, 1975). Abbildung 16 weist z. B. auf unterschiedliche Reichweiten des Haushaltsvorstandes und der weiteren Personen im Haushalt (in Grenzen mit männlichen und weiblichen Pendlern identisch zu setzen) hin, wobei diese weiteren Personen bei einem Mangel zugänglicher Arbeitsplätze im erreichbaren Einzugsbereich auf entfernter liegende Arbeitsstätten nicht reagieren können. Im Durchschnitt ergeben sich folglich für diesen Personenkreis wesentlich verkürzte Reichweiten. Neben altersspezifischen Einflüssen konnte vor allem in bezug auf den Faktor Wohndauer am Ort festgestellt werden, daß die allochthonen Pendler (DE VOOYS, 1968) aktionsräumlich als besonders aktiver Teil der Bevölkerung anzusehen sind. Das gilt in ähnlicher Weise für die Personen der beruflichen Mittelschicht bzw. die mittleren Einkommensbezie-

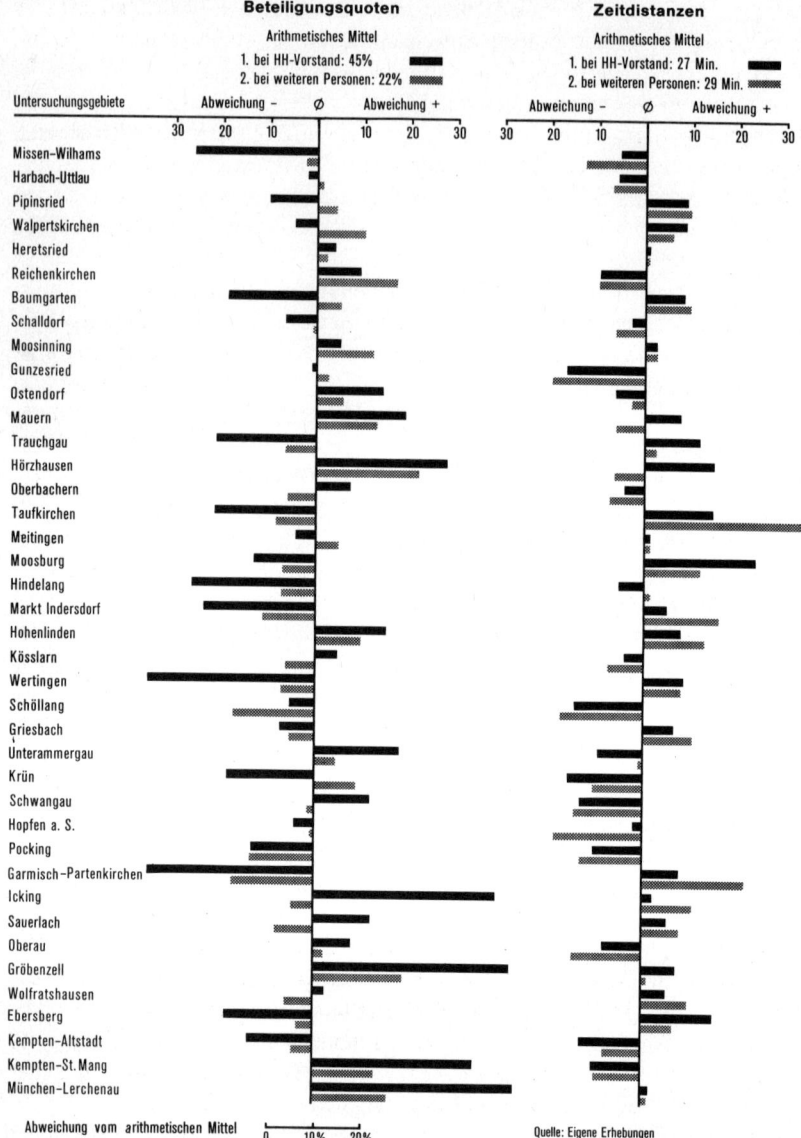

Abb. 16: *Regionale Differenzierung der Beteiligungsquoten und Zeitdistanzen im berufs- oder arbeitsfunktionalen Pendlerverkehr in ausgewählten Gemeinden Südbayerns 1971–73 (nach Maier 1976)*

her, die im Durchschnitt die größten Pendlerwege zurücklegen. Während dann in den noch landwirtschaftlich orientierten Gemeinden bzw. den Arbeiter-Bauern-Gemeinden oder auch in innerstädtischen Testgebieten die berufliche Grundschicht folgt, wird dieser Rang in den zentralen Orten meist von der Oberschicht eingenommen, soweit deren Pendelziel das nächstgelegene hierarchisch höher einzustufende Zentrum ist.

Aus dem Bereich der versorgungsfunktionalen Aktivitäten, die ebenso durch jene aus dem freizeit- oder bildungsorientierten Verkehrsbereich ergänzt werden könnten, sei nur auf die Bedeutung des Versandgeschäfts bzw. -handels hingewiesen (vgl. Abb. 17). Während in den an Einwohnern und zentralen Einrichtungen größeren Gemeinden bzw. in den innerstädtischen Testgebieten die Anteile der über den Versandhandel kaufenden Haushalte nur zwischen 1–6 % liegen, spielt der Versandhandel bei einem Großteil der noch landwirtschaftlich orientierten Gemeinden, der Arbeiter-Bauern-Gemeinden, der kleinen Zentren im noch eher ruralen Raum und der Fremdenverkehrsorte eine weit größere Rolle. Hierbei treten Anteilswerte bis über 25% der Haushalte auf, wobei besonders die berufliche Grundschicht zu den Nachfragern nach Versandhandelsleistungen zählt.

Ergänzt man diese Überlegungen durch eine Einflußkräfte-Analyse im Bereich der mittelfristigen Bedarfsdeckung, so kann man z. B. beobachten, daß sich mit zunehmendem Alter der einkaufenden Personen eine größer werdende Distanzempfindlichkeit bemerkbar macht (etwa in Gestalt einer verstärkten Versorgung am Wohnort). Die Gründe dafür liegen neben physischen oder auch psychischen Belastungen längerer Versorgungswege wohl auch im Bereich der finanziellen Möglichkeiten und einem in der Regel abnehmenden Prestigebedürfnis. In bezug auf die Ortsverbundenheit zeigten MÜLLER und NEIDHARDT (1972), daß die Reichweiten mit der zeitlichen Länge der Wohndauer im allgemeinen absinken. Ähnlich wie beim berufsorientierten Aktivitätsbereich weisen die in der Mittelschicht häufiger vorkommenden Berufsgruppen die größten Reichweiten auf, gefolgt von der Oberschicht, wobei der Besitz eines PKWs einen nicht unbeträchtlichen Einfluß ausübt.

Über diese funktionalen Beziehungsfelder hinaus ergeben sich direkte Anknüpfungspunkte für das Reichweitenkonzept u. a. in der neueren Innovationsforschung oder in Untersuchungen über Kommunikationsverhalten. Das Studium der Reichweiten bildet also im regionalen (z. B. auch bei der Abgrenzung zentralörtlicher Einzugsgebiete (WEHLING, 1974) wie auch im innerstädtischen Feld einen wichtigen Teilaspekt sozialgeographischer Forschung, ist doch die Kenntnis gruppenspezifischer Reichweiten unbedingt notwendig zur Klärung und zum Verständnis der Landschaft als Prozeßfeld.

Während die distanziellen Angaben über Reichweitenmuster von einkaufsorientierten Versorgungsbeziehungen in der Literatur in letzter Zeit sehr zahlreich geworden sind, kann dies für die Darstellung sozialgruppen- bzw. schichtenspezifischer Verhaltensweisen nicht behauptet werden. Beachtenswerte

**Regionale Differenzierung der Einkaufsort-/Arbeitsort- Identifikation
sowie der Rolle des Versandhandels
in ausgewählten Gemeinden Südbayerns 1971-73**

Untersuchungsgebiete	Wohnort*	Einkaufsort des mittelfristigen Bedarfs ist identisch mit				Anteil der Haushalte, die sich überwiegend über Versandhandel versorgen*	
		Arbeitsort von			sonst. Orten i. d. R. zentrale Orte im Nahbereich	im Bereich des	
		HH-Vorstand u. weit. Pendl.	HH-Vorstand	weit. Pendl. im HH		mittelfristigen Bedarfs	langfristigen Bedarfs
Missen-Wilhams	X						
Harbach-Uttlau			X				
Pipinsried					X		
Walpertskirchen					X		
Heretsried- Reichenkirchen		X					
Baumgarten					X		
Schalldorf			X				
Moosinning					X		
Gunzesried		X					
Ostendorf					X		
Mauern	X						
Trauchgau			X				
Hörzhausen				X			
Oberbachern		X					
Taufkirchen					X		
Meitingen		X					
Moosburg	X						
Hindelang		X					
Markt Indersdorf	X						
Hohenlinden		X					
Kösslarn		X	X				
Wertingen		X					
Schölling					X		
Griesbach	X						
Unterammergau					X		
Krün				X			
Schwangau		X					
Hopfen a. S.		X					
Pocking	X						
Garmisch-Partenk.	X						
Icking		X					
Sauerlach		X X X					
Oberau		X					
Gröbenzell		X					
Wolfratshausen	X						
Ebersberg		X					
Kempten-Altstadt		X					
Kempten-St. Mang		X					
München-Lerchenau					X		

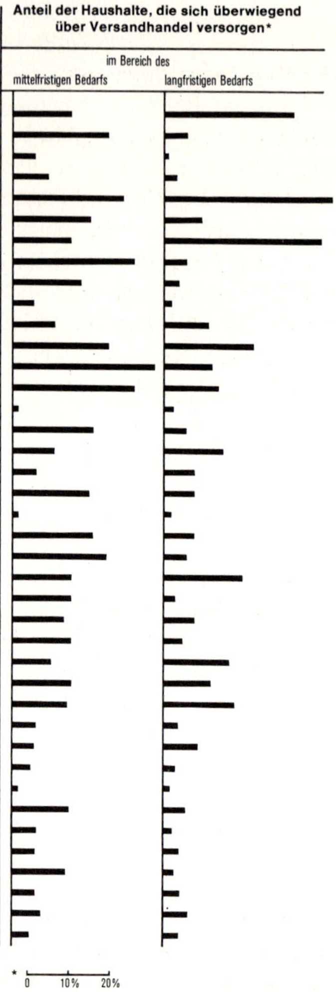

*Kriterium für die Zuordnung war ein Anteil von mehr als 50% aller befragten Haushalte, die ihren mittelfristigen Einkaufsbedarf in der Wohngemeinde selbst decken.

0 10% 20%

Quelle: Eigene Erhebungen

Abb. 17: Regionale Differenzierung der Einkaufsort-/Arbeitsort-Identifikation sowie der Rolle des Versandhandels in ausgewählten Gemeinden Südbayerns 1971–73 (nach Maier 1976)

Aussagen zu dieser Problematik finden sich in den Arbeiten von SEGER (1972) über den Raum Mödling (vgl. S. 129) und von FRICKE (1971) im Frankfurter Raum.

Das Prinzip der Persistenz

Der Wandel sozialgeographischer Räume, insbesondere ihrer inneren Strukturen, vollzieht sich meistens nicht so schnell wie der Wechsel sozialer Phänomene oder gar gleichphasig mit ihnen. Bei der Diskussion von Struktur-Prozeß-Relationen in der Sozialgeographie erweist es sich als dringend notwendig, das Prinzip der Persistenz zu berücksichtigen, auf das insbesondere DE VRIES-REILINGH (1968) (hier unter der Bezeichnung „Konsistenz") nachdrücklich hinwies und das neuerdings auch bei R. MONHEIM anklingt (1972).

Für unsere Überlegungen über den sozialgeographischen Raum ist vor allem die zeitliche Persistenz bedeutsam. Durch Technik und Zivilisation überformt der Mensch die Naturgrundlage, das physische Milieu, zur „artefaktiellen" Umwelt in Gestalt eines interdependenten Systems und räumlich-gesellschaftlichen Musters, aus dem man nicht willkürlich Elemente entfernen kann, ohne das Ganze zu beeinträchtigen. Mit der Errichtung „funktionierender Stätten", d. h. mit allen räumlichen Investitionen in Form von Wohn-, Arbeits-, Versorgungs-, Bildungs-, Freizeit-, Gemeinschafts-, Kommunikations- und Verkehrseinrichtungen – orientiert z. B. an wirtschaftlichen Rentabilitäts- bzw. gesellschaftlichen Normvorstellungen – schränkt die Gesellschaft ihre eigene Handlungsfreiheit in erheblicher Weise selbst ein. Den Freiheiten menschlicher Zielvorstellungen stehen damit konkrete, häufig recht stabile Raumsituationen gegenüber. Oft sind die bisherigen Investitionsleistungen so hoch, daß man sie ohne Überwindung großer Widerstände kaum rückgängig machen kann. Diese Persistenz der Infrastrukturen bedeutet gleichsam eine stabilisierende Gegenkraft gegen Veränderungstendenzen, die aus den gesellschaftlichen Entwicklungen erwachsen. Nach Meinung von DE VRIES-REILINGH verleiht jene räumliche Bindung sozialer Phänomene der Gesellschaft erst die nötige Stabilität, damit sie als soziales System funktionieren kann.

Ein weiterer Aspekt der Persistenz bezieht sich auf die Dauerhaftigkeit gesellschaftlicher wie räumlicher Erscheinungen, insbesondere die Kontinuität bzw. „Institutionalisierung" von Kulturmustern. In jeder Daseinsäußerung unserer Existenz stecken derartige zeitlich schwer abwandelbare (persistente) Muster, wie beispielsweise fest eingefahrene Verhaltensweisen, Rangordnungen von Idealen und Werten, bis hin zu spezifischen Wirtschafts- und Gesellschaftsordnungen (vgl. DE VRIES-REILINGH, 1968, S. 111). Jeder sozialgeographische Prozeß, der nicht nur systemerhaltender Vorgang ist, sondern strukturverändernd wirkt, ist in mehr oder weniger starkem Maße von der Existenz solcher zeitlich und räumlich persistenter Muster betroffen und hat sie gegen die Widerstände der beharrenden Kräfte umzubauen, um neue Raumstrukturen hervorzubringen. Diese Veränderungen der Raumstrukturen verlaufen aufgrund ihrer Persistenz erheblich langsamer als die verursachten sozialgeographischen Prozesse. Die Folge dieses „time lag" ist das in der Kulturlandschaft immer wieder zu beobachtende Auseinanderklaffen von Physiognomie und Funktion bzw. von Raumstrukturen einerseits und sozio-ökonomischen Gegebenheiten und Entwicklungsprozessen andererseits. Einige Beispiele sollen diese Persistenz der Strukturen belegen.

Im City-Erweiterungsgebiet unserer Großstädte können wir häufig beobachten, wie ehemalige Wohnhäuser, aus denen die Bevölkerung im Zuge der Stadt-Rand-Wanderung und der Expansion der Geschäftsfunktion fortzog, ohne wesentliche Umbauten heute als Bürohäuser genutzt werden. Während die Funktion des Hauses sich mit der das Gebäude nutzenden Sozialgruppe völlig gewandelt hat, ist die Physiognomie unverändert geblieben. Erst mit beträchtlichem zeitlichen Rückstand folgen im allgemeinen die stark persistenten Gebäudestrukturen dem Funktionswandel und stellen die Übereinstimmung (etwa durch Hausabbruch, -um- oder -neubau) wieder her. Wie stark die Persistenz innerstädtischer Strukturen selbst im Fall von Kriegszerstörungen war, konnte HÜBSCHMANN (1952) am Beispiel einer Straße aufzeigen. In einer neueren Studie wies JASCHKE (1973) auf die starke Persistenz der Strukturen selbst in einer rasch wachsenden Stadtrandgemeinde mit hoher Mobilität hin.

Besonders prägnante Beispiele für die Persistenz von Strukturen zeigen Verwaltungsgebiete (z. B. Landkreise und Regierungsbezirke), deren Grenzen fast immer erst mit einem beträchtlichen „time lag" veränderten Aufgabenstellungen und sozio-ökonomischen Bedingungen angepaßt werden, so daß häufig erst nach Jahrzehnten die räumlichen Organisationsmuster der Gesellschaft und ihre aus früheren Zeiten stammende institutionalisierte Form in Einklang gebracht werden können. Als Beispiel sei Augsburg angeführt. Die mittelalterliche Stammes- und Territorialgrenze zwischen Schwaben und Bayern verlief entlang des Lechs direkt an der Augsburger Stadtgrenze und verhinderte bis zu Beginn des 20. Jahrhunderts eine gemeinsame Verwaltung der Stadt und ihres östlichen Umlands. Erst um 1900 gelang die erste Anpassung der Grenzen an die veränderten sozio-ökonomischen Strukturen durch Eingemeindung der vorher oberbayerischen östlichen Vororte. Dann dauerte es bis 1946, bis der intensiv mit Augsburg verflochtene Landkreis Friedberg von Oberbayern nach Schwaben umgegliedert wurde, und erst 1972 folgte dann der nordöstlich angrenzende Landkreis Aichach, der ebenfalls schon seit längerer Zeit zum Augsburger Einzugsgebiet gehört.

Die gesamte Stadt-Umland-Problematik wird in vielfacher Hinsicht von den persistenten Mustern beeinflußt, die den von dynamischen gesellschaftlichen Entwicklungen veränderten Raumsituationen nicht Rechnung tragen (STADT-UMLAND-GUTACHTEN, 1974).

Für die Persistenz agrargeographischer Strukturen gibt es zahlreiche Beispiele. Besonders die unter historisch-genetischem Aspekt dargestellten Raumsituationen zeigen immer wieder Beispiele für die Erhaltung formaler Elemente trotz bedeutsamen Funktionswandels. Aus der Vielzahl entsprechender Muster aus dem ruralen Bereich sei ein Beispiel aus der DDR ausgewählt (vgl. Abb. 18a). SCHERF (1967) geht dort auf die Veränderungen der sozialökonomischen Struktur in Teilen des Bezirks Potsdam ein. Deutlich wird hier sichtbar, wie die Betriebsstrukturen um die Mitte der 60er Jahre noch sehr stark die Spuren früherer Grundbesitzverteilung widerspiegeln, denn trotz aller relativ gleichmäßig angewandter politischer, ökonomischer und kultureller Maßnahmen bei der sozialistischen Umgestaltung der Landwirtschaft treten deutliche regionale Unterschiede in Entwicklungsstand und -tempo der Bildung von LPG und VEG auf. „Die räumliche Verteilung der VEG wurde dabei von der regionalen Verbreitung des Großgrundbesitzes, dem unterschiedlichen agrotechnischen Entwicklungsstand und dem Vorhandensein qualifizierter Arbeitskräfte nach Beendigung des Krieges gesteuert." Wie die Karten zeigen, bildet die Häufung der VEG besonders im Westen des Kreises Nauen – aus früheren Großgrundbesitzstrukturen entstanden – ebenso wie das Fortbestehen von Parzellenbetrieben – Nebenerwerbsstrukturen unmittelbar dem westlichen Stadtrand von Berlin benachbart – ausgezeichnete Belege für die Persistenz räumlicher Strukturen (vgl. Abb. 18b).

Indikatoren als Prozeßanzeiger

Zur Kennzeichnung räumlicher Prozesse werden in der Sozialgeographie häufig Indikatoren benützt. Der Begriff des Indikators wird hier als entweder in der Landschaft sichtbares oder mit Methoden der empirischen Sozialforschung ermitteltes Merkmal oder Datum verstanden, mit dessen Hilfe man auf indirektem Wege nicht unmittelbar erfaßbare Aspekte der Raumstruktur und raumprägende „typische Prozesse unseres heutigen sozialen Lebens" ermitteln, analysieren und interpretieren kann. HARTKE gebraucht den Ausdruck „Index" im gleichen Sinn (HARTKE, 1959; siehe auch RUPPERT, 1959). Indikatoren sind vielfach landschaftlich sichtbare Hinweise auf solche sozio-ökonomische Sachverhalte und Veränderungen, die zwar raumbeeinflussend und -gestaltend wirken, selbst aber nicht direkt sichtbar in der Landschaft auftreten.

Nach HARTKE (1959) ist es mit Hilfe von Indikatoren in der Landschaft möglich, „wie auf einer photographischen Platte Aktionen und Reaktionen zu registrieren", die ohne Hilfe dieser „Prozeßanzeiger" unter Umständen gar nicht oder erst viel später durch die Beobachtung von neuen Formen oder durch statistische Erhebungen erfaßt werden könnten. Der eigentlich interessante, diese Veränderungen herbeiführende Prozeß aber ist dann gegebenenfalls schon abgelaufen. Nachdem der Indikatorbegriff ursprünglich vor allem auf

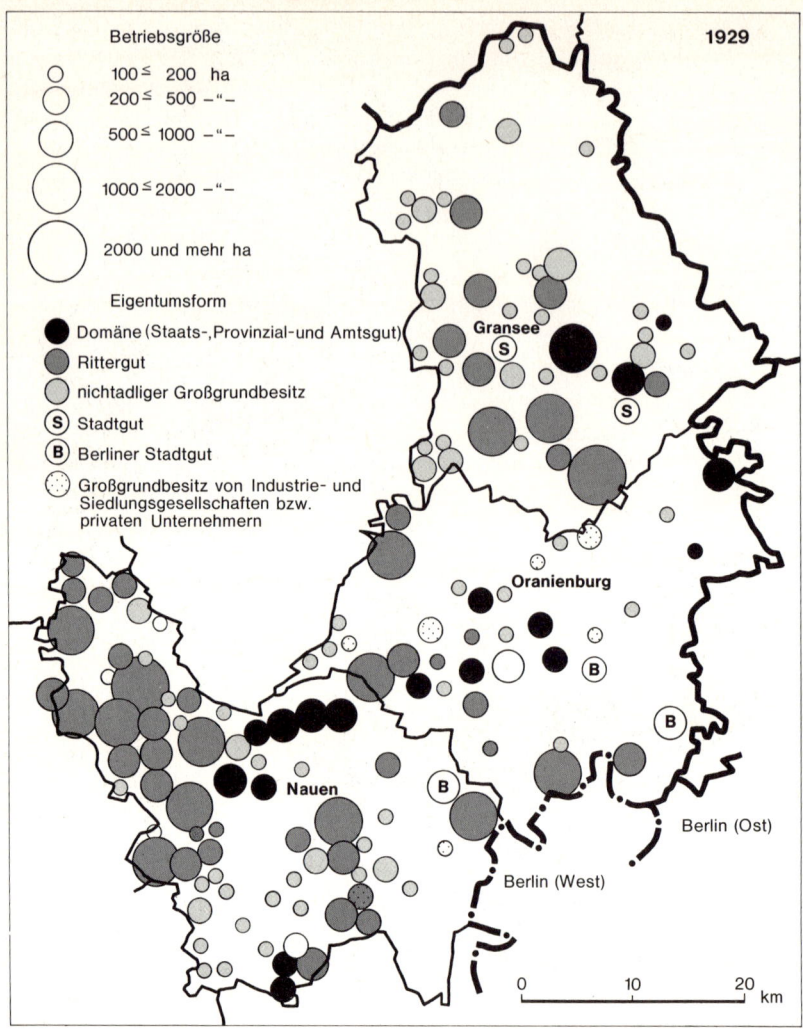

Abb. 18a/b: Eigentumsformen und Betriebsgrößen in der Landwirtschaft der Kreise Gransee, Nauen und Oranienburg 1929 und 1963 (nach Scherf 1967)

sichtbare Landschaftselemente und -veränderungen angewendet wurde, kam es bald zu einer Erweiterung des Begriffs und einer Einbeziehung auch nicht sichtbarer Merkmale, z. B. statistischer Strukturdaten.

Der Indikatorbegriff, der in der Geographie schon seit über 20 Jahren benutzt wird, unterscheidet sich in der Zielsetzung von dem, was neuerdings als „Sozialindikator" bezeichnet wird. Die Sozialindikatoren sollen nach KREBS-

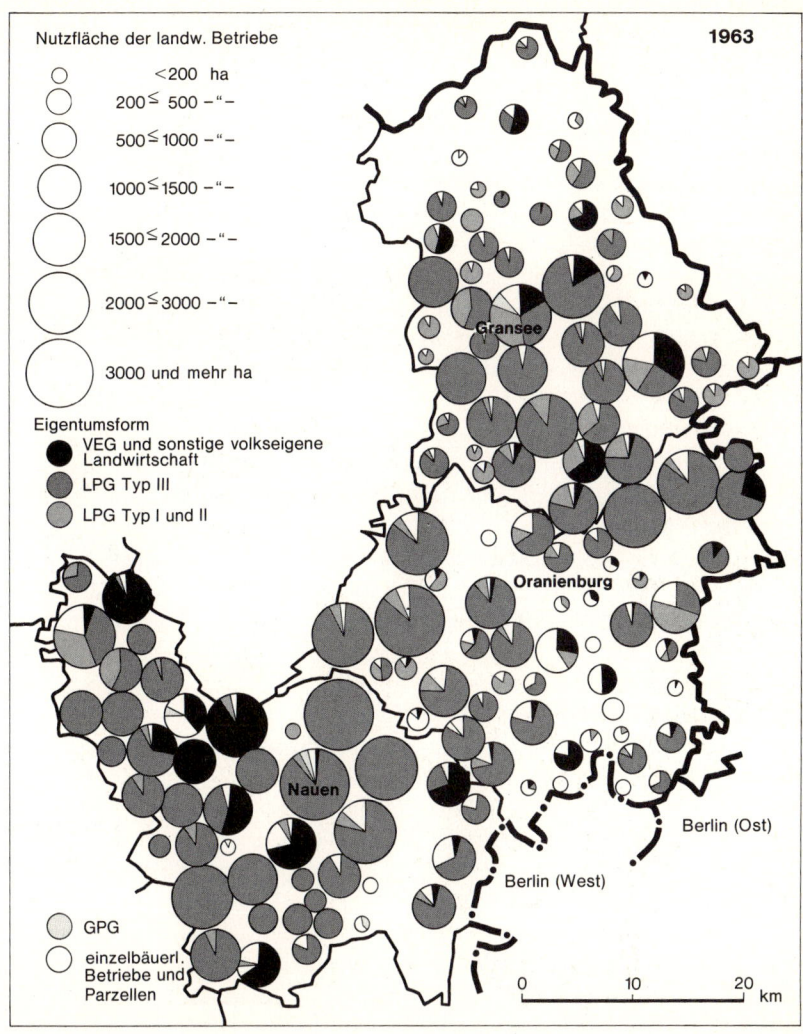

BACH (1974) „jene Problembereiche und Veränderungen einer Gesellschaft sichtbar machen, die mit den bisher im Vordergrund der statistischen Erhebungspraxis stehenden ökonomischen Indikatoren nicht hinreichend oder überhaupt nicht erfaßt werden können". Sie werden insbesondere diskutiert, um komplexe, schwer erfaßbare Begriffe, wie z. B. „Lebensqualität" zahlenmäßig greifbar zu machen. Es wird ihnen „normativer" und „prognostischer" Charakter zugeschrieben.

Die Beschäftigung mit Indikatoren ist eine spezifisch deutsche Variante der Sozialgeographie. Das Arbeiten mit ihnen brachte die Überleitung zur prozeßhaft ausgerichteten Raumanalyse. Der Kulturgeograph konnte nun vom Erscheinungsbild der Landschaft ausgehen und mit Hilfe dieser Indikatoren zu jenen menschlichen Verhaltensweisen vorstoßen, die neue Raumstrukturen erzeugen. Bei agrargeographischen Studien fand man die Indikatoren vorwiegend in Gestalt von Erscheinungen wie der *Sozialbrache*, der Vergrünlandung oder der Aufforstung landwirtschaftlich genutzter Parzellen. Man konnte sie meist auf Verhaltensweisen zurückführen, die mit dem Wandel des Arbeiter-Bauern zum reinen Industriearbeiter zusammenhängen. An einigen Beispielen sollen solche Indikatoren erläutert werden.

Ein besonders häufig untersuchter Indikator ist die Sozialbrache, auf die vor allem HARTKE (1956) und RUPPERT (1958) hinwiesen. Man versteht darunter das Brachfallen bisher landwirtschaftlich genutzter Fläche aufgrund sozialer Veränderungen in den Gruppen, die über den Boden bzw. seine Nutzung verfügen. Die Sozialbrache ist immer begleitet von einer wirklichen oder scheinbaren Hebung des Lebensstandards, der sozialen Sicherheit, meist auch einer Zunahme der Bevölkerungszahl der früheren Bewirtschaftergruppen. Sie wird keinesfalls durch eine Bevölkerungsabnahme hervorgerufen. Dadurch unterscheidet sie sich grundsätzlich von der *Flurwüstung*, die zwar von der Physiognomie her ganz ähnlich aussieht, aber meist auf Entvölkerung, Abwanderung ganzer Volksgruppen, Aufgabe von Siedlungen usw. zurückgeht. Die Sozialbrache tritt demgegenüber vor allem in Gebieten starker Industrialisierung mit früher hohen Anteilen von arbeiter-bäuerlicher Bevölkerung auf (Neben- und Zuerwerbslandwirte). Die mit der Beschäftigung in der Industrie gewonnene soziale Sicherheit beginnt die Wertvorstellungen der Arbeiter-Bauern zu wandeln. Sie suchen ihren Lebensunterhalt zunehmend in der Industrie allein, verzichten auf die Landwirtschaft als zweite Stütze ihrer sozialen Sicherheit und lassen die bisher noch genutzten Flächen brachfallen. Das Ausmaß der Brachflächen verweist indirekt auf den sozialen Umbau, der zur Differenzierung in Industriearbeiter einerseits und wenige verbleibende Vollerwerbs-Landwirte andererseits führt.

HARTKE (1956, S. 259) weist darauf hin, daß dieser Vorgang, für den die Sozialbrache Indikatorcharakter trägt, „ein Teilausschnitt aus einem fortlaufenden Differenzierungsprozeß der europäischen Agrargesellschaft früherer Jahrhunderte ist". In weiten Teilen Mitteleuropas gab es seit Jahrhunderten zahlenmäßig starke unterbäuerliche Schichten, die unzureichend mit Land ausgestattet waren und eine weitere Beschäftigung zum Lebensunterhalt benötigten (Arbeit bei einem Vollbauern, Forstarbeit, Heimarbeit usw.). Die Industrialisierung brachte neue Erwerbschancen und führte zur Bildung von „Doppelexistenzen" und zu starker Verflechtung und Vermischung agrarischer und nichtagrarischer Sozialgruppen. In Not- und Kriegszeiten galten derartige arbeiter-bäuerliche Doppelstrukturen als besonders krisenfest.

Besonders seit den frühen 1950er Jahren kam es dann zu jenen Entmischungsvorgängen, die vielfach mit dem Auftreten der Sozialbrache verbunden waren. Diese Entwicklung ist in einigen Teilen Deutschlands – etwa im Rhein-Main-Gebiet – inzwischen teilweise abgeschlossen (sichtbar am Verschwinden der Sozialbrache infolge anderweitiger Landnutzung). In anderen Gebieten befindet sie sich noch in vollem Gang oder hat erst begonnen (z. B. Bayerischer Wald). Häufig geht der Sozialbrache eine Arbeits- und Kapitalextensivierung voraus, die wiederum mit Hilfe von Indikatoren beobachtet oder aus der Agrarstatistik abgelesen werden kann. Hier kommen z. B. in Frage: Der Rückgang der Rinderhalterzahlen (Aufgabe der Rinderhaltung in Klein- und Kleinstbetrieben), Zunahme des Getreideanbaus auf Kosten des Grünlands (Umstellung von der arbeitsintensiven Milchviehhaltung auf arbeitsextensiven Getreidebau), in Obstanbaugebieten Verwilderung der Kulturen, die nicht mehr regelmäßig abgeerntet werden, usw. Aus der Vielzahl der vorliegenden Beispiele zeigt Abbildung 19 neben der Bodennutzung für den gleichen Gebietsausschnitt auch den Erhaltungszustand und die für die Erklärung wichtige Sozialkartierung.

Auch die Aufforstung vorher landwirtschaftlich genutzter Grundstücke gehört in diese Gruppe von Indikatoren. Sie zeigt eine starke Arbeitsextensivierung der Landnutzung an und kann den Indikator Sozialbrache „bei der Analyse und Begrenzung ... im sozialen Umbau befindlicher und sich gleichartig verhaltender sozialgeographischer Räume vertreten" (HARTKE, 1959, S. 433). FRANKENBERGER (1960) untersuchte diese Aufforstungen in Oberfranken (vgl. Abb. 20) und wies nach, daß dieses Phänomen stets mit dem Übergang kleinbäuerlicher Schichten (Neben- und Zuerwerbslandwirte) zum Industriearbeitertum zusammenhängt. Die „Verwaldung" hängt also nicht etwa mit einer Entvölkerung zusammen, sondern ist im Gegenteil mit einer Hebung des Lebensstandards jener Bevölkerung verbunden, der die betreffenden Flächen gehören. Der Lebensunterhalt wird nun voll aus der Industriearbeit bestritten, der landwirtschaftliche Nebenerwerb ist nicht mehr existenznotwendig und die somit funktionslos gewordenen landwirtschaftlichen Nutzflächen werden weitgehend aufgeforstet. Finanziell bedeutet dies eine langfristige Bindung des investierten Kapitals, jedoch keine Ertragsminderung.

Schon bald untersuchte man neben den landschaftlichen Indikatoren im engeren Sinne auch statistische Daten als Indikatoren, die Rückschlüsse auf die Entwicklung räumlicher Funktionen und Prozesse ermöglichen. Dies wird besonders deutlich bei der Behandlung der Ausmärkersituation am Beispiel Alsfeld (JÄKEL, 1953). JÄKEL verdeutlicht, wie die schwindende agrarwirtschaftliche Bedeutung von Alsfeld das Vordringen von Ausmärkern ermöglicht, wobei insbesondere Landwirte der Nachbargemeinden als Bodenbesitzer auftreten (vgl. Abb. 21).

In diesem Sinne können z. B. aber auch Wahlstatistiken gedeutet werden mit Daten wie Wahlbeteiligung, Anteil der Briefwähler oder Anteil und Ver-

Abb. 19: Bodennutzungs- und Sozialkartierung der landwirtschaftlichen Nutzfläche Mondorfs 1968 (nach Sander 1970)

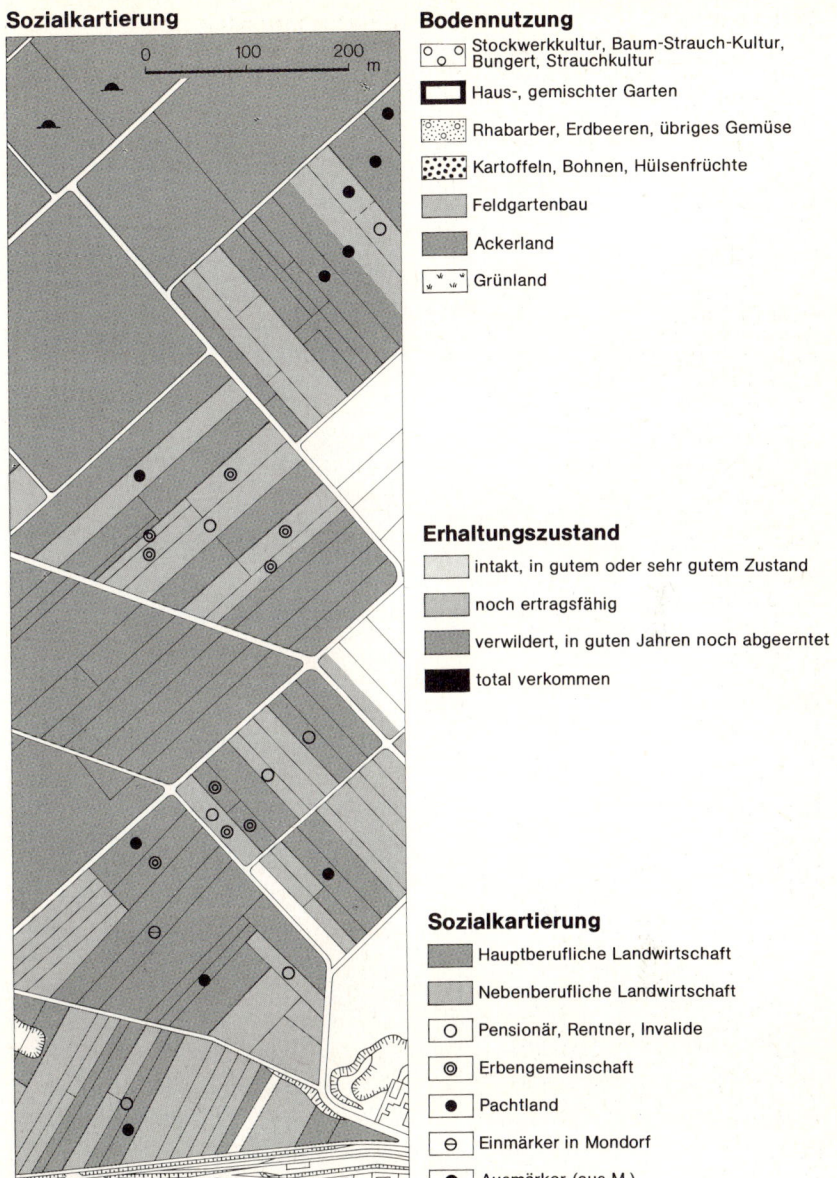

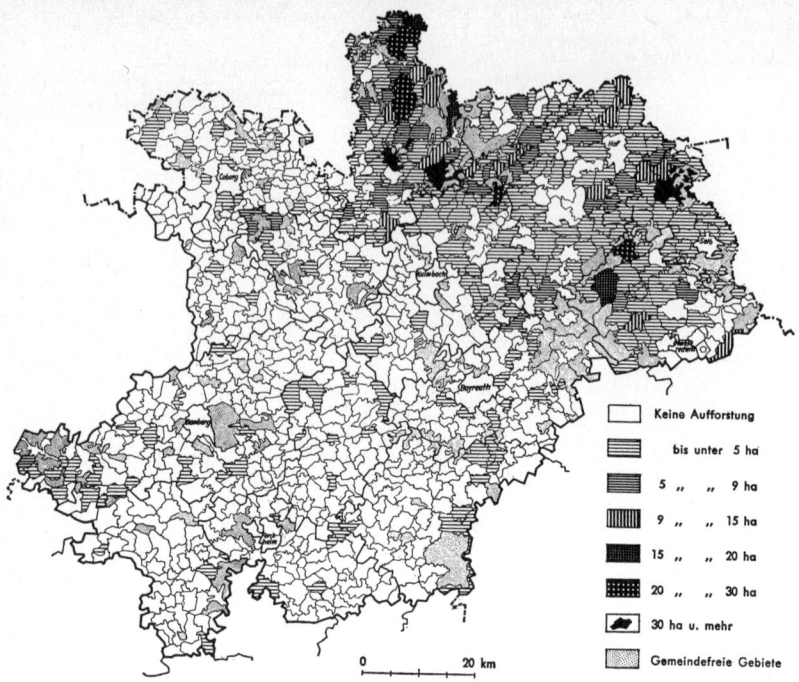

Abb. 20: Neuaufforstungen in Oberfranken (nach Frankenberger 1960)

änderung der auf die einzelnen Parteien entfallenden Stimmen. So verwandte SCHÖLLER (1961) Wahlergebnisse als Indikatoren für kulturlandschaftlich bedeutsame Verhaltensweisen, und ISBARY (1960) untersuchte die Wahlenthaltung als Indikator für die Abgrenzung von Notstands- und Problemgebieten. Eine komplexe sozialgeographische Situation, die sich mit Hilfe von objektbezogenen statistischen Strukturdaten nur schwer fassen läßt, wird hier durch einen Indikator für Passivität der Bevölkerung räumlich abgegrenzt. Schließlich sei auch GANSER (1966) erwähnt, der die Stadt München aufgrund der Verhaltensweisen der Bevölkerung bei politischen Wahlen sozialgeographisch gliederte. Komplexe Reaktionsweisen wie „Unzufriedenheit", „Aufgeschlossenheit", „Beharrung", „Mobilität", „Sicherheit", „soziale Integration", „religiöse Indifferenz", deren Studium sich der Erfassung durch objektive Merkmale der amtlichen Statistik entzieht, können – wie GANSER nachweist – durch die Verwendung von Indikatoren aus dem Bereich des Wählerverhaltens räumlich fixiert werden. Es gelingt die Abgrenzung von sozialgeographischen Stadtvierteln wie „dynamische Innenstadtzone", „Cityrand", „sozial integrierte Wohnviertel", „sozial nivellierte Wohnviertel", „sozial schlecht integrierte Stadtrandzone" und „neue Großsiedlungen".

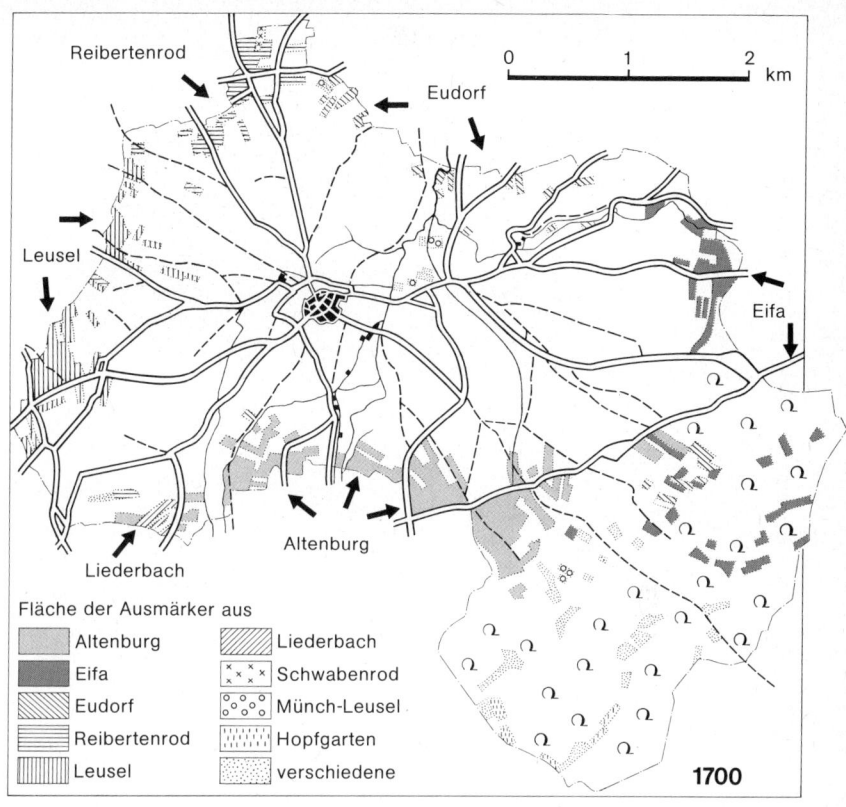

Abb. 21a: Die Ausmärker in der Gemarkung Alsfeld 1700 (nach Jäkel 1953)

Auch die Urbanisierung (vgl. S. 101 ff.) gehört zu den raumbedeutsamen Prozessen, die die Entwicklung der Kulturlandschaft prägen und die sich nicht direkt, etwa durch statistische Erhebungen, abgrenzen lassen. Indikatoren erlauben hier ebenfalls eine nähere Kennzeichnung. So wurde kürzlich eine Gemeindetypisierung nach der Entwicklung des Urbanisierungsprozesses erstellt. Dazu dienten Indikatoren aus dem Bereich der Grundfunktionen „wohnen und in Gemeinschaften leben" (z. B. durchschnittliche Haushaltsgröße, Anteil der Einpersonenhaushalte), „arbeiten" (z. B. berufliche Differenzierung, Rückgang der Einmannbetriebe im Handwerk), „sich bilden" (z. B. höchster Schulabschluß der Bevölkerung), „Freizeitverhalten" (z. B. Beteiligung am Naherholungsverkehr) (PAESLER, 1976).

Als brauchbarer Indikator für die Differenzierung des Urbanisierungsprozesses in bestimmten Entwicklungsstadien wurde die Entwicklung der Pachtver-

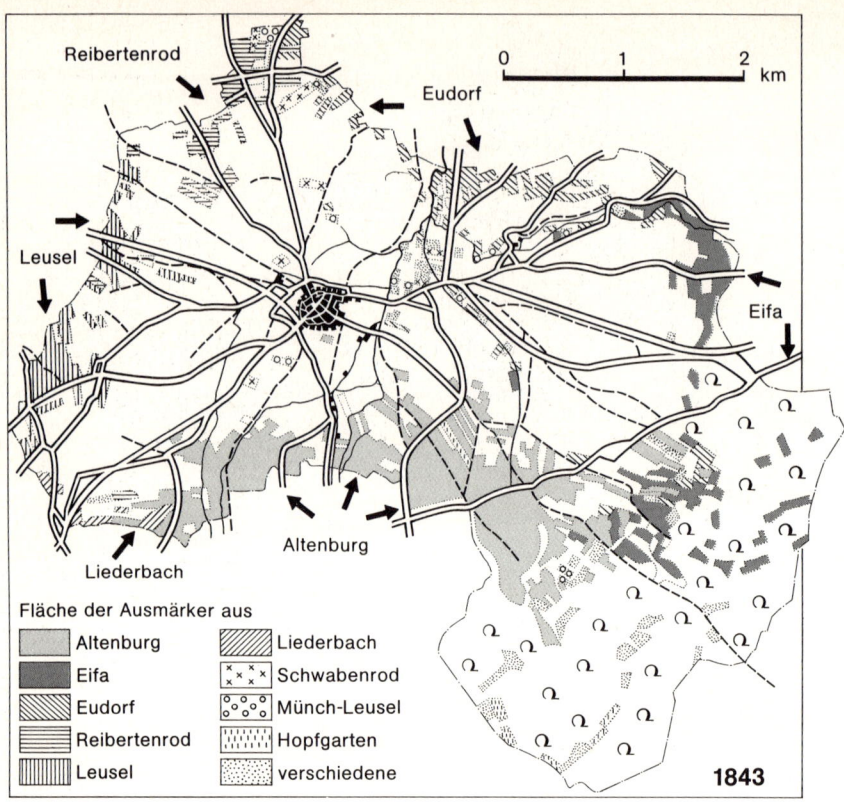

Abb. 21b: Ausmärker in Alsfeld 1843

hältnisse erkannt (RUPPERT, 1971 d; RUPPERT und SCHAFFER, 1973; vgl. Abb. 22). Unter Pacht versteht man die entgeltliche Benutzung eines immobilen Gegenstandes, in unserem Falle landwirtschaftlicher Grundstücke. Die Gründe, die zur Verpachtung von Grundstücken führen, sind vielschichtiger Natur, wobei u. a. die Vererbungssitten, Betriebsgrößenstrukturen, Arbeitskräftemangel, Betriebsaufgabe usw. eine besondere Rolle spielen. Gute und sichere Verdienstmöglichkeiten veranlassen z. B. die Inhaber kleinbäuerlicher Betriebe, einer Beschäftigung außerhalb der Landwirtschaft nachzugehen. Sie treten dann oft als Verpächter in Erscheinung. So wird ein Ausscheiden aus dem agrarwirtschaftlichen Sektor häufig begleitet von einer Zunahme der Pachtflächen, insbesondere solange die soziale Sicherheit noch an den Bodenbesitz gebunden und noch nicht völlig an den nicht-landwirtschaftlichen Arbeitsplatz geknüpft ist. Auf der anderen Seite kann ein Interesse an der Aufstockung der vorhandenen Betriebe bestehen, das die Ausdehnung der Pacht-

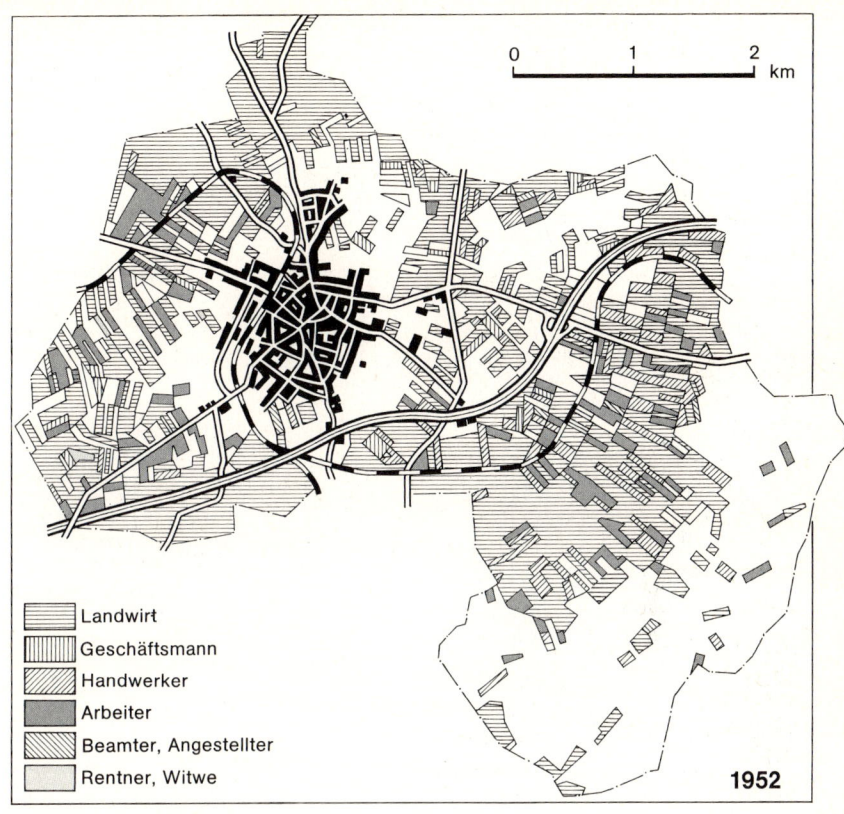

Abb. 21c: Ausmärker in Alsfeld 1952

flächen fördert. Aber auch kurzfristige Verpachtung vor der endgültigen Bebauung läßt sich häufig beobachten.

Untersuchungsergebnisse in der Region München und im übrigen Bayern lassen sich zu folgendem Prozeßschema zusammenfügen:

Phase 1:
Mit anlaufender Urbanisierung beginnt sich ein Pachtlandangebot von einer relativ niedrigen Ausgangsbasis her zu entwickeln.

Phase 2:
Fortschreitende Ablösung aus dem primären Sektor führt zu einem erhöhten Pachtlandangebot.

Phase 3 a):
Mit zunehmender städtischer Überbauung und Bindung der sozialen Sicherheit an sekundäre und tertiäre Arbeitsplätze wird die Pachtfläche stark verkleinert.

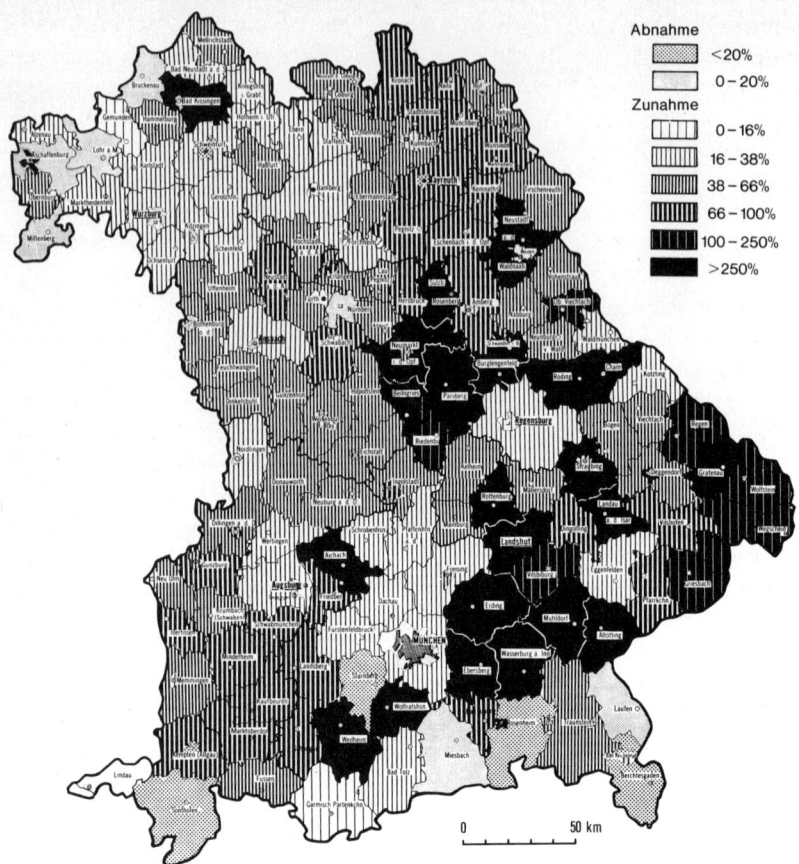

Abb. 22: Veränderung des Prozentanteiles der Pachtflächen an der LN in Bayern 1949–1960 (nach Ruppert und Schaffer 1973)

Phase 3 b):
Andererseits kann aber auch im Bereich einer urbanisierten Landwirtschaft die Pachtfläche weniger stark rückläufig sein und sich um ein im Vergleich zur Eingangsphase höheres Niveau einpendeln.

Diese aus der Empirie gewonnene Modellvorstellung über die Entwicklung des Pachtlandangebotes als Indikator findet in Bayern zahlreiche Belege. Bemerkenswert ist vor allem folgende Beobachtung: Während der Anteil der Pachtfläche an der landwirtschaftlichen Nutzfläche von 9% im Jahre 1949 auf 12% im Jahre 1960 und ca. 15% 1970 anstieg, besaßen die städtischen Zentren schon sehr früh wesentlich höhere Werte. Auch die den Verdichtungszentren benachbarten Landkreise lagen über diesen Werten (Landkreis München 1939 bereits 11%). In groben Umrissen zeigte sich damals ein noch heute sichtbares West-Ost-Gefälle der Pachtflächen in Bayern, das aber durch sozialgeographische Strukturen und Prozeßabläufe vielfach abgewandelt wird. Bei kleinräumlicher Betrachtung treten z. B. in der Umgebung von München stadtnahe Gemeinden auf, die einen Pachtlandanteil von über 25% an der landwirtschaftlichen Nutzfläche aufweisen, während entfernter liegende Gemeinden nur eine Quote von 5% erreichen. Ein Vergleich mit der Pendlerquote zeigt eine sehr hohe Korrelation, insbesondere entlang wichtiger Verkehrslinien wie Ausfallstraßen und Bahnlinien.

Der Indikator „Pachtverhältnisse" wird in charakteristischer Weise beleuchtet, wenn man die Strukturen der Kauf- und Pachtpreise zum Vergleich heranzieht. Gerade in der Nähe der Verdichtungsräume werden generell hohe Kaufpreise für landwirtschaftlich genutzte Flächen verzeichnet, weitgehend unabhängig von der Bodenqualität. Dagegen sind die Kaufpreise in von Natur aus benachteiligten Randgebieten dort relativ hoch, wo noch agrargesellschaftliche Verhaltensweisen vorherrschen, dagegen sehr niedrig, wo bereits eine stärkere Urbanisierung festgestellt werden konnte. Gerade das Abweichen des Preisgefüges von der Rangskala natürlicher Standorteignung zeigt deutlich die Umorientierung des Wertgefüges nach veränderten gesellschaftlichen Leitvorstellungen. Gute Aussagekraft besitzen auch die Rangkorrelationen der Kauf- und Pachtpreise landwirtschaftlich genutzter Flächen, wobei die gebietsspezifische Interpretation dieser Wertepaare aufschlußreiche Ergebnisse erbringt. Zusammenfassend kann festgestellt werden, daß der Indikator „Entwicklung des Pachtflächenangebotes" die Erstellung idealisierter Raum-Zeit-Abläufe ermöglicht, die eine gute Hilfe bei der Erfassung der Urbanisierung leisten.

Innovationsabläufe

Räumliche Situationen werden häufig durch Ausbreitungsvorgänge, sogenannte Innovationen verändert. Der Begriff der Innovation wird hier in dem Sinn verwendet, wie er vor allem durch schwedische Geographen (KANT, GODLUND, BERGSTEN u. HÄGERSTRAND, 1951; HÄGERSTRAND, 1952, 1966, 1967; PRED u. TÖRNQVIST, 1973) in die allgemeine Wirtschafts- und Verkehrsgeographie und durch BORCHERDT (1961) in die Agrargeographie eingeführt wurde. Darüber hinaus hat das Studium von Innovationsabläufen seine Bedeutung für alle Zweige der Sozialgeographie erwiesen. Es knüpft indirekt an die ältere Diskussion über die Ausbreitung räumlicher Erscheinungen an (HETTNER, 1929) und hat in den USA seine Parallele in der „adoption"-Forschung (ALBRECHT, 1963).

BORCHERDT (1961) weist darauf hin, daß der Begriff „*Innovation*" aus der Botanik stammt und dort das Voranschieben von Knospen bezeichnet. Er wurde dann gelegentlich von Anthropologen, Ethnologen und Soziologen verwandt im Sinne des Vorgangs der Ausbreitung eines Gedankengutes und des sich daraus ergebenden kulturellen Fortschritts. Seit dem Beginn der 1950er Jahre wurde der Begriff dann von schwedischen Geographen aufgegriffen und auf das Gebiet einer verkehrs- und kommunikationsräumlich betriebenen Sozialgeographie übertragen (z. B. Ausbreitung von Versorgungsnetzen, von Techniken und Infrastruktureinrichtungen).

Bei der geographischen Anwendung stellt BORCHERDT die doppelte Bedeutung des Innovationsbegriffes heraus: Hier ist nicht nur die psychologische Seite der Ausbreitung gemeint – geistiges Erfassen und Nachahmung –, sondern vor allem „die räumliche Auswirkung in Form eines besonderen Ausbreitungsvorganges" (BORCHERDT, 1961, S. 14). Dabei ist zu beachten, daß es sich nicht etwa um einen nach naturwissenschaftlichen Gesetzen ablaufenden Prozeß handelt, sondern um einen Vorgang, der sozial-psychologischen und -ökonomischen Gesetzmäßigkeiten unterworfen ist. Somit ergibt sich die Definition:

Innovation ist „ein Ausbreitungsvorgang, der von einem Zentrum aus durch Nachahmung in Verbindung mit einer unterschiedlichen Wertung bei den einzelnen Sozialgruppen flächen- oder linienhaft nach außen vordringt und dabei die Gegenkräfte der ‚Tradition' zu überwinden hat" (BORCHERDT, 1961, S. 15).

Aus dem Studium vieler Einzelbeispiele leitet BORCHERDT (1961, S. 42 ff.) folgende allgemein gültige Regeln ab, die zwar zunächst für die Agrargeographie gelten, sich aber ohne weiteres auf die sozialgeographische Betrachtung anderer Grundfunktionen übertragen lassen.

Die Innovation ist ein Ausbreitungsvorgang, der aufs engste mit wirtschaftlichen, soziologischen und psychologischen Faktoren verknüpft ist. Charakteristisch ist, daß dieser Vorgang nicht aus neuen schöpferischen Individualleistungen besteht oder von einer Obrigkeit veranlaßt wird und dann an zahlreichen Stellen gleichzeitig und gleichermaßen landschaftsgestaltend wirksam wird, sondern an einem Ort oder an einigen wenigen Stellen beginnt und allmählich „nach außen" vordringt.

Bei der Einführung neuer Kulturen steht am Anfang der Innovation die Initiativleistung eines einzelnen oder einiger weniger. Beispiele dafür sind die Einführung des Kartoffel- und des Feldfutteranbaus durch einzelne fortschrittliche Grundherren, die Einführung des Tabakanbaus im Schwabacher Gebiet und die Einführung des Spargelanbaus bei Schrobenhausen durch Zuwanderer (COHRS, 1963), die Ausbreitung des Zuckerrübenanbaus durch die Errichtung von Zuckerfabriken usw. Nachahmung ist dann die wesentliche Triebfeder der Innovation. Daher kommt es in der Nähe des „Innovationszentrums" zur stärksten Zunahme, weil hier das Vorbild am intensivsten wirkt, während in den randlichen Bereichen des „Innovationsgebietes" die Neuerung zunächst nur zögernd und in nach außen hin abnehmendem Umfang angenommen wird.

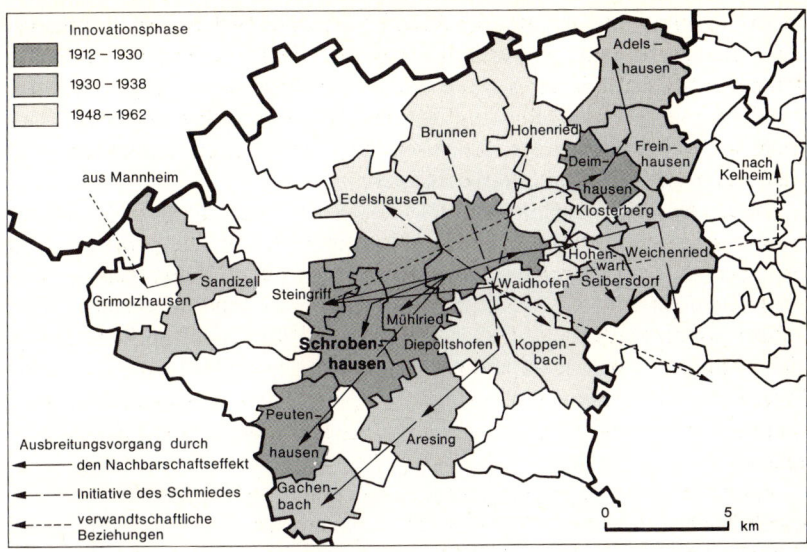

Abb. 23: Die Ausbreitung des Spargelanbaues im Landkreis Schrobenhausen (nach Cohrs 1963)

Selbstverständlich schreitet der Innovationsvorgang nicht geradlinig vom Zentrum aus voran. Er beschreibt oft „Umwege", die durch Widerstände aufgrund von Differenzierungen der Sozialstruktur der Bevölkerung verursacht werden. Solche Widerstände ergeben sich etwa durch überdurchschnittlich ausgeprägte Traditionsgebundenheit oder das Fehlen einer „Notwendigkeit" bei der Aufnahme der Neuerung bei einer bestimmten, örtlich stark vertretenen sozialen Gruppe. Über rein mechanistische Vorstellungen hinausgehend, konnte COHRS (1963) am Beispiel der Ausbreitung des Schrobenhausener Spargelanbaus die Bahnen der Innovation über soziale Kontakte nachzeichnen (vgl. Abb. 23).

Vor 1912 wurde im Gebiet von Schrobenhausen kein Spargel angebaut. Zu diesem Zeitpunkt kaufte ein ehemaliger Beamter, der im südhessischen Spargelanbaugebiet beheimatet war, einen Hof in der Nähe von Schrobenhausen. Genügend Sandboden und günstige Verkehrslage zur Bahnstation waren die wichtigsten Standortvoraussetzungen. Der geringe Kontakt des Zugewanderten, wohl auch die Absicht, eine gewisse Monopolstellung möglichst lange zu halten, sowie die hier unbekannte Arbeitstechnik führten dazu, daß trotz hoher Rentabilität ein Jahrzehnt lang keine Innovationswirkung zu beobachten war. Erst 1922 erfolgte die erste Weitergabe von Saatgut und Information über die Arbeitstechnik an benachbarte Betriebe. 1925 kamen zwei weitere Höfe dazu, die infolge niedriger Einnahmen bei Hopfen und Tabak nach einer

Nachfolgekultur suchten. Die erste Innovationsphase lief Ende der 20er Jahre aus. Sie hatte im wesentlichen aufgeschlossene Inhaber größerer Betriebe (30 bis 50 ha) erfaßt. In einer zweiten Phase war es die Initiativleistung eines Schmiedes aus einer entfernteren Gemeinde (Waidhofen), die zur weiteren Ausbreitung des Spargelanbaues beitrug, wobei wiederum nur die großbäuerliche Schicht erfaßt wurde. In dieser zweiten Phase spielten auch verwandtschaftliche Beziehungen eine Rolle. Sie markierten deutlich das Kommunikationsnetz und sind für eine sprunghafte Entwicklung in weiter entfernten Gemeinden verantwortlich. Nach einer gewissen Stagnation bis zur Nachkriegszeit breitete sich nach der Währungsreform der Spargelanbau auch in Kleinbetrieben in einer 3. Phase aus. Die Erleichterung des Absatzes durch Direktverkauf an Händler aus der Münchner Großmarkthalle trug wesentlich zur weiteren Ausdehnung bei.

Die Karte zeigt die Bedeutung des Nachbarschaftseffektes auf kleinräumlich eng begrenzter Entfernung und die von verwandtschaftlichen Beziehungen getragenen Innovationen auf größere Distanz. Eine Gesetzmäßigkeit der Ausbreitung, wie sie BORCHERDT (1961) mit seinem „Modell einer Innovation" darstellt, scheint hier auf kleinräumlicher Basis nicht wirksam zu sein. Die Abwanderung der Arbeitskräfte aus der Landwirtschaft und die damit verbundene Wanderung des Spargelanbaues in den arbeitskräftemäßig häufig noch überbesetzten Kleinbetrieb zeigt im übrigen besonders klar die Bedeutung sozialgeographischer Strukturen für den Innovationsprozeß, der außerdem auch vom Vorhandensein nutzbarer Sandböden und der Konkurrenz anderer Spezialkulturen gesteuert wurde.

Der Vorgang der Innovation hängt also von vielschichtigen sozialgeographischen Zusammenhängen ab. Der Ausbreitungsvorgang vollzieht sich nicht nach allen Seiten hin gleichmäßig, weil z. B. in einem Gebiet eine Sozialgruppe vorhanden ist, die der Neuerung zunächst ablehnend gegenübersteht und sie nur zögernd aufnimmt, während die Innovation nach den anderen Richtungen hin gleichmäßig abläuft. Im letzten Stadium ist der Sättigungsgrad in den zentrumsnahen Gebieten erreicht. Unterschiedliche Sozialstrukturen sind auch für die Schnelligkeit des Innovationsverlaufs verantwortlich. So dringt im Bereich der Agrarlandschaft entsprechend den regionalen Unterschieden der Betriebsgrößen, der Betriebsstruktur, der bäuerlichen Mentalität usw. jede Innovation in jene Gegenden schneller vor, in denen die Voraussetzungen für die Aufnahme oder Erweiterung einer Kultur günstiger sind, als in etwa gleichweit vom Innovationszentrum gelegene Gebiete, in denen sich aus den verschiedensten Gründen der Innovationsprozeß gar nicht oder viel langsamer oder erst zu einem späteren Zeitpunkt durchzusetzen vermag. Der Faktor Entfernung ist also unterschiedlich zu bewerten.

Erreicht die Neuerung im Verlauf des Ausdehnungsvorganges Bereiche, in denen sie sich als besonders lohnend erweist oder wo man ihr einen größeren Wert beimißt als in den bisher vom Innovationszentrum aus erreichten Gebieten, so kann es zur Herausbildung eines neuen Innovationszentrums kommen, das sich seinerseits wieder steuernd auf seine Umgebung auswirken kann. Der Einfluß auf die Nachbarschaft eines Zentrums ist andererseits um so bedeutungsloser, je mehr die Neuerung nur von einer kleinen Gruppe angewandt wird, bei der wenig Kontakt zu anderen Sozialgruppen besteht. Die Innovation ist dann zum Abschluß gekommen, wenn im gesamten Innovationsgebiet die Neuerung, etwa der Anbau einer neuen Kultur, keine Erweiterung mehr erfährt. Der Rückgang bestimmter landschaftlicher Erscheinungen (z. B. Bodennutzungen) kann dementsprechend als Innovation neuer Elemente gedeutet werden.

Insbesondere in der amerikanischen Agrarsoziologie fand die Diskussion um Innovations- bzw. Adoptionsvorgänge breiten Raum (ALBRECHT, 1963). Mit Hilfe sozialer Theorien, die Ausbreitungs- und Annahmeprozesse erklären, versucht man hier nicht zuletzt, Hinweise für landwirtschaftliche Beratungsdienste abzuleiten. Die Innovationsforschung gewinnt also große Bedeutung für die angewandte Sozialgeographie.

Auch in Deutschland wurden Innovationen bevorzugt in der Agrarlandschaft untersucht. Mit der Innovation des Erdbeer- und Spargelanbaus in ausgewählten Gemeinden des Odenwalds und des Hessischen Rieds befaßt sich eine Studie von MEFFERT (1968). Der Anbau dieser beiden Sonderkulturen wird als Indikator für das Vorhandensein bestimmter sozialgeographischer Strukturen angesehen. Es handelt sich um Teilbauern, Arbeiterbauern und Freizeitbauern, die durch Arbeitsteilung innerhalb der Familie den hohen Arbeitsaufwand für die Sonderkulturen bewältigen können. MEFFERT gelang es hier, ein Wechselspiel zwischen Veränderungen in der Sozialstruktur (in Richtung auf diese Schichten) und der Innovation von Sonderkulturen nachzuweisen und im Zusammenhang damit auch auf den Sachverhalt der Innovationsumkehr (Rückgang einer Bodennutzungsart) aufmerksam zu machen. Beide Untersuchungsräume waren ursprünglich rein agrarisch geprägt. Durch die Industrialisierung erfolgte dann eine unterschiedlich starke Beeinflussung und eine Differenzierung des Umschichtungsprozesses von der Agrar- zur Industriegesellschaft. Das industrienahe und verkehrsgünstig gelegene Hessische Ried entwickelte rasch aus der ursprünglich kleinbäuerlichen Struktur eine starke landwirtschaflich-industrielle Einkommensverflechtung in Form von Freizeitlandwirten, die bereits um die Jahrhundertwende den Sonderkulturanbau (Spargel) aufnahmen. In den verkehrsungünstiger gelegenen und geringer industrialisierten Odenwaldgemeinden dagegen wurde erst nach dem 2. Weltkrieg diese „sozialgeographische Zustandsstufe" erreicht, die dann hier in der Innovation des Erdbeeranbaus zum Ausdruck kommt. Der Innovationsverlauf ließ sich hier als sicherer „Indikator von Räumen bestimmten sozialgeographischen Verhaltens als den eigentlich dynamischen Raumeinheiten unserer Kulturlandschaft" nachweisen (MEFFERT, 1968, S. 291).

Wie schon angedeutet, konnten Innovationen nicht nur in der Agrarland-

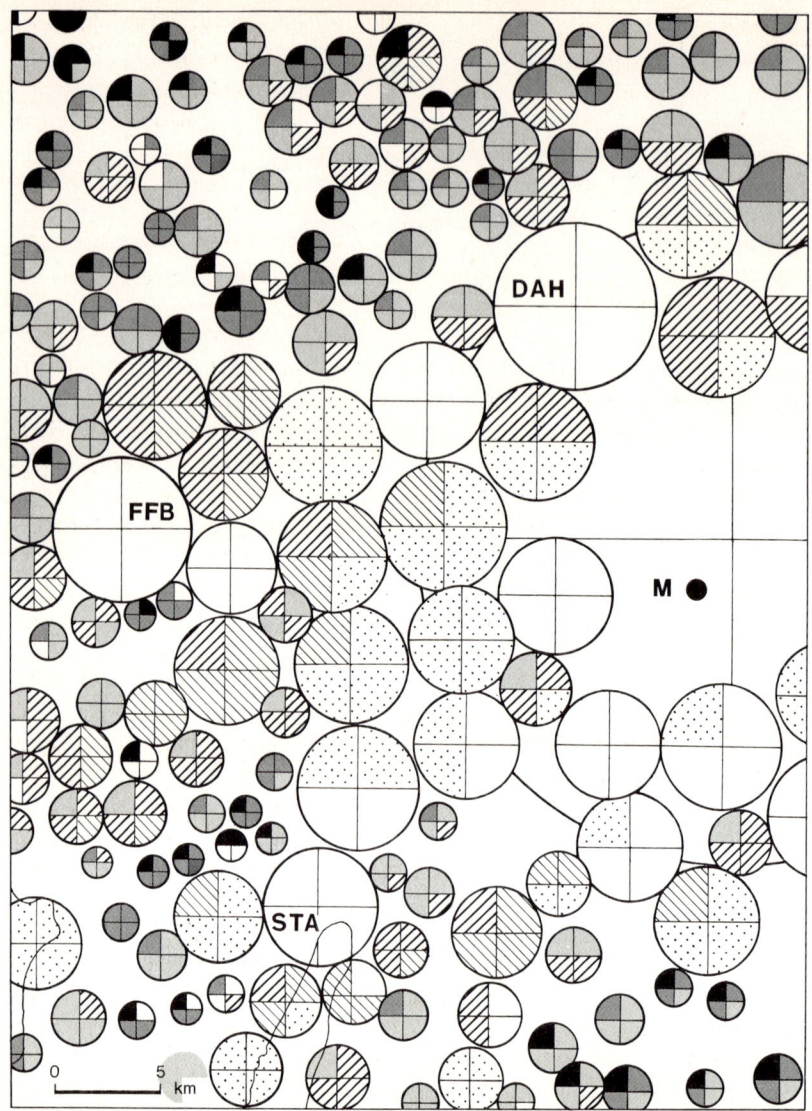

Abb. 24: Innovation nicht-landwirtschaftlicher Erwerbsquellen (Anteil der Bevölkerung mit überwiegendem Lebensunterhalt aus der Landwirtschaft 1939/1950/1961/1970 nach Paesler 1976)

schaft beschrieben werden. So untersuchte BARTELS (1968) die Intensität der Gastarbeiterwanderungen aus den Gemeinden der Region Izmir in ihrem raumzeitlichen Ablauf und konnte den Aufbruchsentschluß als Innovations-

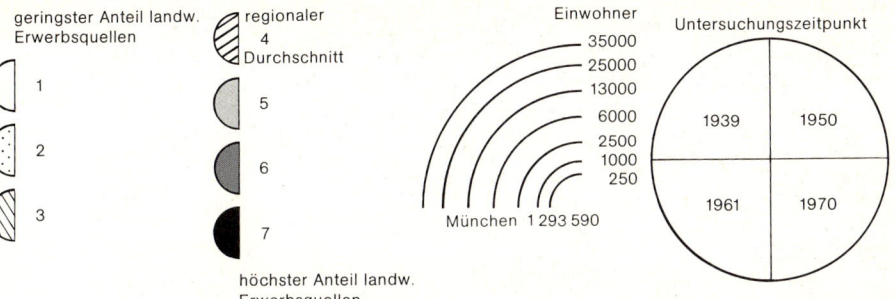

phänomen erklären. Die Stadt Izmir als Informationszentrum für die Region spielt dadurch die Rolle des Innovationszentrums für den Entschluß, eine Arbeit in Westeuropa aufzunehmen. Mit wachsender Entfernung von der Stadt verändern sich die Sozialstrukturen und die Arbeitsmarktbedingungen und verringert sich vor allem die Informationsmöglichkeit über die Arbeitsrekrutierung ins Ausland, so daß das gleiche Informationsniveau – und damit die Aufbruchshäufigkeit – erst im Laufe des Innovationsprozesses mit einem beträchtlichen „time lag" das weitere Umland der Stadt erreicht.

In einer neueren Studie wurde von PAESLER (1975) der Urbanisierungsprozeß als Innovationsvorgang gedeutet. Abbildung 24 zeigt in diesem Sinne die Ausbreitung nicht-landwirtschaftlicher Erwerbsquellen von den großstädtischen Zentren München und Augsburg ins Umland im Zeitraum 1939–1970.

Wieder andere Ausbreitungsvorgänge werden von HÄGERSTRAND (1952, 1966, 1967) untersucht, z. B. die Innovation des Automobils, des Radios, des Telefons oder auch der Mitgliedschaft in bestimmten Vereinigungen. Das Ziel ist hier weniger, raumrelevante Erscheinungen oder kulturlandschaftliche Indikatoren zu untersuchen, sondern anhand der „Diffusion" derartiger Innovationen Gesetzmäßigkeiten über Kommunikationsströme und Sozialkontakte und ihre räumliche Verteilung aufzudecken sowie Raummodelle entwerfen und Theorien entwickeln zu können. So sieht HÄGERSTRAND (1970) als Ziel der Analyse von Ausbreitungsvorgängen bei Neuerungen „das Studium der Verbindungslinien und das der Knotenpunkte". „Verbindungslinien werden verstanden als „Kanäle, durch welche Informationen und Beeinflussungen strömen", „Knotenpunkte" als „Individuen mit ihren Reaktionen auf die Informationen".

Derartige Untersuchungen können wichtige Hinweise über hierarchische Zusammenhänge in der räumlichen Verteilung der Siedlungen und über gruppenspezifische Aktionsreichweiten geben. Häufig entfernen sie sich aber in ihrem Bestreben, quantitative Modelle zu entwerfen, sehr weit von der konkreten räumlichen Grundlage und sind dann eher der Raumwirtschaftslehre oder Regional Science als der Geographie zuzuordnen, da der regionale Aspekt nur noch als Vehikel zur Theoriebildung dient.

Raumrelevante Verhaltensweisen im Bereich der Grundfunktionen

Es wurde schon darauf hingewiesen, daß die Grundfunktionen menschlicher Daseinsäußerung mit ihren charakteristischen Flächenansprüchen und „verorteten Einrichtungen" (z. B. Wohn-, Arbeits-, Versorgungsstandorte) sich als Leitlinien für die Erarbeitung einer inneren Systematik der Sozialgeographie anbieten. Ihre räumliche Betrachtung führt zu Teilperspektiven der Sozialgeographie. Anders ausgedrückt: An die Stelle von isolierten Teilwissenschaften der Kulturgeographie (Siedlungsgeographie, Wirtschaftsgeographie, Verkehrsgeographie usw.), die weitgehend unverbunden nebeneinander stehen, tritt die integrierende Forschungsperspektive der Sozialgeographie. Auch sie muß natürlich aus arbeitstechnischen Gründen ihre Untersuchungsgegenstände gliedern und benutzt dazu das Konzept menschlicher Grundfunktionen.

Unter Grundfunktionen, Grunddaseinsfunktionen oder Daseinsgrundfunktionen – ein Streit um die Bezeichnungen erscheint ziemlich fruchtlos – werden in der Sozialgeographie solche grundlegenden menschlichen Daseinsäußerungen, Aktivitäten und Tätigkeiten verstanden, die allen sozialen Schichten immanent, massenstatistisch erfaßbar, räumlich und zeitlich meßbar sind und sich raumwirksam ausprägen.

Derartige Grundfunktionen sind gegenwärtig auf unserer Stufe der Wirtschafts- und Gesellschaftsentfaltung: „in Gemeinschaften leben", „wohnen", „arbeiten", „sich versorgen", „sich bilden" und „Freizeitverhalten". Diese Reihenfolge enthält keinerlei Wertung und zeigt keine Prioritäten an, denn es gibt keine Hierarchie der Grundfunktionen. Sie sind alle von Bedeutung für das „Funktionieren" der menschlichen Gesellschaft, was natürlich nichts über durchaus bestehende Unterschiede im Raumanspruch und in der raumprägenden Wirkung der einzelnen Funktionen aussagt.

„Verkehr und Kommunikation", die z. T. in früheren Veröffentlichungen unter die Grundfunktionen gezählt wurden, wenn auch meistens in einer Sonderstellung, fehlen in dieser Liste. Es handelt sich hier um notwendige Tätigkeiten, die die Voraussetzung für die Entfaltung der Grundfunktionen sind und diese miteinander verflechten. Es gibt weder einen zweckfreien noch einen Verkehr ohne funktionalen Bezug. Verkehr und Kommunikation müssen immer im Zusammenhang mit der sie verursachenden oder auslösenden Grundfunktion gesehen werden, denn arbeitsorientierte, versorgungsorientierte, freizeitorientierte usw. Verkehrsbewegungen lassen jeweils differenzierte verkehrsräumliche Aktivitätsmuster entstehen (MAIER, 1975).

Im Rahmen einer problemorientierten Untersuchungsmethode kann es keine Zuordnungsfragen etwa der Art geben, ob nun die Pendler von der Wirtschafts-, der Siedlungs- oder der Bevölkerungsgeographie abgehandelt werden. Bei sozialgeographischer Betrachtung wird von den Problembereichen „Pendler" und „Pendelverkehr" ausgegangen, die – je nach gewähltem Untersuchungsschwerpunkt – räumliche Aspekte der Grundfunktionen „arbeiten", „wohnen" bzw. „versorgen", „sich bilden" – unter Einschluß der entsprechend orientierten verkehrsräumlichen Aktivitäten – berühren. Sie muß sich aber nicht mehr dem Zwang zur Einordnung in eine bestimmte geographische Teildisziplin mit ihren spezifischen Forschungsansätzen und -methoden unterwerfen.

Im folgenden kann die Raumwirksamkeit der einzelnen Grundfunktionen nicht erschöpfend behandelt werden. Es sollen lediglich einige Beispiele sozialgeographischer Forschungsschwerpunkte, Arbeitsmethoden und Untersuchungsergebnisse ohne den Anspruch der Vollständigkeit dargestellt werden, um exemplarisch in die Art und Weise sozialgeographischen Arbeitens einzuführen.

Wohnen und in Gemeinschaften leben

Die Raumwirksamkeit der Grundfunktionen „wohnen" und „in Gemeinschaften leben" umfaßt den weiten Bereich bevölkerungs- und siedlungsgeographischer Fragestellungen bis hin zur Betrachtung der räumlichen und natürlichen Bevölkerungsbewegung in ihrer gruppenspezifischen Ausprägung. BOBEK (1959) hat aus sozialgeographischer Sicht mit Hilfe der historisch-genetischen Betrachtungsweise einen globalen Überblick versucht (vgl. S. 47).

In der dort behandelten „sozialwirtschaftlichen Entfaltungsstufe" des „produktiven Kapitalismus, der industriellen Gesellschaft und des jüngeren Städtewesens" befinden sich heute die Länder Mittel- und Westeuropas und Nordamerikas. Der Verstädterungsprozeß ist hier inzwischen um den *Urbanisierungsprozeß* erweitert worden, der besonders klar die Verflechtung der Grundfunktionen widerspiegelt. Beide Begriffe werden vielfach unklar verwendet bzw. gleichbedeutend gebraucht, sollten aber besser getrennt werden, da sie unterschiedliche Fakten betreffen. „Verstädterung" ist als Ausdehnung, Vermehrung oder Vergrößerung von Städten nach Zahl, Fläche oder Einwohnern, sowohl absolut als auch im Verhältnis zur ländlichen Bevölkerung bzw. zu den nicht-städtischen Siedlungen zu verstehen. Dieser Begriff ist jedoch nur unter der Voraussetzung einer Stadt-Land-Dichotomie anwendbar. Ein derart scharfer Gegensatz zwischen Stadt und Land ist in unserem Raum jedoch ein Kennzeichen der vor- und frühindustriellen Zeit und besteht heute nur noch in gering entwickelten Gebieten, die in agrargesellschaftlichen Strukturen verharren. Bei diesem – auch in unserem Raum früher herrschenden – Stadt-Land-Gegensatz stehen sich die beiden Siedlungsformen nach Physiognomie, Wirtschafts- und Bevölkerungsstruktur und Funktionen, nach der ganzen Lebens- und Wirtschaftsweise der Bevölkerung und nicht zuletzt nach juristischem Status relativ scharf getrennt gegenüber.

Beim Übergang von der Agrar- zur Industriegesellschaft und ihrer weiteren Entwicklung zur „Dienstleistungsgesellschaft" oder „postindustriellen Gesellschaft" kommt es nicht nur zu veränderten Wirtschafts- und Gesellschaftsformen, sondern auch zu neuen Siedlungsstrukturen, da die „funktionierenden Stätten" entsprechend den Wandlungen der sie tragenden menschlichen Gruppen umgestaltet werden. Es ergibt sich ein noch andauernder Struktur- und Funktionswandel städtischer und ländlicher Siedlungen, der eine Abkehr von der alten Vorstellung eines schroffen Stadt-Land-Gegensatzes und – damit verbunden – eine Einschränkung des Begriffes der „Verstädterung" bedingt, da er den veränderten Verhältnissen nicht mehr gerecht wird. Er muß durch den umfassenden Urbanisierungsbegriff ergänzt werden. Bei der Darstellung des Urbanisierungsprozesses zeigt sich das integrative Moment der Sozialgeographie besonders deutlich. Der Prozeß ist durch unterschiedlich abgestufte Intensitäten im Bereich der Grundfunktionen gekennzeichnet und läßt sich nur erklären, wenn die raumprägenden Aspekte aller Grundfunktionen in ihrer engen Verflechtung gesehen werden. Daher wird auch bei der Besprechung der übrigen Funktionsbereiche immer wieder auf die Urbanisierung zurückgegriffen.

Als Ausgangspunkt einer Definition der „Urbanisierung" soll vom Begriff „Urbanität" ausgegangen werden. Entscheidend für die Anwendung dieses Begriffes ist die Notwendigkeit, in die sozialgeographische Terminologie einen Ausdruck einzuführen, der die Begriffsinhalte „städtisches Wesen", „städtische Art", „städtischer Charakter" oder „städtisches Leben" umfaßt, die bereits BOBEK in seiner Stadtdefinition anführt. (BOBEK, 1938) Sie können durch den in seiner Bedeutung schon stark erweiterten Begriff *„Urbanität"* abgedeckt werden, der somit als Ausdruck der Gesamtheit aller Faktoren verstanden wird, die städtische Lebens-, Wirtschafts- und Verhaltensweise ausmachen. Das Gegenteil von Urbanität ist dann *„Ruralität"*.

In Umkehrung der obigen Definition kann man sagen, daß die Stadt eine Siedlung darstellt, in der „Urbanität" Verhaltens-, Lebens- und Wirtschaftsweise der Bevölkerung bestimmt und eine relativ starke räumliche Ausprägung gefunden hat. Da sich heute im mitteleuropäischen Raum kaum mehr „Stadt" und „Land" in jeweils idealtypischer Ausprägung gegenüberstehen, sondern zwischen beiden – theoretischen – Extremformen ein breiter Übergang besteht, ist es angebracht, stärkeres Gewicht auf den Terminus „städtische (urbane) Siedlung" zu legen. In unserem Kulturbereich hat jede Gemeinde gewisse urbane Züge; es existieren kaum mehr rein ländliche (rurale) Gemeinden. Es besteht ein Übergang von Siedlungen, bei denen die Ruralität noch überwiegt, zu den schon als urban zu bezeichnenden Siedlungen mit jeweils unterschiedlich starkem Vorherrschen der Urbanität. Aus der weithin mehr oder weniger urbanen Siedlungslandschaft heben sich einzelne Kernsiedlungen mit besonderer Verdichtung der Urbanität heraus: die Städte. Auch Dörfer können also in stärkerem oder schwächerem Maße urban beeinflußt sein. Aber erst, wenn die Urbanität ein bestimmtes, von Zeit und Kulturraum abhängiges Maß überschreitet, entsteht eine Stadt.

Zwischen der Stadt mit stärkerer urbaner Prägung und der ländlichen Siedlung mit geringstem urbanen Charakter besteht ein Stadt-Land-Kontinuum, in dem sich der Urbanisierungsprozeß vollzieht. Die Stadt als der Ort, an dem die moderne Industrie- und Dienstleistungsgesellschaft mit allen ihren Aspekten und Merkmalen sich am charakteristischsten ausprägt, und wo sie sich am stärksten weiterentwickelt, ist Ausgangspunkt oder Innovationszentrum neuer sozialwirtschaftlicher, politischer, kultureller und technologischer Entwicklungen. Von den Städten breitet sich ihre urbane Lebens- und Wirtschaftsweise mit ihren raumgestaltenden und raumbeeinflussenden Kräften in einem stetigen Prozeß in ihre Umgebung aus. Dieser Prozeß der Ausbreitung der Urbanität ist als Urbanisierung zu bezeichnen. Sie ist nicht, wie der Begriff der Verstädterung, unbedingt mit einer räumlichen oder bevölkerungsmäßigen Vergrößerung einer Stadt verbunden, obwohl dies natürlich gleichzeitig der Fall sein kann, sondern Urbanisierung ist ein sozialgeographischer Prozeß der Umwandlung bestehender Siedlungen, die durch den Einfluß einer bestimmten Stadt oder allgemein durch die von den Städten ausgehenden Entwicklungen und Einflüsse an Urbanität gewinnen.

Der in der Agrargesellschaft schroffe Stadt-Land-Gegensatz wird also aufgelöst zugunsten eines breiten Spektrums von Siedlungen unterschiedlicher Urbanität. Die Städte erscheinen dabei als Kernsiedlungen, d. h. als Verdichtungen von Sozialgruppen großer Mannigfaltigkeit und damit als verdichtete Knoten der Ausübung und Verortung der Grundfunktionen menschlichen Daseins im Prozeßfeld Landschaft industrie- und dienstleistungsgesellschaftlicher Ausprägung. In den Städten treten die charakteristischen Merkmale dieser Gesellschaft und damit der am stärksten urbanisierten Siedlungen am deutlichsten hervor (PAESLER, 1976): arbeitsteilige Wirtschaft mit Marktorientierung, Trennung von Wohn- und Arbeitsplatz, starke berufliche Differenzierung und Spezialisierung, ausgeprägte soziale Schichtung, starke soziale und regionale Mobilität, wachsende Bedeutung der Freizeit gegenüber dem Arbeitsleben usw. Solche urbanen Lebens- und Verhaltensweisen, die zunächst von den in Städten wohnhaften Sozialgruppen getragen werden, breiten sich von hier, den Innovationszentren, aus und führen zu einer zunehmenden Raumgestaltung.

Die Urbanisierung läßt sich in sämtlichen Lebensbereichen und Grundfunktionen aller sozialen Gruppen nachweisen und mit Hilfe von Indikatoren erfassen. Für die Grundfunktion „wohnen" und „in Gemeinschaften leben" seien einige raumbedeutsame Erscheinungen genannt. Typische Merkmale urbanen Lebens im Gegensatz zu entsprechenden ruralen Verhaltensweisen sind z. B.:

geringe Haushaltsgrößen, große Zahl von Einpersonenhaushalten und Kleinfamilien im Gegensatz zur agrargesellschaftlichen Groß-(Mehrgenerationen)-Familie. Die jahrzehntelang bestandenen Unterschiede zwischen ländlichen und wesentlich niedrigeren städtischen Geburtenquoten sind relativ gering geworden. Stärker wirkt sich unterschiedliches generatives Verhalten noch in der Altersstruktur aus, wenn auch inzwischen Veränderungen durch Wanderungsvorgänge bedeutsamer sind. Besonders die Freisetzung von Arbeitskräften auf dem Lande und die Wanderung zum attraktiven Wohn- und/oder Arbeitsplatz führt vielfach zum Umbau vorhandener Altersstrukturen.

Die Konzentration der Bevölkerung in großen Verdichtungsräumen oder – im agrarwirtschaftlich geprägten Raum – in kleineren Kernsiedlungen ist zur säkularen Erscheinung geworden. Charakteristisch für diese Situation ist besonders ein zunehmender Raumbedarf für die Ausübung der Grundfunktionen, der durch sehr unterschiedliche Standortansprüche verschiedener sozialer Gruppen und ihrer Bedürfnisse gekennzeichnet ist. Als ausgezeichneter Indikator für die unterschiedliche Bewertung der zur Ausübung der einzelnen Grundfunktionen benötigten Flächen haben sich die Bodenpreise erwiesen. Die bei Flächen gleicher Nutzung häufig existierende soziale Differenzierung kommt vor allem in den Geschoßflächenpreisen zum Ausdruck (POLENSKY, 1974). Diese genannten Raumansprüche werden sich aller Voraussicht nach unter der Einwirkung folgender Faktoren weiter differenzieren: Wandel der Bevölkerungsstruktur, Änderung der räumlichen Bevölkerungsverteilung, Produktivitätssteigerung der Wirtschaft und Einkommenszunahme der Haushalte, Ausdehnung der Freizeit, Anforderungen an Bildung und Ausbildung u. a.

Alle diese Entwicklungen werden auch zu gesteigerten Anforderungen an die Kommunikationsverhältnisse innerhalb unserer Gesellschaft führen. Insbesondere werden sie zur Folge haben, daß unsere Siedlungsstrukturen, die in ihrem Grundmuster einer im Bereich der Arbeitsfunktion flächenbezogenen Agrargesellschaft entstammen, immer stärker nach Leitbildern der standortbezogenen und die Bevölkerungskonzentration begünstigenden Industriegesellschaft umgestaltet werden. Hier zeigt sich besonders deutlich die immer noch zunehmende Bedeutung der Raumplanung, die als Entwicklungsplanung selbst zum Prozeß wird und sich durch ständige Bereitschaft zum Überdenken neuer Ideen auszeichnen muß.

Für die Wohnfunktion gilt, daß zu den charakteristischen Merkmalen und Entwicklungstendenzen der Industrie- und Dienstleistungsgesellschaft die Bereitstellung von genügend den individuellen Ansprüchen angepaßtem Wohnraum für alle Einwohner sowie der Trend zur Vergrößerung dieser individuellen Wohnfläche gehört. Diese Zunahme steht in Verbindung mit dem Wandel von der Groß- zur Kleinfamilie bzw. zum Einpersonenhaushalt. Wie am Beispiel südbayerischer Regionen gezeigt werden konnte (PAESLER, 1976), ist der hohe Anteil der Einpersonenhaushalte an den Privathaushalten ein besonders aussagekräftiger Indikator für Urbanisierungsvorgänge im großstädtischen Einflußbereich (Vgl. Abb. 25). Nicht in allen Räumen lassen sich die steigenden Anforderungen an den Wohnkomfort gleichermaßen erfüllen. Räume geringer Urbanisierung sind in der Regel durch ein Defizit an Infrastruktur gekennzeichnet.

In einer besonders stark raumdifferenzierenden Weise äußert sich die Zunahme des Erwerbs oder der Anmietung einer Zweitwohnung zur Freizeitgestaltung. Diese Zunahme der Freizeitwohnsitze erfolgt im Zuge einer abnehmenden Bindung des Menschen an einen eng begrenzten Siedlungsraum (HELMFRID, 1968) und ist keine regional oder schichtenspezifisch begrenzte Erscheinung. In allen Staaten, die sich in der industriegesellschaftlichen Phase befinden, wird dieses Streben nach Freizeitwohnen bei allen sozialen Gruppen erkennbar (RUPPERT, 1973a; RUPPERT und MAIER, 1971).

Schließlich sei noch auf die für die gegenwärtige Gesellschaft besonders charakteristische Mobilität hingewiesen, die, zusammen mit der Ausdehnung der Aktionsreichweiten, immer mehr von der Gemeinde zur Region als Lebensraum führt. Bei der Ausübung aller Grundfunktionen können wir diese Vergrößerung der Aktionsreichweiten feststellen. Der Lebensraum erfährt eine Dimensionserweiterung und beschränkt sich nicht mehr fast ausschließlich auf die Wohngemeinde als eng begrenzten Aktionsstandort. Es entstehen stattdessen Standortsysteme, in denen sich ergänzende Gemeinden mit zunehmender Verflechtung zu größeren funktionsräumlichen Einheiten, zu sozioökonomischen Räumen, den Regionen, zusammentreten (vgl. S. 160 ff.).

Die Entwicklung der Wohnbereiche von Siedlungen und Stadtteilen wird in besonderer Weise von gruppen- und schichtenspezifischen Wanderungsvorgängen beeinflußt, wie STEINBERG (1974) für die Wahl der Wohnstandorte von Haushalten im großstädtischen Bereich verdeutlicht. Zusammenhänge zwischen dem Lebenszyklus der Familien und entsprechend wechselnden Ansprüchen an die Wohnung, differenziert nach sozialen Schichten, einerseits und sich daran anknüpfenden räumlichen Mobilitätsvorgängen andererseits konnten in sozialgeographischen Fallstudien analysiert werden (SCHAFFER, 1968 b; vgl. Abb. 26). Am Beispiel einer neuen Großsiedlung am Stadtrand von Ulm wurde nachgewiesen, daß die Phasenhaftigkeit von Wanderungsvorgängen und ihre starke kleinräumliche Differenzierung sozial und demographisch selektiv verläuft. Mitentscheidend für diese Entwicklung ist die Auslesewirkung der Wanderung nach bestimmten Entwicklungsstadien der Haushalte. Der „Lebenszyklus der Familie" spielt hier eine wichtige Rolle.

Die Entwicklung einer Familie kann man in diesem Zusammenhang schematisch in drei Stadien gliedern. Der „wachsende Familienhaushalt" wird von jüngeren Paaren geführt. Er umspannt jene Phase, die von der Heirat bis zur Geburt der Kinder reicht. Der „gleichbleibende Familienhaushalt" wird von Ehepaaren mittleren Alters geführt, deren Kinder sich in der Schul- bzw. Berufsausbildung befinden. Der „schrumpfende Familienhaushalt" beschreibt

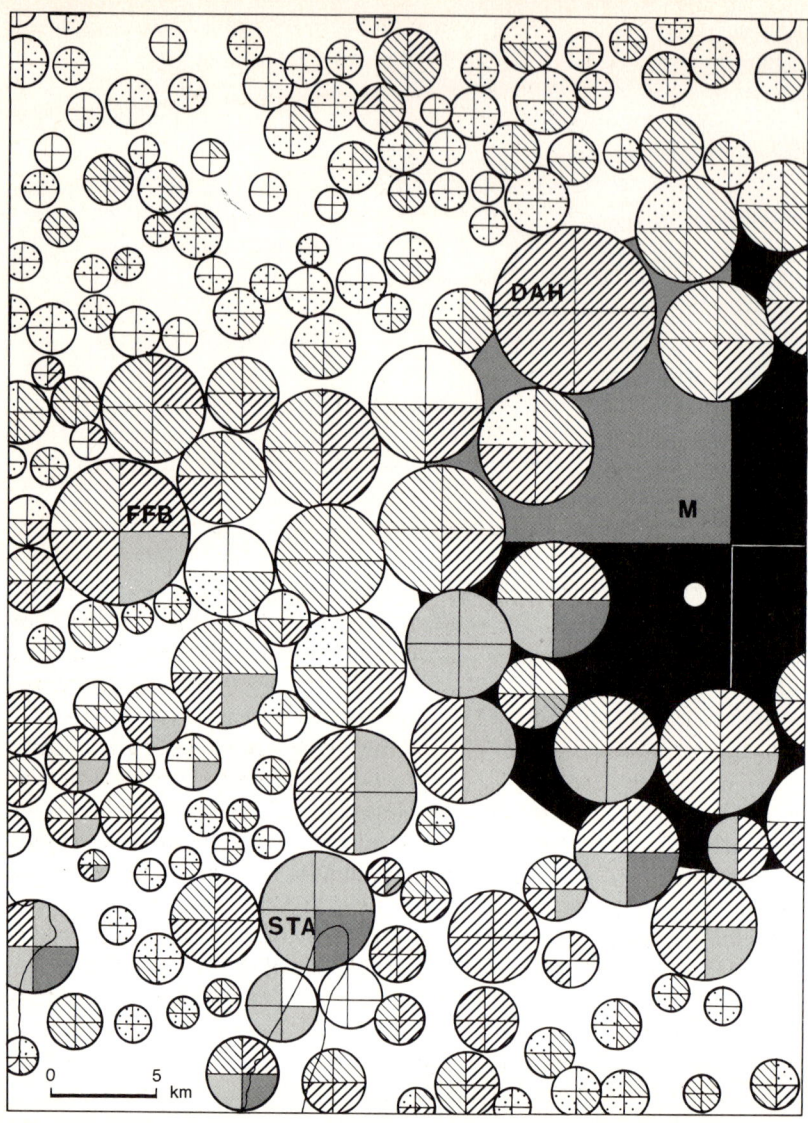

Abb. 25: Anteil der Einpersonenhaushalte an den Privathaushalten im Raum München–Augsburg 1939/1950/1961/1970 (nach Paesler 1976)

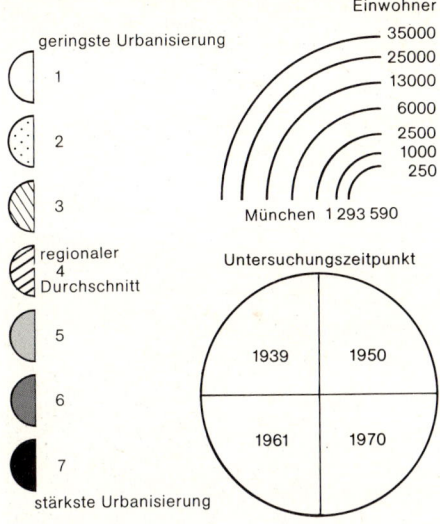

jene Phase der Entwicklung, in der die Kinder das Elternhaus verlassen und die Eltern schließlich wieder allein sind. Jeder der Stadien im Lebenszyklus erfordert einen angemessenen Wohnungstyp. Unzulängliche Größe und Grundrißgestaltung der Sozialwohnungen der 50er Jahre werden – wie das Beispiel in Abb. 27a zeigt – in der Zeit der Geburt der Kinder und während ihrer Schulausbildung zu einem besonderen Problem. So kann es nicht verwundern, wenn aus der Großsiedlung bevorzugt jene Familien abwandern, die sich im Entwicklungsstadium des „wachsenden" und „gleichbleibenden" Haushalts befinden. Gleichzeitig wird daraus deutlich, wie unterschiedliche Lebenslagen hier die einzelnen Stadien im „Lebenszyklus" der Familie – unterschiedliche räumliche Verhaltensweisen, d. h. hier unterschiedliche Anfälligkeit für den Wohnungswechsel, hervorrufen. Pauschal betrachtet, war das Verhältnis wachsender, gleichbleibender und schrumpfender Haushalte, die sich an der Wanderung beteiligten, wie 50 : 30 : 20. Das Verhältnis der bleibenden und zuziehenden Familienhaushalte gestaltete sich gerade umgekehrt, nämlich wie 35 : 25 : 40. Die Auslesewirkung kann von Zählbezirk zu Zählbezirk nachgewiesen werden (vgl. Abb. 27b).

Arbeiten

Von der Raumwirksamkeit her gesehen, nimmt die Grundfunktion „arbeiten" neben den Funktionen „wohnen" und „in Gemeinschaften leben" eine besonders wichtige Stellung ein. Trotz aller Arbeitszeitverkürzungen beansprucht innerhalb der Dreiheit Arbeitszeit – Rüstzeit – Freizeit im Zeitbudget die am

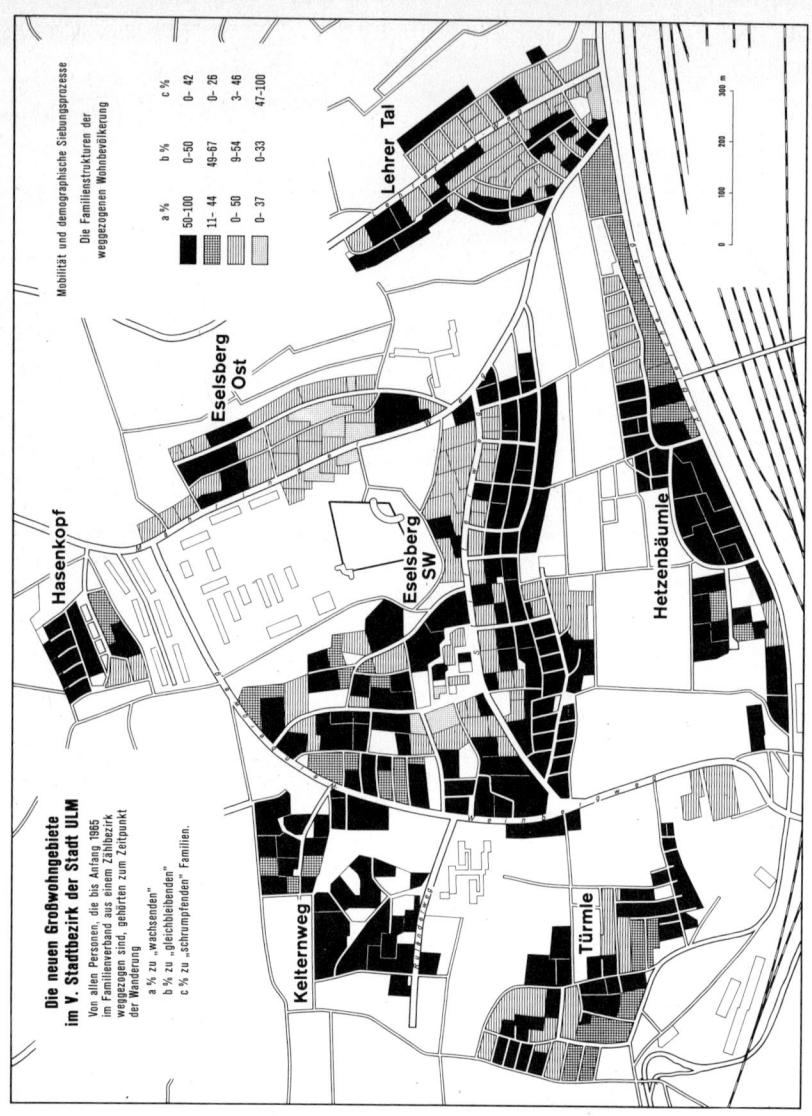

Abb. 26a/b: Räumliche Mobilität und demographische Siebungsprozesse in Ulm-Eselsberg (nach Schaffer 1968)

Arbeitsplatz bzw. für den Weg dorthin und von dort verbrachte Zeit für die überwiegende Mehrheit der Erwerbstätigen werktäglich den Hauptteil, und die räumlichen Auswirkungen des Arbeitsprozesses wachsen mit zunehmender Technisierung zweifellos weltweit. Freilich darf das der Grundfunktion „arbei-

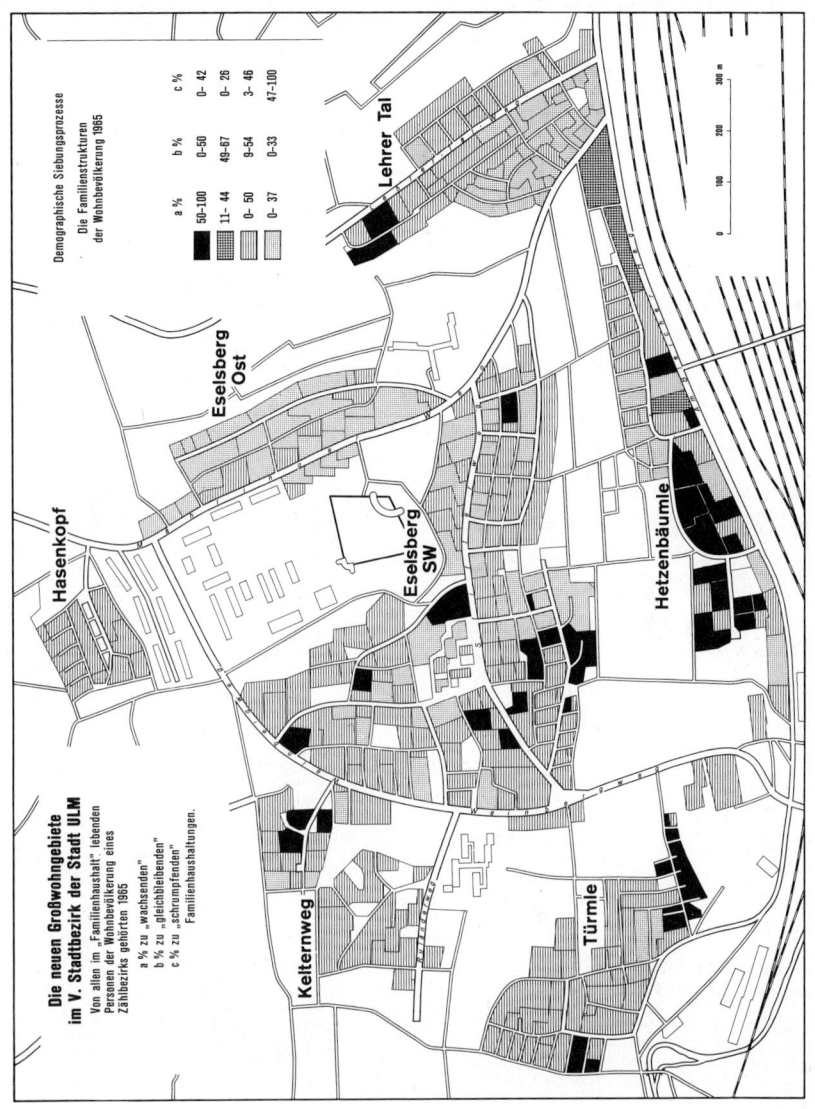

ten" beigelegte Gewicht nicht in der Weise überbewertet werden, wie es LENG (1973) aus marxistischem Blickwinkel tut, der unter den Grundfunktionen „arbeiten" als zentrale und allen anderen übergeordnete Funktion sieht, weil die Arbeit „die grundlegende Lebensäußerung ... des Menschen" darstelle. Die sich hier widerspiegelnde Bewertung der Arbeit wird gerade bei sozialgeographischen Untersuchungen der Vielfalt räumlich unterschiedlich handelnder sozialer Gruppen nicht gerecht. Soziale Strukturen gehen keineswegs alle auf den Produktionsprozeß zurück, zumal wenn man die Tatsache berücksichtigt, daß in vielen Ländern rund die Hälfte der Bevölkerung gar nicht aktiv an diesem Prozeß teilnimmt.

Im Bereich der Arbeitsfunktion sind die charakteristischen Entwicklungstendenzen im Zusammenhang mit dem Übergang von der traditionellen Agrar- zur modernen Industrie- und Dienstleistungsgesellschaft und deren Fortentwicklung sowie die typischen Strukturmerkmale für den weit überwiegenden Teil dieser Gesellschaft relativ leicht zu benennen. Es sei hier erwähnt: Übergang des Hauptwirtschaftsziels von arbeitsteilig wenig differenzierter, weitgehend naturabhängiger, flächengebundener Agrarproduktion zu hochdifferenzierter, dynamischer, standortorientierter und nur bedingt naturabhängiger Industrieproduktion; Erhöhung der Arbeitsproduktivität durch Arbeitsteilung, technischen Fortschritt, Mechanisierung und Rationalisierung, damit verbunden Erhöhung des Sozialprodukts und Streben nach möglichst günstiger Versorgung mit Gütern und Dienstleistungen; Dynamisierung der Berufs- und Beschäftigtenstruktur mit starker beruflicher und Arbeitsplatzmobilität bei zunehmender Vielfalt der Berufe; Konzentration der Arbeitsstätten, zunehmende Trennung von Wohn-, Arbeits- und Freizeitstandort; veränderte Bedeutung der Arbeit als Daseinsinhalt des Individuums zugunsten stärkerer Betonung von Freizeitaktivitäten; und schließlich, immer wieder diskutiert, die Verschiebungen der Anteile der Beschäftigten in den drei Wirtschaftssektoren – zeitlich verschobener Rückgang des primären und sekundären Sektors zugunsten des tertiären – im Sinne von CLARK (1951) und FOURASTIE (1952).

Alle genannten Entwicklungen sind von erheblicher räumlicher Bedeutung und treten besonders in stark urbanisierten Gebieten in hohem Maße kulturlandschaftsprägend auf. Einige Beispiele sollen dies verdeutlichen.

Zur sozial- und wirtschaftsstrukturellen Charakterisierung von Gemeinden und als Grundlage für Regional- und Landesplanung wird häufig eine Gemeindetypisierung nach der Erwerbsstruktur der Wohnbevölkerung vorgenommen (RUPPERT, SCHAFFER, 1973), wobei meistens in die folgenden drei Kategorien eingeteilt wird: primärer (Urproduktion), sekundärer (verarbeitendes Gewerbe) und tertiärer (Dienstleistungen) Sektor der Wirtschaft. Der Untersuchung dieser drei Sektoren kommt große Bedeutung zu, da sich – wie vor allem am Beispiel der USA zu erkennen ist – die Anteile dieser Sektoren mit dem technischen Entwicklungsniveau in typischer Weise verändern. FOURASTIÉ gelangt zu der These, daß das Verhältnis der Erwerbssektoren charakteristisch für die Zivilisationsstufe eines Landes ist. Nach seinen Analysen arbeiteten zu Beginn der Industrialisierung 80% im primären Sektor und nur 20% in den übrigen Sektoren (vgl. Abb. 27). Mit der Mechanisierung und Automatisierung sinkt der Anteil des primären zugunsten des sekundären und tertiären Sektors; es erfolgt eine Schwerpunktverlagerung zuerst vom primären auf den sekundären und schließlich zum tertiären Sektor hin. Die Entwicklung mündet in ein Übergewicht des tertiären Sektors, und zwar in einem Ausmaß, das dem Gewicht der Landwirtschaft vor Beginn der Industrialisierung entspricht. Bei Fortsetzung der jetzigen Entwicklung gelangen wir in absehbarer Zeit zu einem Punkt, an dem der tertiäre den sekundären Sektor zu überflügeln beginnt. Am Beispiel Bayerns wird dies sehr deutlich. Hier betrug 1961 die Relation noch 18 : 48 : 34; die Volkszählung 1970 hat mit dem Verhältnis 13 : 47 : 40 ein weiteres Steigen des Gewichts des tertiären Sektors ausgewiesen. Arbeitsamtstatistiken und kleinräumliche Untersuchungen sowie Globalziffern für die BRD deuten auf die Fortsetzung dieses Trends hin.

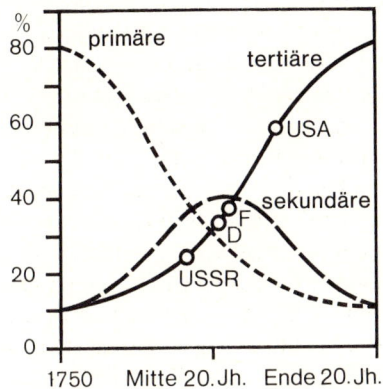

Abb. 27: Entwicklung der Wirtschaftsgruppen nach Fourastié (nach Carol 1968)

Aufgrund dieser Entwicklung, die in Deutschland seit mehr als 100 Jahren eine rapide Abnahme des primären Sektors zeigt – sowohl auf Arbeitskräfte als auf den Anteil am Sozialprodukt bezogen – werden bei im Durchschnitt ständig wachsenden landwirtschaftlichen Betriebsgrößen immer weniger Personen beschäftigt. Für Agrargemeinden bedeutet dies, daß sie Gefahr laufen, zum Passivraum zu werden. Die Korrelationen hoher Agrarquoten mit negativen Pendlersalden, mangelnder Gewerbesteuerdynamik und ausgeprägten Wanderungsverlusten in diesen Gemeinden stützt diese Auffassung. Die Anstöße für den Umwandlungsprozeß kommen vor allem aus dem technischen Fortschritt, der infolge starker Produktivitätssteigerungen viele Arbeitskräfte im primären Sektor freisetzt. Da gerade in der Landwirtschaft immer weniger Menschen immer mehr produzieren, müssen andere Sektoren im Agrarraum aufgebaut werden, will man nicht hinnehmen, daß Agrarzonen weiterhin Stagnations- und Abwanderungsgebiete bleiben.

Im sekundären Sektor bringt die Automatisierung weiterhin bedeutende Produktivitätsfortschritte, so daß auch hier längerfristig die Zahl der Beschäftigten noch sinken wird. Damit laufen auch Gemeinden mit hohem Anteil an produzierendem Gewerbe auf weite Sicht Gefahr, in einen Stagnationsprozeß einzumünden; denn das produzierende Gewerbe hat nach wie vor dominierenden Einfluß auf die Struktur der Gemeinden. Zunächst einmal ist es ein historischer Tatbestand, daß die Industrie die Existenz zahlreicher Städte schuf. Das Ergebnis waren oft fast reine Industrie- bzw. Wohnstädte. Die Industrie war eine Hauptursache des städtischen Wachstums. Mehr als ein Jahrhundert lang war sie der Motor der Entwicklung. Die am stärksten industrialisierten Gemeinden verzeichneten in der Vergangenheit die höchsten Wachstumsraten, denn die Industrie hatte auf die Beschäftigung auch multiplikative Auswirkungen, indem der ersten Industrialisierungsphase sogenannte „nonbasic"-Betriebe (KISTENMACHER, 1970) folgten. Ebenso ist die Industrie verantwortlich für die Schaffung von Arbeitsplätzen im Tertiärbereich. Das Wachstum des tertiären Sektors begleitet und überlagert das Beschäftigungsvolumen im sekundären Sektor.

Der tertiäre Sektor ist nach FOURASTIÉ der einzige auch relativ expandierende Wirtschaftsbereich. Das liegt zunächst einmal daran, daß mit zunehmendem Wohlstand und zunehmender Freizeit die Nachfrage nach Dienstleistungen sehr stark ansteigt, aber gleichzeitig die Produktivitätsfortschritte weitaus geringer sind als in den beiden anderen Sektoren. Das jedoch ist gleichbedeutend mit steigender Nachfrage nach Arbeitskräften. So setzt sich dieser Entwicklungsvorgang zum Ausgleich des entstandenen Ungleichgewichts in einen Mobilitätsprozeß um, in dessen Folge das Pendler- und das Zuwanderungsvolumen ansteigen. Die tertiär orientierte Gemeinde gewinnt gegenüber den Agrar- und Industriegemeinden an Bedeutung. Das schließt natürlich nicht aus, daß bei kleinräumlicher Betrachtung die generell als richtig erwiesenen Tendenzen unter Umständen durch lokale Sonderentwicklungen überspielt werden können.

Untersuchungen zur Beschäftigungsstruktur wurden nicht nur auf Gemeindebasis, sondern auch auf der Ebene von Regionen und Ländern vorgenommen. So versuchte BOBEK (1968) mit Hilfe der Verteilung der Erwerbstätigen auf die drei Wirtschaftssektoren in staatlichem Rahmen „bestimmte historische Typen der sozial-wirtschaftlich-kulturellen Gesamtentfaltung" auszuscheiden (Vgl. Abb. 28) (BOBEK, 1968). An der Spitze aller Länder hinsichtlich der Diensteanteile stehen die USA, Kanada, Australien und Neuseeland (je 50–60%), Länder mit einem gleichzeitig mäßigen Anteil (um 35%) der Industrie-Beschäftigten, die sich durch einen hohen Grad von Mechanisierung und Automatisierung auszeichnen. Die Landwirtschaft erreicht hohe Produktivität bei stark reduziertem Arbeitskräfteeinsatz (6–15%). Bei ähnlich niedrigem Anteil der Land- und Forstwirtschaft (Großbritannien nur 3,5%) liegt in den europäischen Hauptindustrieländern der Anteil des sekundären Sektors noch wesentlich höher (45–50%), sinkt aber ebenfalls langsam zugunsten des Diensteanteils (zur Zeit 45–50%). Noch ganz am Anfang dieses Prozesses stehen die unterentwickelten Länder Afrikas, Lateinamerikas sowie Süd- und Südostasiens. Der Anteil der primär Beschäftigten beträgt hier überall noch weit über 50%, der Rest verteilt sich, mit regionalen Unterschieden, auf Industrie und Dienstleistungen, wobei bemerkenswerterweise die Dienste meist stärker vertreten sind. Es handelt sich hier jedoch um den vor- und frühindustriellen Zustand von Entwicklungsländern mit übersetztem, aber unproduktivem Dienstleistungsgewerbe, das im Grunde als eine versteckte Form der Arbeitslosigkeit gelten kann.

Weitere wichtige raumgliedernde Daten aus dem Bereich der Arbeitsfunktion ergeben sich bei der Untersuchung der beruflichen Differenzierung und Mobilität. Auch hier handelt es sich um Prozesse im Zusammenhang mit dem

Abb. 28: Entwicklung der Erwerbstätigenstruktur im Korrelationsdiagramm der drei Wirtschaftssektoren (nach H. Bobek 1968)

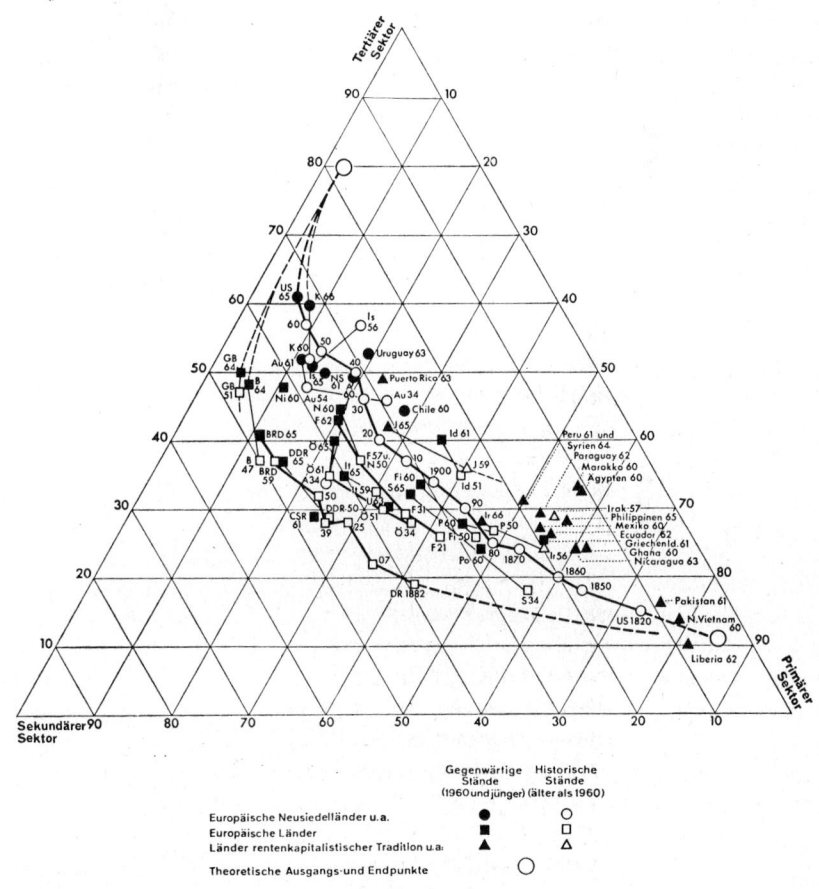

Übergang von der traditionellen Agrar- zur Industrie- und Dienstleistungsgesellschaft. Damit verbunden ist eine zunehmende Arbeitsteilung und Differenzierung der menschlichen Tätigkeiten in eine stetig wachsende Zahl von Berufen, zusammen mit der Entstehung ganz neuer Berufe.

In engem Zusammenhang mit der wachsenden beruflichen Vielfalt steht die berufliche Mobilität (als ein Aspekt der sozialen Mobilität), und zwar sowohl in horizontaler wie vertikaler Richtung und als Intra- und Inter-Generationen-Mobilität. In agrargesellschaftlich bestimmten Epochen war ein Berufswechsel innerhalb eines Arbeitslebens ungewöhnlich, vielfach aufgrund von Institutionalisierung, obrigkeitlicher Reglementierung und persönlicher Unfreiheit sogar unmöglich (z. B. Leibeigenschaft von Bauern, Zunftzwang, Bindung des Bürgerrechts an ein Gewerbe usw.). Aus denselben Gründen war auch die Inter-Generationen-Mobilität stark eingeschränkt. Der künftige Beruf eines Menschen war vielfach von Geburt an vorgegeben (insbesondere in der Landwirtschaft). Diese Verhältnisse haben sich seitdem weitgehend gewandelt und verändern sich weiter in Richtung auf einen verstärkten Berufswechsel innerhalb und besonders zwischen den Generationen.

Die berufliche Differenzierung – allerdings beschränkt auf die Beschäftigten des in sechs Gruppen eingeteilten sekundären Sektors der Wirtschaft – wurde z. B. auch von CARRIÈRE und PINCHEMEL (1963) benutzt, um eine Typisierung der französischen Städte über 20 000 Einwohner nach ihrer unterschiedlichen funktionalen Vielfalt durchzuführen. LINDAUER (1972) verwendet diesen Indikator zur Darstellung und zahlenmäßigen Erfassung des Verstädterungsprozesses, denn „es besteht ... offenbar ein Zusammenhang zwischen der beruflichen Differenzierung und der Verstädterung einer Siedlung" (LINDAUER, 1972, S. 204). Empirische Untersuchungen in hohenlohischen Gemeinden und Vergleiche zwischen Berufsdifferenzierung und anderen Indikatoren des Urbanisierungsprozesses belegen deutlich die Raumwirksamkeit dieses Datums.

In der entwickelten Industrie- und Dienstleistungsgesellschaft kommt gegenüber der Agrargesellschaft der Trennung zwischen Wohn- und Freizeitsphäre und dem Arbeitsleben besonderes Gewicht zu. Entscheidend ist vor allem die wachsende Trennung (zeitlich, räumlich und im Bewußtsein der Betroffenen) der privaten Sphäre vom Arbeitsleben. Für die Agrargesellschaft war eine enge räumliche Verbindung der Funktionsstandorte „Arbeiten" und „Wohnen" charakteristisch; Wohnplatz und Arbeitsplatz waren nicht nur in derselben Gemeinde, sondern weitgehend im gleichen Haus vereint. Das ganze Leben spielte sich in einem räumlich und funktional vom Berufs- und Arbeitsleben vorgegebenen Standort ab, und die Arbeitswelt beeinflußte sehr stark das Denken und Handeln der Menschen. Diese Aussagen gelten nicht nur für die agrarisch tätige Bevölkerung, sondern in abgeschwächter Form ebenso für die Stadtbevölkerung der vor- und frühindustriellen Epoche. Nicht nur auf dem Lande war die Familie neben „Tisch- und Dachgemeinschaft" vor allem „Arbeits- und Lebensgemeinschaft" (ABEL, 1970). Gerade auf diesem Gebiet sind die Veränderungen mit dem Fortschreiten der industriegesellschaftlichen Entwicklung sehr erheblich. Der Beruf wird in abnehmendem Maße durch Elternhaus und Herkommen bestimmt, und er gilt zunehmend nicht mehr als einziger Lebensinhalt. Freizeitbeschäftigungen und private Aktivitäten rücken stärker in den Vordergrund des Interesses.

Von den oben erwähnten gesellschaftlichen Wandlungen beeinflußt, haben sich auch verschiedene Teilbereiche geographischer Forschung in ihrer Zielsetzung und inhaltlichen Struktur verändert. Eine auf die industriellen Standorte und ihre räumlichen Auswirkungen bezogene „Industriegeographie" hat sich jedoch, gemessen an der allgemeinen wirtschaftlichen Entwicklung, erst spät gebildet. Trotz verschiedener Ansätze der einzelnen geographischen Betrachtungsweisen gelang es selbst bis heute nicht, eine umfassendere Darstellung dieser Thematik vorzulegen. Eine auf dem sozialgeographischen Konzept aufgebaute Geographie gewerblicher Standorte (im Sinne spezifischer verorteter Einrichtungen) oder eine Geographie des Arbeitsverhaltens, deren Untersuchungsziel auf die Analyse räumlicher Organisationsformen und raumwirksamer Organisationsprozesse spezifischer Gruppen (der Unternehmer wie der Arbeitnehmer) (VOGEL, 1959) ausgerichtet ist, besteht bislang nur in Gestalt weniger Fall-Studien, ansatzweise etwa bei LEVEDAG (1974) oder THÜRAUF (1975).

Beim überwiegenden Teil der industriegeographischen Forschungsprojekte dominieren funktional-anthropogeographische oder produktenkundliche bzw. regionalwirtschaftliche Aspekte (GEIPEL, 1969; ROHR, 1971 u. MAY, 1968). Waren lange Jahre hindurch die Arbeiten vor allem der Betrachtung der großräumlichen Verbreitung der Industrien sowie ihrer Rohstoffbeziehungen oder gar nur dem äußeren Erscheinungsbild industrieller Anlagen gewidmet (KOLB, 1951), so herrschte in den 60er Jahren die vor allem von KRAUS und später OTREMBA (1960) angeregte und ausgeübte Analyse der Industriestruktur der Standorte und Gebiete und ihrer räumlichen Wirkungsgefüge vor (auch GERLING, 1954). Eine inhaltliche und konzeptionelle Erweiterung wird zur Zeit im Rahmen eines Schwerpunktprogramms der Deutschen Forschungsgemeinschaft angestrebt. Während dabei einerseits auf die Einbeziehung betriebs- und volkswirtschaftlicher Fragen (etwa der Wachstums- oder der Entwicklungsländertheorie) hingewiesen wird (SCHÄTZL, 1973), wäre es auf der anderen Seite wünschenswert, wenn in den weiteren Untersuchungen vor allem die Analyse der sozialgeographisch bedeutsamen Gruppen, ihrer Verhaltensmuster, Reichweiten und Raumkonfigurationen im Rahmen der Grundfunktion „Arbeiten" sowie – in prozessualer Hinsicht – die Analyse der Umgestaltung industrieller Verortungen und ihrer Einflußbereiche durch die veränderten Wertsysteme der Sozialgruppen, bis hin zur Darstellung von Räumen gleichartigen industriegeographischen Verhaltens, angesprochen würde.

Der oben angesprochene Bedeutungswandel der Arbeit hat u. a. eine räumliche Trennung von Wohn- und Arbeitsplatz zur Folge. Diese Trennung

erfolgte räumlich und funktional in verschiedenen Stufen:
- von der Einheit von Wohnung und Arbeitsplatz in der Agrargesellschaft über die erste Trennung dieser engen Bindung, aber Beibehaltung der räumlichen Nachbarschaft von Wohnung und Arbeitsplatz und der Einheit von Wohn- und Arbeitsgemeinde seit Beginn der Industrialisierung und Motorisierung (Entvölkerung der Geschäftszentren der Städte, Wohnen in Vorstädten, aber Arbeitersiedlungen vielfach neben den Fabriken)
- bis hin zum heutigen Normalfall der deutlichen räumlichen Trennung der Wohnung vom Arbeitsplatz in urbanisierten Gemeinden. Wohnung und Arbeitsplatz befinden sich also nicht mehr in häuslicher und weitgehend nicht mehr in örtlicher, sondern in regionaler Einheit. Der Pendelverkehr hat überragende Bedeutung gewonnen.

Das Verkehrsaufkommen zwischen den Funktionsstandorten Wohnen und Arbeiten gehört nach den Untersuchungen von KESSEL (1971), quantitativ gesehen, zu den wichtigsten räumlichen Bewegungsabläufen. Der Pendelverkehr resultiert ganz allgemein aus der räumlichen Konzentration der Arbeitsstätten einerseits und der räumlichen Streuung der Wohnstätten andererseits und bezieht sich, statistisch gesehen, auf Arbeitswege, die kommunale Grenzen überqueren.

Betrachtet man die Bedürfnisse nach Arbeitsplätzen von Seiten der Nachfrage (GANSER, 1969), dann erhalten Vorstellungen vom erreichbaren Wohlstand und vom möglichen sozialen Aufstieg eine besondere Bedeutung. Der aufgrund eines entsprechenden Einkommens steigende Konsum wird zum überragenden Faktor für die Selbsteinstufung in der sozialen Wertskala. Konsumvermögen ist eng an die berufliche Stellung und damit an bestimmte Arbeitsstätten gebunden. Gewisse Berufe genießen außerdem ein höheres Ansehen und erfreuen sich einer größeren Beliebtheit. Wird der Wunsch nach vielseitigem Berufsangebot und größerer Kaufkraft in einem bestimmten Raum nicht oder nur unzureichend befriedigt, so entsteht eine Problemsituation. Diese kann sich lösen, indem die Bevölkerung abwandert oder aber sich zum Pendelverkehr über mehr oder weniger weite Wege entschließt. Die Problemlage kann aber auch bestehen bleiben, wenn keiner der beiden Wege beschritten wird. Welches Verhalten sich durchsetzt, hängt sehr stark von der Bewertung des jeweiligen Wohnstandortes ab. Wird dieser als unattraktiv angesehen, dann kann Abwanderungstendenz vorherrschen. Sind andererseits die sozialen und emotionalen Bindungen an den Wohnort (evtl. auch durch Immobilienbesitz) sehr stark, kann die Abwanderung unterbleiben. Liegt die angestrebte Arbeitsstätte in der möglichen Aktionsreichweite, wird die geschilderte Problemlage durch die verschiedenen Spielarten des Pendelns ausgeglichen.

Auf der Angebotsseite, bei den Arbeitsstätten (GANSER, 1969), vollzieht sich eine fortschreitende Konzentration, denn die Anwendung des technischen Fortschritts verlangt vielfach größere Betriebseinheiten. Gleichzeitig wird die

Nachfrage nach qualifiziertem Personal spürbar. So scheint vielfach die Standortgunst von Ballungs- und Verdichtungsräumen ungebrochen zu sein. Eine wirksame Dezentralisation der Arbeitsstätten zeichnet sich auch deshalb nicht ab, weil leitende Mitarbeiter solcher Betriebe und ihre Angehörigen bestimmte Vorstellungen von einem Wohnort mit städtischem „Sozialklima" mitbringen und weil in aller Regel am Arbeitsort ein möglichst vielfältiges Angebot an erreichbaren Aufstiegschancen gewünscht wird.

Führt man die Vorstellungen von Angebot und Nachfrage zusammen, kann man bestimmte gemeinsame Züge erkennen: Das soziale Leitbild möglichst guter Aufstiegsmöglichkeiten ist an eine Vielfalt von Arbeitsstätten mit einer Nachfrage nach qualifizierten Tätigkeiten gebunden. So geartete Angebote existieren vor allem in Ballungsgebieten. Hier ist aber die Konzentration der Arbeitsstätten noch weit stärker ausgeprägt als die Verdichtung der Bevölkerung. Auch aus dieser Überlegung heraus läßt sich das Pendeln erklären, denn die bestehende Entfernung muß vom Pendelverkehr überwunden werden. So zählt heute etwa jeder dritte Erwerbstätige in der Bundesrepublik Deutschland zu den Pendlern.

Bei der Bewertung von Wohn- und Arbeitsort kann man unterschiedliche Verhaltensmuster bei verschiedenen sozialen Gruppen erkennen. Zwei Kontrastgruppen sollen im folgenden näher charakterisiert werden, die in den Studien von GANSER (1969) und KLINGBEIL (1969) für Rheinland-Pfalz dargestellt wurden:

1. *Traditional bestimmte Verhaltensgruppe:* Die Bewertung des Arbeitsortes geschieht hier zunächst nur aus der Absicht, eine vorübergehende Verdienstaufbesserung zu erzielen. Das Mißverhältnis von Einkommen und Konsumvermögen gegenüber anderen Gruppen ist dieser meist aus Landwirten oder kleinen Gewerbetreibenden bestehenden Gruppe bewußt geworden. Die hergebrachten Bindungen an die Familie und die Verwurzelung in dem einst erlernten Beruf lassen jedoch nur wenig Spielraum. Soziale Mobilität und Bereitschaft zur Berufsumstellung sind kaum vorhanden. Entschließt sich diese Gruppe zum Pendeln, so wird der Wohnort, der weiterhin soziales Ansehen und Geborgenheit bietet, häufig stark überbewertet. Der Arbeitsort erscheint demgegenüber oft als „unwirtliche Fremde". Die hier ausgeübte Tätigkeit (meist nur un- oder angelernt) entspricht nicht der ehemaligen Berufsausbildung. Der relativ hohe Verdienst, den man durch das Pendeln erzielt, ist zunächst zur einmaligen Aufbesserung des Lebensstandards gedacht. Ein neues Auto wird z. B. angeschafft, das alte Wohnhaus umgebaut oder ein neues Eigenheim erstellt. Ist dieser Stand erreicht, hofft man oft, die als unangenehm empfundene Tätigkeit wieder aufgeben zu können, denn meist werden überweite Pendlerwege in Kauf genommen. Doch der Vergleichsmaßstab für das soziale Ansehen verschiebt sich fast unbemerkt in Richtung eines höheren Standards, und um diesen zu halten, kann das Pendeln nicht aufgegeben werden.

In der geschilderten Situation befinden sich weite Teile des ländlichen Raumes. Ein Extremfall sind hierbei die Fernpendler. Eine Abwanderung dieser Gruppe ist meist nicht zu erwarten, denn der Wohnort vereinigt zu viele subjektiv hochgeschätzte Werte. In dieser räumlich-sozialen Situation wächst eine junge Generation heran, deren Vorstellungen vom Arbeitsort und Wohnort später meist nicht erfüllt werden können. Das Streben nach beruflicher Qualifikation und sozialem Aufstieg ist jedoch groß, so daß die Tendenz zur Abwanderung stark sein kann.

Räume mit so gestalteten sozialen Strukturen und Verhaltensweisen bezeichnet KLINGBEIL (1969) als „labile Pendlerräume". Hier ist das Arbeitsstättenangebot in Qualität und Quantität unbefriedigend („Disproportionalitätenansatz"). Auch das Angebot an Ausbildungsstätten bietet geringe Auswahl, so daß die Startchancen für den sozialen Aufstieg schlecht sind. Die soziale Kontrolle im dörflichen Leben und die schlechte Versorgungslage lassen den Wohnort für die junge Generation als nicht erstrebenswert erscheinen.

2. *Mobil gestaltete Verhaltensgruppe:* Diese Gruppe richtet ihr Verhältnis zu Wohn- und Arbeitsort so ein, daß die gebotene Vielfalt der Aufstiegschancen wahrgenommen werden kann, ohne daß auf die gestiegenen Ansprüche an den Wohnort verzichtet werden müßte. Die soziale und räumliche Mobilität ist nur eingeschränkt und dient zum Ausgleich entstehender Spannungen aufgrund sich wandelnder Situationen. Der bevorzugte Lebensraum sind die urbanisierten Gebiete, in denen nach KLINGBEIL (1969) sogenannte „stabile Pendlerräume" entstanden sind. Sie bieten ein differenziertes und ausreichendes Angebot an Arbeitsstätten. In der Regel übersteigt das Angebot die Nachfrage. Die Konkurrenz um die Arbeitskraft führt zu höheren Löhnen, die ihrerseits Arbeitskräfte anziehen. Gleichzeitig fördert sie die Rationalisierung, wodurch wiederum spezialisierte Berufe ein Übergewicht erlangen. Stellenangebote in gehobenen Positionen als Ziel des Aufstiegs mehren sich. Es entstehen keine qualitativen und quantitativen Unterschiede zwischen Nachfrage und Angebot an Arbeitsstätten, die als Urheber regionaler Mobilität wirken könnten. Gut ausgebaute Bildungseinrichtungen sichern die Voraussetzungen für den sozialen Aufstieg. Die Versorgung mit Dienstleistungen und Freizeiteinrichtungen bietet reiche Auswahl auf hohem Niveau. Die ausgewogenen Angebots-Nachfrage-Strukturen erhalten diesen Pendlerraum als Ganzes stabil, wobei Stabilität keinesfalls mit Statik zu verwechseln ist. Die Stabilität ist im Gegenteil an intensive soziale und räumliche Umschichtungen geknüpft, die sich vorwiegend innerhalb des Raumes abspielen und Zuwanderer anziehen.

Bei stabilen Pendlerräumen kam es zur Ausbildung von Arbeitsmarktbereichen mit stark erweiterten Reichweiten. Ein derartiger Bereich wird im Bewußtsein der Bevölkerung als Einheit angesehen. Das Pendeln wird hier von den Beteiligten nicht mehr negativ gewertet, sondern als so selbstverständlich angesehen wie früher die Tatsache, daß Wohn- und Arbeitsort identisch waren. Diese sogenannten „stabilen Pendlerräume" sind im allgemeinen „hierarchisch zentriert", d. h. die Einpendlerzentren sind nicht gleichrangig, sondern nach Größe und Qualität abgestuft. Die hierarchischen Pendlerräume korrespondieren mit unterschiedlichen Bevölkerungsgruppen und ihrer Auswahl von Wohn- und Arbeitsorten. Die Hauptzentren bieten breitgefächerte Arbeitsmöglichkeiten mit vielen hochqualifizierten Berufen und Aufstiegschancen und werden überwiegend von anspruchsvollen Gruppen wahrgenommen, die den bevorzugten Wohnort im städtischen Milieu suchen. Das einfachere, vorwiegend auf den produzierenden Bereich abgestellte Arbeitsplatzangebot der Sekundärzentren wird dagegen hauptsächlich von der Bevölkerung der umgebenden Land- und Arbeiterwohngemeinden aufgenommen. Im Prinzip zeichnet sich hier eine Arbeitsteiligkeit in der Raumstruktur ab, die der Sozialentwicklung entspricht (vgl. Abb. 29).

KLINGBEIL verknüpft die idealtypischen Verhaltensweisen des Pendelns dann in einem weiteren Arbeitsschritt mit strukturalen Pendlerraumtypen. Die dabei verwendeten Begriffe „monozentrisch" und „polyzentrisch" erhalten jedoch gegenüber der in der planungsbezogenen geographischen Literatur üblichen Terminologie eine veränderte Interpretation. Es erscheint sinnvoller, unterschiedliche hierarchische Stufungen monozentrischer Pendlerräume weniger gestuften polyzentrischen Pendlerräumen gegenüberzustellen.

Die Darstellung des Berufspendlertums, und seiner Auswirkungen auf das Prozeßfeld Landschaft besitzt in der Geographie eine lange Tradition. Nach ersten landeskundlichen Ansätzen Ende des letzten Jahrhunderts oder regionalstatistischen Arbeiten legte vor allem HARTKE (1939) grundlegende Untersuchungen über räumliche Muster des Berufspendelns bzw. ihren Beitrag zur regionalen Gliederung vor. Trotz seitheriger zahlreicher Beispiele erfuhr der Pendelverkehr eigentlich erst seit der Mitte der 50er Jahre eine überaus häufige Bearbeitung durch die Geographie. Er wurde insbesondere zur Ermittlung von Einzugsbereichen zentraler Orte (im Sinne von Arbeitszentralität), zur Stadt-Umland-Abgrenzung (als Hinweis auf die Existenz urbaner Lebensformen) und – unter sozialgeographischen Aspekten – zur Ermittlung von Planungsregionen herangezogen (vgl. S. 160 ff.). Die Regelmäßigkeit sowie die hohe zeitliche und regionale Konzentration der (werk-)täglichen Bewegungen des Berufsverkehrs wurde hier zu Recht als entscheidendes räumliches Gestaltungsmoment erkannt. Sicherlich spielte dabei auch die relativ günstige Datenlage in der amtlichen Statistik eine Rolle, gestattete sie doch, die Bedeutung dieser Verkehrsbewegungen über einen längeren Zeitraum zu verfolgen. So stieg z. B. in Bayern der Anteil der Berufspendler von 7,5 % der Erwerbspersonen im Jahre 1939 über etwa 22 % 1961 auf 29 % der Erwerbstätigen im Jahre 1970 an (BERGER, 1973).

Gegenüber Untersuchungen funktional-geographischer Art, deren Schwerpunkt neben der Strukturanalyse der Pendler selbst vor allem auf den Wech-

Kriterium	Stabiler Pendlerraum	Labiler Pendlerraum
Arbeitsplatzangebot	differenziert 1. innerhalb der Branchen durch Großbetriebe 2. durch Vielseitigkeit der Branchen. Die Landwirtschaft hat für die Beschäftigung geringe Bedeutung Löhne und Sozialleistungen sind hoch.	undifferenziert 1. innerhalb der Branchen durch Dominanz kleiner und mittlerer Betriebe 2. da wenig Wirtschaftszweige vorhanden. Die Landwirtschaft hat bei Unterbeschäftigung noch größere Bedeutung Löhne und Sozialleistungen sind niedrig
Bildungswesen	vielfältig gegliedert in Volks-, Mittel- und Oberschulen sowie Lehrlingswerkstätten und Berufsschulen für viele Wirtschaftszweige	mangelhaft ausgebildet; besonders der Mittelbau fehlt; 1–2klassige Volksschulen dominieren; Berufsschulen und Lehrlingsausbildungsstätten für außeragrarische Erwerbszweige mangelhaft
Versorgungseinrichtungen	Die Versorgungseinrichtungen entsprechen den Konsumvorstellungen aller sozialen Schichten und sind leicht erreichbar	Die Versorgungseinrichtungen sind lückenhaft
Altersstruktur der Pendler	Zwischen pendelnden und nichtpendelnden Kräften besteht in der Altersstruktur kein Unterschied	Der Anteil der jüngeren Einpendler tritt stark hervor
Sozialstruktur der Pendler	Zwischen pendelnden und nichtpendelnden Arbeitskräften bestehen hinsichtlich beruflicher Qualifikation und Beschäftigung im tertiären Sektor keine Unterschiede Die Pendler sind nicht mehr in der Landwirtschaft tätig. Der Abstand zwischen den beiden Enden der beruflichen Statusskala ist groß. Zwischen pendelnden und nichtpendelnden Arbeitskräften bestehen keine Statusunterschiede	Die Pendler sind viel stärker als die nichtpendelnden Arbeitskräfte bei den Gruppen niedriger beruflicher Qualifikation, vor allem im Baugewerbe vertreten, dagegen kaum im tertiären Sektor Berufliche Doppelexistenzen sind noch weit verbreitet Die Abstände zwischen den beiden Enden der beruflichen Statusskala sind gering, da mittleres und unteres Niveau dominieren. Die Pendler haben meist einen unteren Berufsstatus
Verkehrserschließung	Der Raum ist durch ein dichtes öffentliches Verkehrsnetz gut erschlossen. Die Fahrzeit der Pendler überschreitet für den einfachen Arbeitsweg nicht 40 Minuten	Das öffentliche Nahverkehrsnetz ist dünn und unzureichend ausgebaut. Die Fahrzeit der Pendler für den einfachen Arbeitsweg überschreitet oft die 60-Minuten-Grenze
Wanderungen	Durch das reichhaltige Angebot an beruflichen Aufstiegschancen gibt es Wanderungsgewinne	Als Folge der geringen Aufstiegschancen sind Abwanderungen und Fernpendeln weit verbreitet

Abb. 29: Pendlerraumtypen (nach D. Klingbeil 1969)

selwirkungen zwischen Pendlertätigkeit und Landschaftsgefüge liegen, traten in den letzten Jahren Erweiterungen vor allem in Richtung mathematisch-geographischer Arbeiten auf. So ergänzte z. B. SAVIRANTA (1970/71) die von UTHOFF (1967) regional-deskriptiv vorgeführten Zusammenhänge zwischen Pendlerverhalten und sozioökonomischen Einflußgrößen mit Hilfe von Korrelations- und Regressionsanalysen.

In einer neueren Untersuchung legte nun MAIER (1975) den Schwerpunkt auf die Differenzierung der raumrelevanten Verhaltensmuster (insbesondere die Reichweitensysteme und die Verkehrsmittelwahl). Besonderer Wert wurde dabei auf die Ermittlung raumtypischer Distanzen und ihrer Veränderungen gelegt. Der Faktor Distanz, in metrischer wie in zeitlicher Hinsicht, wird innerhalb der geographischen Forschung in vielfältiger Weise zur Erklärung menschlicher Verhaltensweisen im Raum eingesetzt. Im Bereich des berufsorientierten Pendelverkehrs hat sich in jüngster Zeit insbesondere SAVIRANTA (1970/71) der Darstellung des Zusammenhangs zwischen verschiedenen Distanzrelationen und den regionalen Auswirkungen gewidmet. Er geht dabei von dem aus der Physik entliehenen Begriff des „Kraftfeldes" aus. Das modellhaft angenommene Einpendlerzentrum stellt den Anziehungspunkt dar, wobei sich der Umfang der Einpendler proportional zur Attraktivität des Ortes als Arbeitsplatz und umgekehrt proportional zur Distanz zwischen Quell- und Zielort verhält.

Grundgedanke ist also das in der Kulturgeographie häufig anzutreffende Gravitationsmodell, das räumliche Prinzip eines von einem Zentrum zur Peripherie hin abnehmenden Intensitätsgefälles. Im Falle des Berufsverkehrs muß dieser sicherlich auch für die anderen Verkehrsbewegungen mehr oder weniger geltende Grundsatz insoweit modifiziert werden, als hier eine geringere Distanzempfindlichkeit vorhanden ist als z. B. im Bereich des Einkaufs- und des Freizeitverhaltens. Diese u. a. deshalb geringer, weil hinter dem berufsbestimmten Verkehr ein größerer Bedarf der Bevölkerung und damit auch eine stärkere Notwendigkeit steht. Im Rahmen einer Analyse vergleichbarer Raumsysteme, auch innerhalb der anderen Grundfunktionen, wurde diese Hypothese regional näher untersucht. Weitere Fallstudien galten insbesondere schichtenspezifischen Distanzmustern (räumlich und zeitlich gesehen); den Bildungsgesetzen verschieden strukturierter Pendlerräume; den Einflußgrößen, die auf die Attraktivität und Reichweite von Einpendlerzentren einwirken; der Veränderbarkeit von Pendlerräumen im Zeitablauf und der Analyse sozio-ökonomischer Einflußgrößen bei der Erklärung von Pendlerreichweiten.

Es konnte z. B. nachgewiesen werden (MAIER, 1975), daß das raumdistanzielle Verhalten deutlich mit der Wohndauer der untersuchten Person korreliert. So ist die Kategorie der allochthonen Pendler aktivitätsräumlich besonders hervorzuheben. Bei regionaler Betrachtung zeigten sich jedoch noch Abweichungen von diesem Grundmuster. Während in den zentralen Orten des weniger urbanisierten Bereichs die größten Reichweiten bei der schon längere Jahre am Wohnort ansässigen allochthonen Bevölkerung festzustellen waren, besaßen diese Eigenschaft in den Fremdenverkehrsgemeinden, den Arbeiter-Bauern-Gemeinden und den dynamisch gewachsenen Stadtrandgemeinden vor allem die Personen, die erst in den letzten Jahren zugezogen waren.

Im Hinblick auf die Erfassung gruppen- und schichtenspezifischer Verhaltensweisen als raumgestaltendes Element wurden Studien im ländlichen Bereich bisher wesentlich weiter vorangetrieben als im städtischen und industriellen Raum. Begünstigt durch die leichtere Erfaßbarkeit der agrargeographischen Sachverhalte (Produktions-, Verwertungs- und Sozialsystem) und gefördert durch eine lange Tradition der Forschung in Deutschland, war es möglich, vor allem in kleinräumigen Studien Beispiele für typische Verhaltensweisen in ihrer räumlichen Vielfalt darzustellen.

Innerhalb einer sozialgeographisch ausgerichteten Betrachtung ländlicher Arbeitsbereiche wurde vor allem der Frage nachgegangen, wie die einzelnen Sozialgruppen die agrarwirtschaftliche Nutzung gestalten. Vor allem in den ersten Nachkriegsjahren entwickelte sich eine Arbeitsweise, die, an die Landnutzungskartierungen von CREDNER, SCHMITHÜSEN, TROLL u. a. anknüpfend, der Frage nachging, welche sozialen Gruppen durch ihre spezifischen Tätigkeiten den Agrarraum prägen. Der Wunsch nach Erfassung sozialer Raumstrukturen (HARTKE, u. a.) wurde dabei begleitet von dem Anliegen, die aus der häufig vorkommenden Mehrdeutigkeit physiognomischer Erscheinungen sich ergebende Unsicherheit bei der Analyse zu beseitigen. HARTKE gelang es mit der Methode der Sozialkartierung, die insbesondere im Bereich des Anbaus von Spezialkulturen eine methodische Unterbauung fand und dort mit Erfolg angewandt wurde (RUPPERT, 1958), ein brauchbares Instrument zu schaffen, das im Laufe der Zeit eine vielfältige Verfeinerung erfuhr (u. a. BLENCK, 1971).

Typischerweise konnte die Anwendung dieses Kartierungsverfahrens im Bereich starker sozialer Differenzierung der Landbewirtschafter ihre besten Erfolge verzeichnen, wenn auch zunächst das Problem der Sozialgruppenbildung noch nicht gelöst war und diese häufig durch die Erfassung sozialer Kategorien (Berufsgruppen) ersetzt wurden. Der hohe Arbeitsaufwand beschränkte diese Methode fast ausschließlich auf Einzelfallstudien, die unter dem Gesichtspunkt typisierender Betrachtung ausgewählt wurden.

Aus der Vielfalt der inzwischen vorliegenden Beispiele sei hier stellvertretend auf die Kartierungen von DEGE (1973) aus dem Wein- und Obstbaugebiet des oberen Mittelrheins hingewiesen, die sehr klar die unterschiedlichen Einflüsse der verschiedenen Besitzergruppen auf die Gestaltung der Agrarlandschaft aufzeigen. Dies belegen auch die Schemata (vgl. Abb. 30) für die beiden kartierten Gemeinden Filsen und Osterspai, die den Zusammenhang zwischen den auftretenden Brachflächen und dem geringen Anteil an landwirtschaftlichen Haupterwerbsbetrieben verdeutlichen. In der Gemeinde Osterspai, wo der Anteil der Nebenerwerbsbetriebe (Freizeitlandwirte) besonders hoch ist,

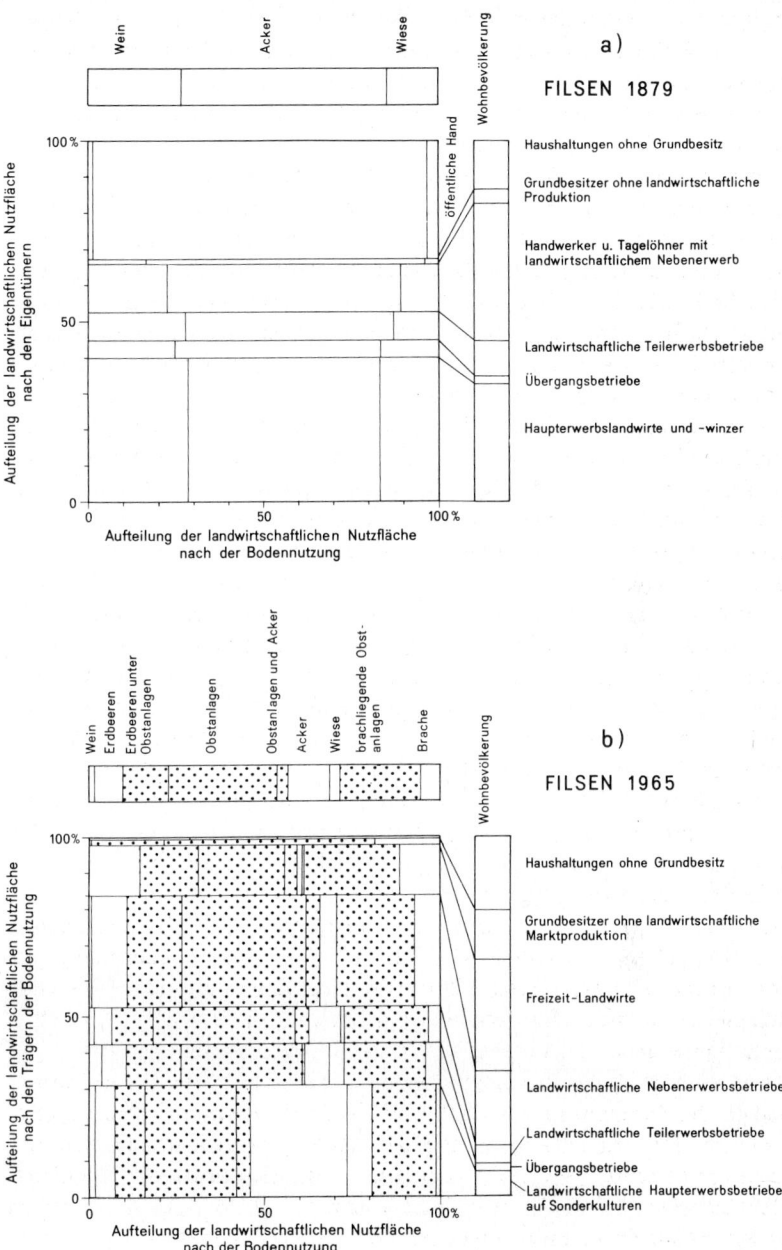

Abb. 30a: Agrarsozialstruktur und Bodennutzung in Filsen (nach Dege 1973)

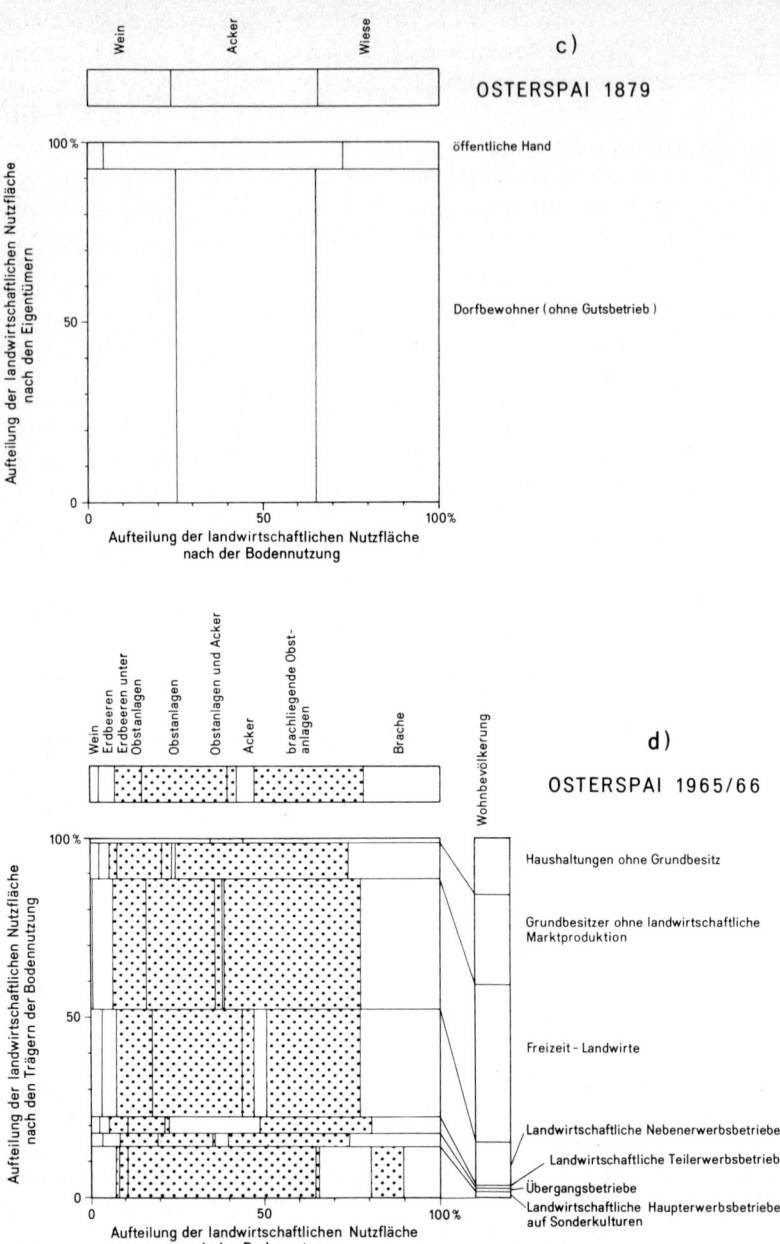

Abb. 30b: Agrarsozialstruktur und Bodennutzung in Osterspai (nach Dege 1973)

wird das Desinteresse an der agrarwirtschaftlichen Nutzung durch den hohen Anteil der Sozialbrache belegt. Die schon früher von KULS und TISOWSKY (1961) erläuterte Bindung zwischen den Sozialgruppen der Bewirtschafter und der Landnutzung in Spezialkulturgebieten wird wiederum bestätigt. Weitere Muster sozialgeographischer Kartierungen befinden sich in dem von OTREMBA (1962 ff.) herausgegebenen „Atlas der deutschen Agrarlandschaft". Über den Charakter von Fallstudien hinausgehend, wird hier der Ansatz zu einer Typisierung ländlicher Gemeinden unter sozialgeographischem Aspekt sichtbar.

Sich versorgen

Eine Darstellung der Versorgungsfunktion und ihrer Raumwirksamkeit kann von zwei Ausgangspunkten her erfolgen: von der Angebots- und von der Nachfrageseite. Im letzteren Fall wird die gruppenspezifische Bedürfnisvielfalt der Bevölkerung untersucht, die allerdings schwierig zu erfassen ist. Man begnügt sich meist mit Studien über die Angebotsseite. Dies ist ein gangbarer Weg, denn die Beziehungen zwischen beiden Seiten sind eng; mit einem gewissen „time lag" folgt dem Entstehen von Bedürfnissen die nur durch verschiedene Faktoren wie Einkommen und Erreichbarkeit limitierte Möglichkeit zu ihrer Befriedigung.

Ein Kennzeichen unserer Industriegesellschaft und vor allem ihrer urbanisierten Gebiete ist das Streben nach befriedigender Bedarfsdeckung. Dazu ist vor allem eine räumlich und kapazitätsmäßig ausreichende Ausstattung im Bereich der materiellen und immateriellen Infrastruktur notwendig. Hierzu gehören staatliche und kommunale Dienste auf den Gebieten Verwaltung, Bildung, Gesundheitswesen, Verkehr usw., kurz allen Zweigen der öffentlichen Daseinsvorsorge, ebenso wie privatwirtschaftlich angebotene Güter und Dienstleistungen unterschiedlichster Art und in ausreichender Menge.

Das Angebot an Gütern und Dienstleistungen ist nicht gleichmäßig über den Raum verteilt, sondern stark konzentriert und bietet sich daher geradezu als Untersuchungsgegenstand der Geographie an. Da sich die Nachfrage deutlich nach sozialen Gruppen und ihren spezifischen Reichweiten, zeitlich und regional variabel, gestaltet, ist der Bezug zur Sozialgeographie offensichtlich. Ihre Aufgabe ist es, die durch die Ausübung der Versorgungsfunktion aufgebauten Raumstrukturen und ihre prozeßhaften Veränderungen zu erfassen. Da in der Bereitstellung von Versorgungseinrichtungen eine wichtige Aufgabe der staatlichen Planung liegt, erhält hier die Sozialgeographie eine wichtige Aufgabe, die sie in der Hilfestellung für praktische Planungsaufgaben wahrnehmen kann. Es sei nur an die in der Raumdiskussion verwendeten Begriffe wie „Zentraler Ort", „Versorgungsnahbereich", „Entwicklungsachsen" usw. erinnert, bei deren Festlegung und Planung sozialgeographische Struktur- und Prozeßuntersuchungen notwendig sind.

Das Angebot auf dem Versorgungssektor ist, wie oben erwähnt, nicht gleichmäßig über den Raum gestreut. Man erkannte aber auch bald, daß sich die Angebotskonzentrationen nicht regellos verteilen, sondern offenbar bestimmten Regelhaftigkeiten unterliegen. Aus solchen Überlegungen heraus entwickelte CHRISTALLER (1933) die Theorie der zentralen Orte als ein System der Verteilung von Angebotsplätzen für Güter und Dienstleistungen. Nach ihm gruppieren sich im zentralen Ort die zentralen Einrichtungen für ein Gebiet, wobei eine Einrichtung dann als zentral anzusehen ist, wenn die dort dispers siedelnden Bewohner sich der Einrichtung zur Erfüllung ihrer Lebensansprüche bedienen müssen, die Einrichtung aber aus ökonomischen oder technischen Gründen nur an einem oder wenigen Punkten des Gebietes vorhanden sein kann (KLÖPPER, 1970). Zentrale Einrichtungen sind z. B. Einzelhandelsgeschäfte, Verwaltungsbehörden, Ausbildungs- und Unterhaltungsstätten, Einrichtungen der Gesundheitsfürsorge, Dienstleistungsbetriebe jeder Art usw.

Einrichtungen stark spezialisierter Art, geringerer Besuchshäufigkeit oder großer Aufwendigkeit sind natürlich an weniger Orten gruppiert als einfachere oder sehr häufig zu benutzende. Die zentralen Orte eines Gebietes sind daher nicht nur regelhaft verteilt, sondern auch hierarchisch gestuft. Die Stufe eines zentralen Ortes wird meist durch das Maß seiner „Zentralität" gemessen, ursprünglich aufgefaßt als Bedeutungsüberschuß seiner zentralen Einrichtungen, deren Leistungskraft über den Bedarf am zentralen Ort selbst herausragt.

Die Gebiete, aus denen zentrale Einrichtungen bzw. zentrale Orte von den Umlandbewohnern bevorzugt in Anspruch genommen werden, sind ihre Einzugsbereiche. Sie sind ebenfalls hierarchisch gestuft, wobei jeweils der Einzugsbereich eines zentralen Ortes höherer Stufe mehrere zentrale Orte (mit ihren Einzugsbereichen) nächst niederer Stufe umfaßt. Zur Ermittlung der Bereichsgrenzen kann man entweder vom zentralen Ort oder vom Umland ausgehen. Vom zentralen Ort aus lassen sich die Einzugsbereiche der wichtigsten zentralen Einrichtungen feststellen (Herkunft von Käufern, von Berufs- und Schulpendlern, von Patienten, Theaterbesuchern usw.), aus denen sich der Gesamt-Einzugsbereich des Ortes ergibt. Umgekehrt kann man die Siedlungen der Umgebung ermitteln, wohin sich die Beziehungen zur Deckung des außerörtlichen Bedarfs in den einzelnen Bedarfsstufen vorzugsweise richten. Die Richtungen können aus Motiven, die im gruppenspezifischen Sozialverhalten liegen, wechseln, doch läßt sich die überwiegende Orientierung eines Umlandortes meist festlegen.

Eine sozialgeographische Analyse zentralörtlicher Systeme weist im allgemeinen drei Schwerpunkte auf:

Erfassung der zentralen Einrichtungen (öffentlicher und privater Art) und Bestimmung der „zentralen Schicht" (Bevölkerung, die diese Einrichtungen trägt bzw. in ihnen beschäftigt ist);

Abgrenzung und Beschreibung der funktionalen Einzugsbereiche (entsprechend den unterschiedlichen Hierarchiestufen) in Abhängigkeit von Versorgungsangebot und Nachfragestrukturen;

Analyse der räumlichen Verhaltensmuster im Bereich der Versorgungsbeziehungen.

Der Begriff der Zentralität, von CHRISTALLER (1933) noch mit Bedeutungsüberschuß über den Lokalbedarf gleichgesetzt, wird im Rahmen zunehmender Urbanisierungstendenzen und damit eines Abbaus des Stadt-Land-Gegensatzes verstärkt nur in bezug auf die zentralen Einrichtungen und die Größe ihrer Einzugsbereiche gesehen (BOBEK, 1969). Die Orientierung auf die verorteten Einrichtungen innerhalb der Grundfunktion „sich versorgen" und nicht, wie in früheren Studien, auf zentrale Orte im Sinne von ganzen Gemeinden gestattet dabei die Übertragung der lange Zeit nur im regionalen Untersuchungsfeld angewandten Verfahren auch für innerstädtische Bereiche (ausgehend von CAROLS (1959) grundlegender Arbeit über die „business districts of different levels" bis hin zu den theoriebildenden Versuchen von ABELE (1969) oder BÖKEMANN (1971) und den Studien von LICHTENBERGER (1963) oder WOLF (1969).

Unter der großen Zahl von Beiträgen zum Thema Zentralitätserfassung und -messung kann man neben quantifizierenden Versuchen mit Hilfe ausgewählter Merkmale (z. B. CHRISTALLERS Verfahren über Telefonanschlüsse, KANNENBERGS Arbeits- und Dienstleistungszentralität [1965] oder BOBEKS Zentralitätsmessung mit Hilfe der „zentralen Schicht" [1969]) oder mathematischer Verfahren eine breite Palette eher qualifizierend-wertender Studien (z. B. BOUSTEDT, 1952) unterscheiden. Allerdings besteht heute bei den meisten Autoren Übereinstimmung darüber, daß ein Indikator allein wohl kaum dem vielschichtigen Sachverhalt gerecht wird und daß Zahl und Art von Einrichtungen allein noch nicht unbedingt Genaues über die Zentralität einer Gemeinde aussagen.

Es ist daher notwendig, die Einrichtungen mit Hilfe von Besucher-, Käufer- oder Umsatzzahlen zu gewichten und durch die Erfassung der jeweiligen Einzugsbereiche zu ergänzen. Auch zu diesem Teilaspekt liegen eine Reihe geographischer Arbeiten vor, wobei der funktional-geographische Ansatz eindeutig im Vordergrund steht. Während branchen- und güterspezifische Reichweiten in diesen Zielgebietsbetrachtungen inzwischen vielfältig dargestellt wurden, spielt der Bezug auf die nachfragenden Sozialgruppen und ihre Bedürfnisstrukturen bisher nur eine geringe Rolle. Deutlich zeigt sich dies bei der Durchführung der „empirischen Umlandsmethode" (KLUCZKA, 1970), die zum ersten Mal einen großräumigen Überblick über zentralörtliche Einzugsbereiche in der BRD brachte. Durch ihre Befragung von wenigen Schlüsselpersonen wurde sie aber den verschiedenen gruppenspezifischen Raumorganisationen der Versorgungsbeziehungen nur teilweise gerecht. Entsprechende Erweiterungen versuchen deshalb z. B. ILLGEN (1971) und vor allem BORCHERDT (1970 u. 1973), der die Häufigkeit des Besuchs als weiteres Kriterium mit heranzieht. WEHLINGS (1974) Arbeit zielt in ähnliche Richtung.

Im innerstädtischen Bereich wurde die Frage gruppenspezifischer Versorgungsstandorte u. a. von WOLF (1969 u. 1970) untersucht. So ergab sich z. B. aus der Befragung von Fußgängern nach dem Ort der Deckung des kurz-, mittel- und langfristigen Bedarfs innerhalb Frankfurts, daß sowohl jüngere Personen aller Sozialschichten wie ältere der gehobeneren Schichten nur kurzfristige Güter und Dienste im Subzentrum in Anspruch nehmen, während die übrigen Bedürfnisse von diesen Gruppen in der Innenstadt gedeckt werden. Älteren Einwohnern bzw. der sozialen Grundschicht dient das Subzentrum häufiger als Ort der Bedarfsdeckung, ja sogar als gesellschaftlicher Treffpunkt (etwa in Erfrischungsräumen von Warenhäusern). Es ist also weder der Versorgungsbereich noch eine bestimmte soziale Gruppe als Ganzes an ein Subzentrum als Versorgungsstandort gebunden, sondern es besteht ein Gefüge von Bereichen, in dem, nach Sozial- oder Verbrauchergruppen und Bedürfnissen gegliedert, der Standort der Bedarfsdeckung häufig wechselt. Auch bei der Untersuchung von Einkaufszentren am Stadtrand ergab sich, daß bestimmte Berufs- und Sozialgruppen dadurch gekennzeichnet sind, daß sie verschiedene Güter an verschiedenen Standorten einkaufen. Hieraus folgt, daß die oft so einheitlich dargestellten Versorgungsbereiche bezüglich des aktionsräumlichen Verhaltens der sozialen Gruppen einer differenzierteren Betrachtung unterzogen werden müssen. Außerdem ist ein Wechsel des Versorgungsstandorts, je nach Angebotslage, immer wieder kurzfristig möglich oder sie kann sich, gemäß bedeutsameren Merkmalen als der auf Berufen aufbauenden Schichtenzugehörigkeit (etwa gemäß dem Alter) zu neuen Gruppierungen zusammenfinden und bestimmte Bedürfnisse an diesem, andere an jenem Standort befriedigen.

In Richtung auf aktivitätsräumliche Untersuchungen ist sozialgeographische Forschung bisher nur in Ansätzen festzustellen. In den USA haben sich damit u. a. MURDIE (1965) und RAY (1967) im Rahmen von „consumer travel behavior"-Studien mit dem Schwerpunkt auf ethnologisch-sprachlichen Verbänden beschäftigt, während in Deutschland vor allem MÜLLER und NEIDHARDT (1972) die Erfassung von Aktionsreichweiten privater Haushalte untersuchten. Ausgangspunkt der Betrachtungen ist hierbei die Reich- oder Reaktionsweite im Sinne von RUPPERT (1968). Es handelt sich nicht um eine betriebswirtschaftlich verstandene Kosten-Erlös-Schwelle, sondern um eine aus dem Zeit-Kosten-Mühe-Verhältnis ableitbare Entfernungsgröße.

MAIER (1975) widmet sich vor allem der Analyse räumlichen Verhaltens bei der Nachfrage privater Haushalte nach Gütern und Dienstleistungen, wobei Fragen nach der Orientierung verschiedener Sozialgruppen im Rahmen der Grundfunktion „sich versorgen", nach gruppen- und regionalspezifischen Reichweiten bei unterschiedlichen zentralörtlichen Hierarchiestufen des Ziel- und Quellgebietes sowie deren mögliche Einflußgrößen im Vordergrund der Betrachtungen stehen. Daneben spielen ebenso Fragen der Erreichbarkeit sowie des Warenangebots und dessen Bewertung eine Rolle. (Vergleiche die unterschiedlichen Käuferschichten in ausgewählten Kauf- und Warenhäusern der Münchner City in Abb. 31.)

Ein Beispiel für unterschiedliches Versorgungsverhalten sozialer Gruppen und Schichten aus dem regionalen Bereich liefert auch HACKER (1972). Ebenso konnte SEGER (1972) in einer Studie über Mödling im Süden von Wien deutlich unterschiedliche Verhaltensweisen verschiedener sozialer Schichten nachweisen, wobei Wien als Einkaufszentrum bei der sozialen Oberschicht bedeutsamer als bei der Mittel- und insbesondere der Grundschicht ist und darüber hinaus innerhalb Wiens zusätzliche Präferenzen einzelner Standortgemeinschaften sichtbar werden. Eine gewisse Abwandlung wird über den Arbeits-Standort erkennbar, d. h. Haushalte der Grundschicht mit Wien-Pendlern kaufen dort auch überdurchschnittlich häufig ein. Abbildung 32 zeigt für alle sozialen Schichten auf der Seite der in Wien Berufstätigen etwas höhere Anteile der Wien-Käufe, also eine gewisse Korrelation zwischen in Wien Kaufenden und in Wien Arbeitenden. Die obere Mittelschicht (A) bevorzugt deutlich den Einkaufsort Wien, unabhängig vom Arbeitsplatz, während für Angehörige der mittleren Mittelschicht (B) der Standort Mödling bedeutsamer wird. Auch die untere Mittelschicht (C) und die unterteilte Grundschicht (D, E) verbleiben in dieser Tendenz, wobei in der Grundschicht die Korrelation zwischen Einkaufsort und Arbeitsplatz Wien besonders deutlich wird. „Während die Schicht A durchschnittlich 48% ihres Bedarfs in Wien deckt, sinkt dieser Wert bei B auf 37%, bei C auf 31% und erreicht die niedersten Werte bei D 24% und E 16%" (SEGER, 1972, S. 371). Die weniger differenzierten Wünsche der Grundschicht können in dem niedrigerrangigen Einkaufsort weitgehend gedeckt werden, während die auf ausgewählte Güter des längerfristigen Bedarfs gerichteten Ansprüche gehobener Sozialschichten das Aufsuchen des höherrangigen Standortes in der inneren Stadt Wien erfordern (vgl. Abb. 32).

Sich bilden

Die Funktion „sich bilden" gehört, ähnlich wie die Grundfunktion „Freizeitverhalten", zu jenen menschlichen Daseinsäußerungen, die zwar schon länger ausgeübt werden, aber erst in neuerer Zeit, d. h. mit der Entwicklung unserer Industrie- und Dienstleistungsgesellschaft, zu einer Grunddaseinsfunktion im eigentlichen Sinne wurden. Selbstverständlich gab es auch in agrargesellschaftlicher Zeit Bildungsbestrebungen und -einrichtungen, doch war ihre Inanspruchnahme häufig auf obere Sozialschichten beschränkt. Für die große Masse des Volkes gab es keine Schulbildung und, vor allem für die Landbevölkerung, auch keine wesentliche, über die Aneignung praktischer, von den Vorfahren überlieferter Kenntnisse hinausgehende Berufsausbildung. Man konnte zu jener Zeit kaum von einer Raumwirksamkeit des Bildungsverhaltens sprechen; es gab weder merkliche landschaftsprägende Auswirkungen von Bildung und Ausbildung noch eine raumdifferenzierende Wirkung unter-

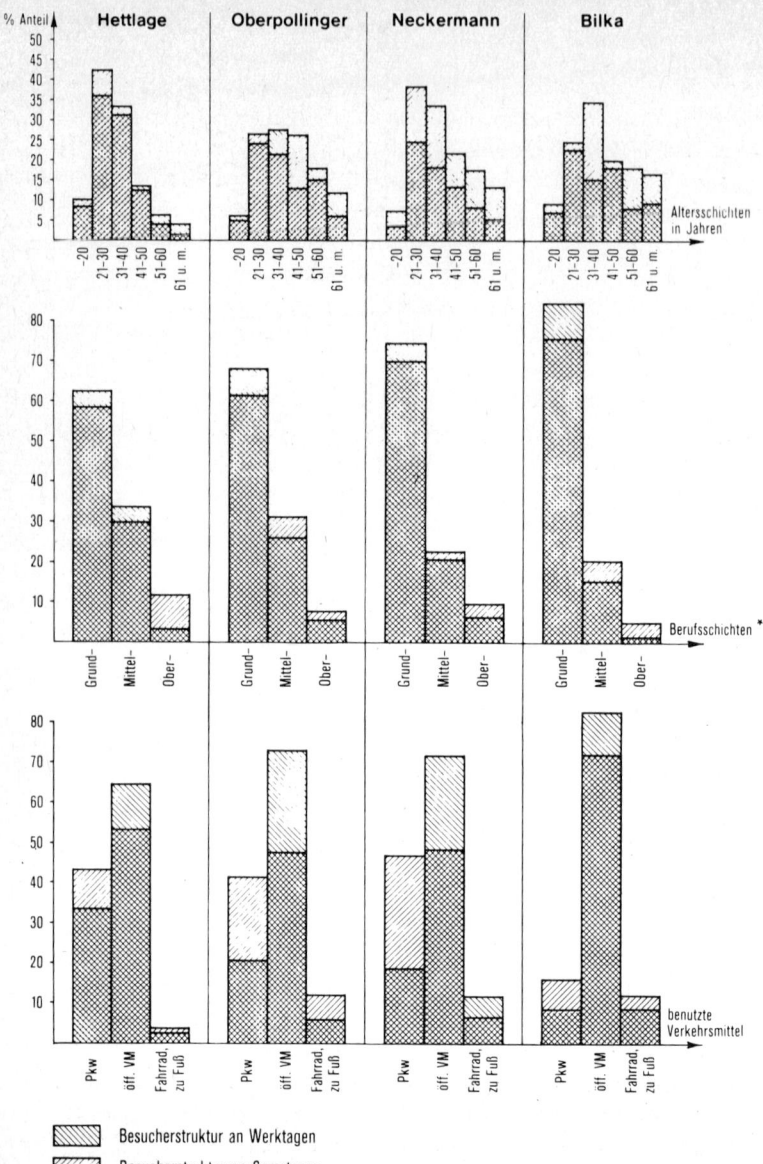

Abb. 31: *Differenzierung der Käuferschichten bei Waren- und Kaufhäusern in der City Münchens 1973 (nach Maier 1976)*

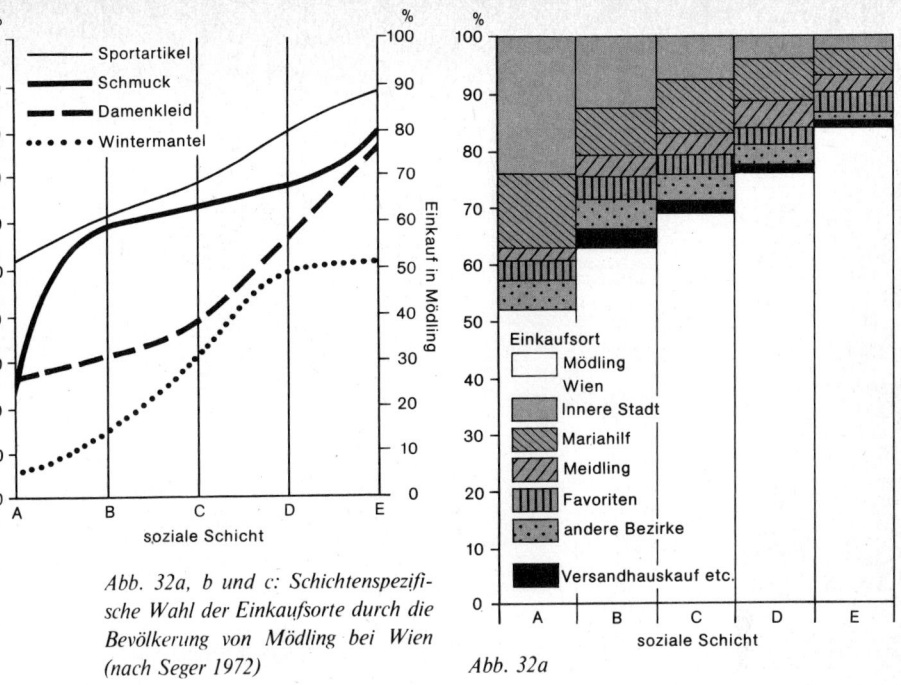

Abb. 32a, b und c: Schichtenspezifische Wahl der Einkaufsorte durch die Bevölkerung von Mödling bei Wien (nach Seger 1972)

Abb. 32a

schiedlichen Bildungsverhaltens.

Inzwischen ist Bildung nicht nur „Bürgerrecht", sondern eine von allen Schichten der Bevölkerung, wenn auch in unterschiedlichem Ausmaß, ausgeübte Daseinsfunktion geworden. Gerade die schichtenspezifisch und regional unterschiedliche Ausübung dieser Funktion macht sie für die Sozialgeographie zu einem beachtenswerten Untersuchungsgegenstand. Trotzdem ist bisher die Sozialgeographie des Bildungsverhaltens noch wenig entwickelt, obwohl GEIPEL bereits 1968 in einem programmatischen Aufsatz auf ihre Bedeutung hinwies.

Die geringe Beachtung, die das Bildungsverhalten bisher in geographischen Arbeiten fand, liegt vielleicht daran, daß die Ausübung dieser Funktion nur punkthaft (in zentralen Orten konzentriert) physiognomisch direkt sichtbar als Landschaftselemente auftretende „verortete Einrichtungen" schafft, im Gegensatz zur Wohn- und Arbeitsfunktion, die die Landschaft flächenhaft prägen. Gegenüber Siedlungen, Arbeitsstätten oder der ganzen Vielfalt der Agrarlandschaft erscheinen die Einrichtungen des Bildungswesens (Schulen, Hochschulen, Forschungsinstitute, Büchereien usw.) in vielen Fällen ohne flächenprägende Bedeutung. Trotzdem muß hier besonders auf das Bildungsverhalten als kulturlandschaftsprägende Kraft verwiesen werden, das, etwa dem Konsum- oder Wahlverhalten entsprechend, räumlich faßbar und regional differenziert, somit räumlich wirksam ist (GEIPEL).

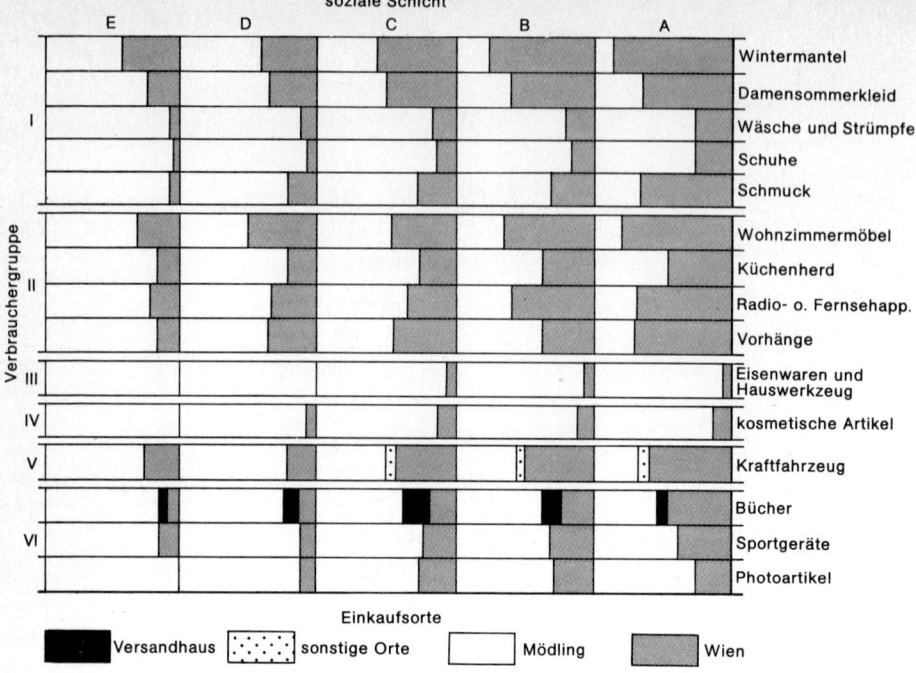

Abb. 32b

GEIPEL weist darauf hin, daß sich die Kulturgeographie seit langem mit dem Einfluß der Konfession, des Wirtschaftsgeistes und der Kulturkreise auf den Raum befaßt. Diesen Faktoren ist das Bildungsverhalten strukturell nahe verwandt, da es, unterschiedlich je nach Sozialgruppen und Berufsschichten, in sozialgeographischen Raumeinheiten auftritt. Es wird erläutert, welche große und nicht zu unterschätzende Rolle die hinter solchen Begriffen stehenden Wirklichkeiten im Raum bis hin zur Ausgestaltung der Kulturlandschaft spielen. Für die Landesplanung und Raumforschung kann z. B. ein passives Bildungsverhalten weiter Bevölkerungskreise einen ähnlichen Hinweischarakter bei der Ermittlung und Abgrenzung von Problemräumen und potentiellen oder wirklichen Notstandsgebieten gewinnen, wie etwa die Stimmenthaltung bei politischen Wahlen (vgl. S. 88).

Es ist also nötig, das Bildungsverhalten als einen Teil des Sozialverhaltens anzusehen, es durch meßbare Merkmale zu erfassen und ihre räumliche Verbreitung kartographisch festzuhalten. Solche Merkmale fand PEISERT (1965) z. B. im „Verschulungsgrad" (dem Anteil der 16- bis 19jährigen, welche noch in einer Schulausbildung stehen, an der Gesamtzahl dieser Jahrgänge). Fragen wie die, ob sich breitere Schichten unter der Bevölkerung eines Gebietes dazu entschließen, ihre Kinder in der grundständigen Schule zu belassen

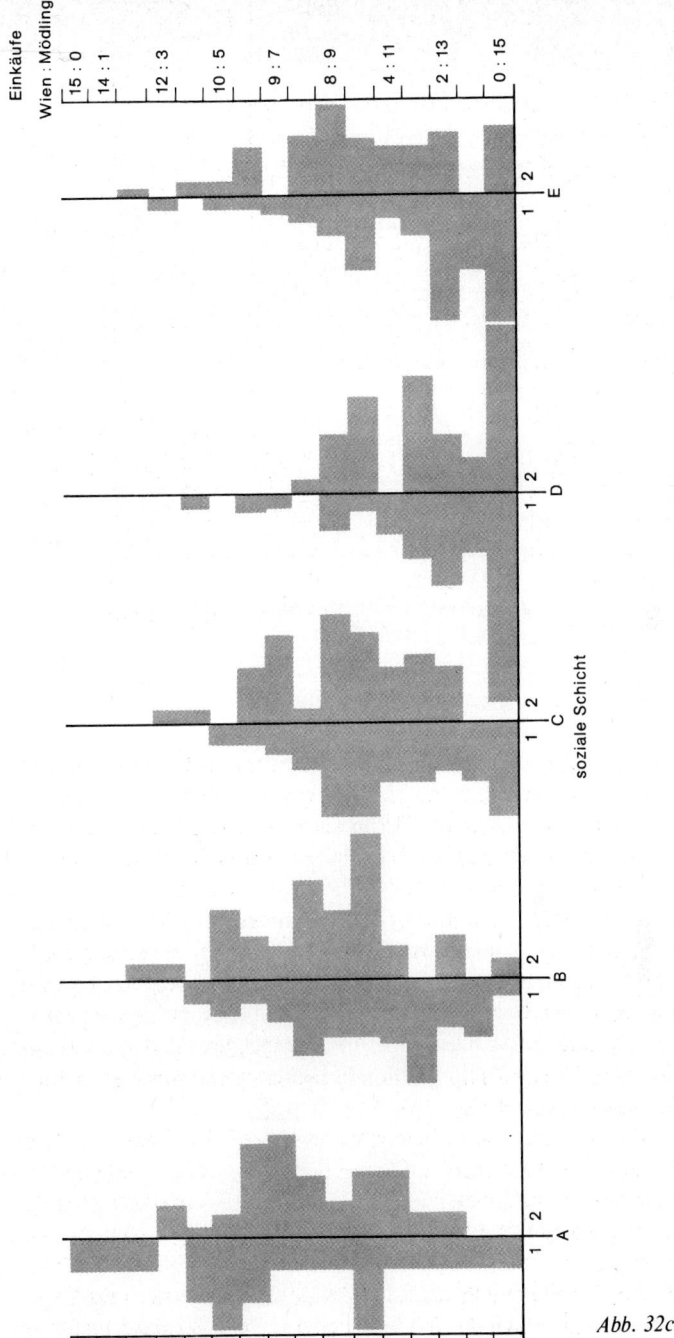

Abb. 32c

oder sie auf eine weiterführende Schule zu schicken, ob sie sie dann (Jungen und Mädchen unterschiedlich häufig) auf Realschulen oder Gymnasien entsenden und ob schließlich Abiturienten nach erfolgreichem Gymnasialbesuch bereit sind, das Studium des Lehrberufs zu beginnen: Solche und ähnliche Entscheidungen wurzeln tief im sozialgeographischen „Kausalfeld" (GEIPEL, 1968), sind z. B. mit Faktoren wie Erwerbsstruktur und sozialer Schichtung eng verknüpft und können wichtige Hinweise auf sozialgeographische Raumstrukturen und -abgrenzungen geben.

Sozialgeographische Studien auf diesem Gebiet können also zur Ermittlung und regionalen Abgrenzung von Arealen dienen, die z. B. durch ein überwiegend gleichgerichtetes Bildungsverhalten ihrer Bevölkerung charakterisiert sind („Räume gleichen sozialgeographischen Verhaltens"). Die Ergebnisse sind auf mehreren Ebenen bedeutsam: Sie geben den Schulbehörden Hinweise auf schulisch unterversorgte und damit bei der Schulplanung zu berücksichtigende Räume; sie nehmen Indikatorfunktion an und weisen die Regional- und Landesplanung auf Aktiv- und Passivräume, regionale Entwicklungspole und Schwächeräume hin; und schließlich helfen sie dem theoretisch und regional arbeitenden Sozialgeographen bei der Raumanalyse. Hier können die im Bildungsverhalten zum Ausdruck kommenden Strukturen des sozialen Kräftefeldes sogar daraufhin untersucht werden, ob sie nicht auch an den sichtbaren Ausprägungen des Landschaftsbildes Anteil haben, jenen Prozessen, wie sie heute etwa ein Gestaltwandel der Agrarlandschaft durch Flurbereinigung und Aussiedlerhöfe oder der Umgestaltung der stadtnahen Landschaft durch Siedlungstätigkeit augenfällig werden (GEIPEL).

Neuerungen sozialkultureller Art leiten darüber hinaus häufig Innovationsprozesse ein. Diese werden oft erst durch die Bildungssituation vorbereitet. Daher darf die Wirkung z. B. einer modernen Mittelpunktschule auf die Einstellung der in ihrem Einzugsbereich lebenden Bevölkerung nicht unterschätzt werden.

GEIPEL (1965) führte empirische Untersuchungen unter den Schülern von Gymnasien in Hessen auf Gemeindebasis durch. Hessen eignete sich für eine solche bildungssoziologische und -geographische Studie besonders deshalb, weil dieses Land in enger Nachbarschaft Aktiv- und Passivräume aufweist. Ferner lassen industrielle Ballungsräume und verkehrsmäßig weniger erschlossene Agrargebiete in kleingekammerter Wechsellagerung alle jene Probleme idealtypisch erkennen, welche in manchen anderen Bundesländern viel weiträumiger und daher großflächiger ausgeprägt sind. Es ergab sich ein Strukturbild des gymnasialen Bildungswesens in Hessen, aus dem die Bedeutung der Transportkosten und das Vorhandensein von „Mentalitätssperren", die unterschiedlichen Ansprüche der einzelnen Sozial-, Berufs-, Konfessionsgruppen und der Geschlechter an das Bildungswesen, die Abhängigkeit bildungsferner Räume von der Verbreitung wenig gegliederter Schulsysteme (einklassige Landschule) und der Einfluß von Gemeindegrößen und Erwerbs-

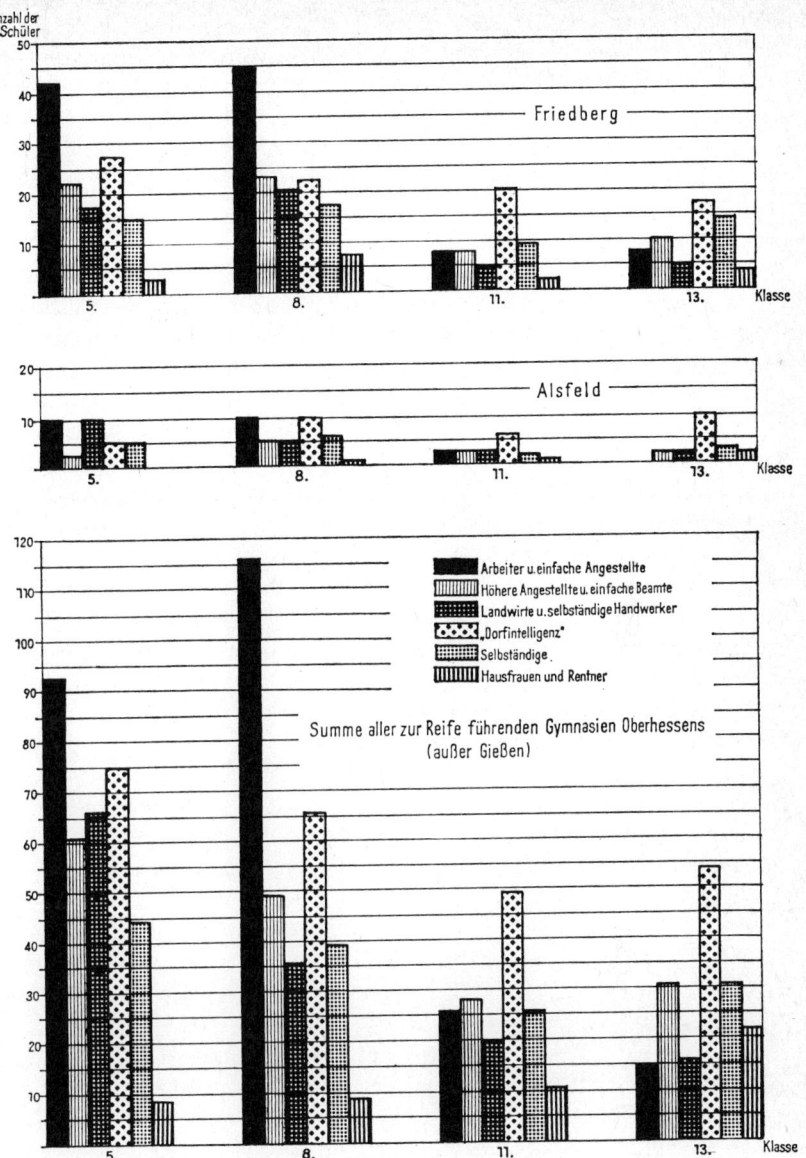

Abb. 33: Berufsgliederung der Fahrschüler-Eltern in Friedberg, Alsfeld und Oberhessen 1962/63 (nach Geipel 1965)

struktur deutlich wurden (vgl. Abb. 33).

In einer neueren Arbeit widmete sich MAIER (1975) vor allem aktivitätsräumlichen Fragen innerhalb der Geographie des Bildungsverhaltens. Er weist darauf hin, daß Aussagen über Einzugsbereiche von Realschulen und Gymnasien zwar bereits in einer großen Zahl funktionaler Untersuchungen in Verbindung mit Analysen zentraler Orte bzw. zwischengemeindlicher Beziehungs-

Abb. 34a: Übertrittsquoten in die Realschulen in Bayern 1963 (nach Schorb und Schmidbauer 1969)

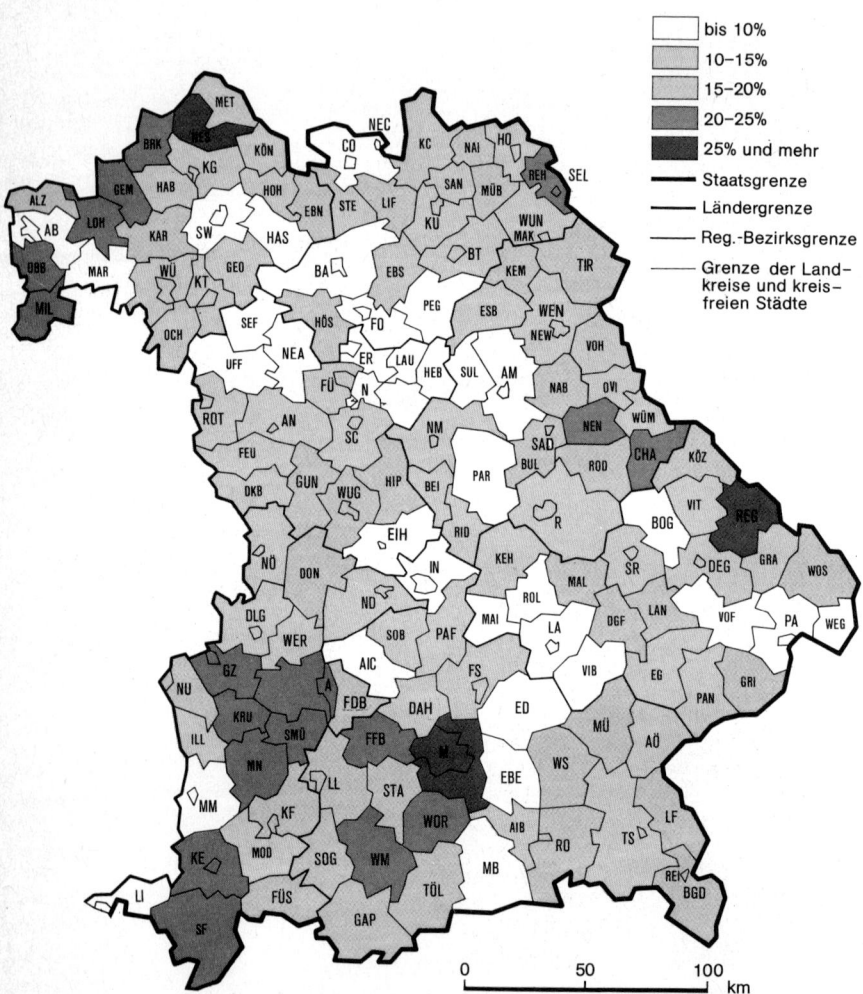

kreise menschlicher Tätigkeit im Raum gemacht wurden, daß jedoch erst ab Mitte der 60er Jahre sozialgeographische Fragestellungen und spezifische regionalplanerische Überlegungen stärker in den Mittelpunkt dieser Betrachtungen gestellt wurden (z. B. BESCH, 1966; GEIPEL, 1965). SCHORB und SCHMIDBAUER (1969) belegen für Bayern den vergleichsweise raschen Anstieg der Übertrittsquoten in weiten Teilen des ländlichen Raumes. (vgl. Abb. 34a und b).

Abb. 34b: Übertrittsquoten in die Realschulen in Bayern 1967 (nach Schorb und Schmidbauer 1969)

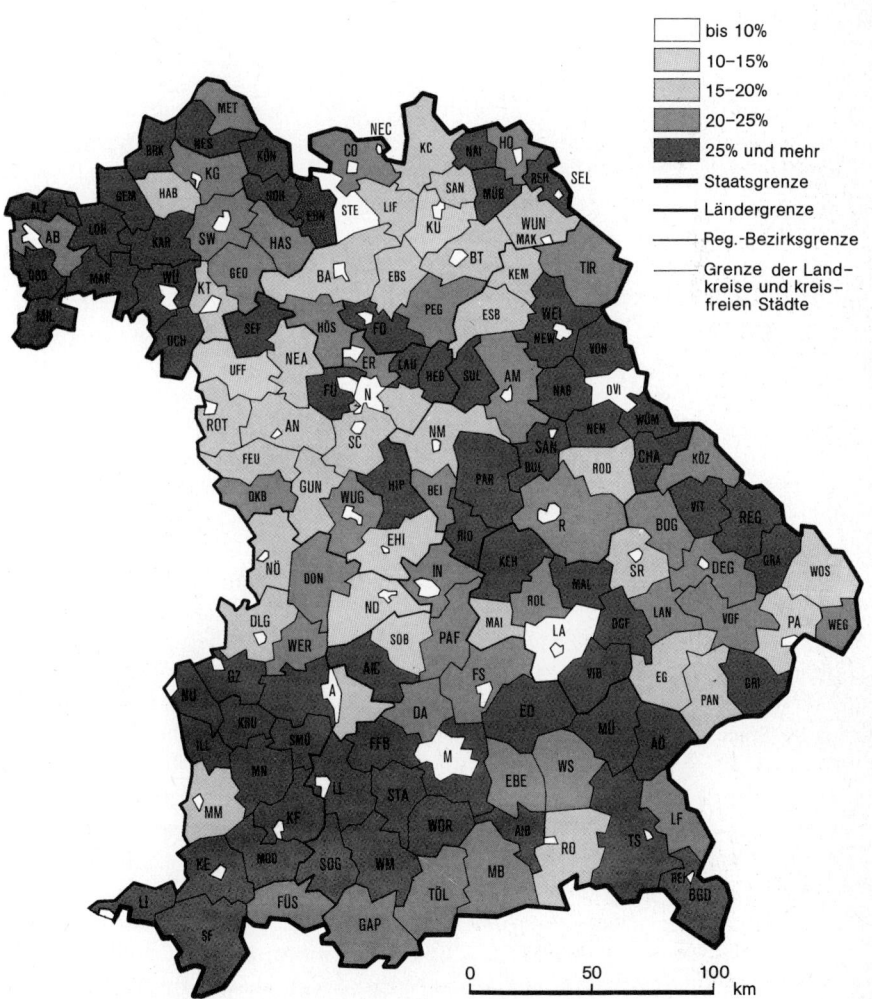

Als Einflußgrößen für die jeweiligen Verhaltensmuster werden dabei meist sozioökonomische Faktoren, wie der Sozialstatus der Eltern innerhalb ihrer Wohngemeinden, sowie psychologisch bedingte Größen und die Verkehrsgunstlage angeführt. Dies und die eine zentrale Rolle spielenden Fragen nach der räumlichen Verteilung der Beteiligungsquoten bei verschiedenen Schularten, die Standortplanung der Schulen selbst sowie insbesondere deren Lage im vorhandenen Verkehrsnetz gehören zu den wichtigsten Untersuchungsgegenständen. Die Diskussion verkehrsräumlicher Aktivitätenmuster kommt dabei vor allem in den Analysen des zeitlichen, physischen und finanziellen „Transportwiderstandes" bei Fahrschülern zum Ausdruck. Vor allem für Realschulen und Gymnasien stehen somit schon eine Reihe von Untersuchungen über gruppen- bzw. schichtenspezifische Reichweiten und Raumdimensionen zur Verfügung, allerdings meist auf Landkreisbasis, während MAIER kleinräumige Untersuchungen auf Gemeinde- und Haushaltsbasis durchführt.

Eine Einschränkung dieses Untersuchungsansatzes kann allerdings in der starken „Zwanghaftigkeit" der verkehrsräumlichen Aktivitäten im Bildungsbereich gesehen werden. Dadurch ergibt sich auch trotz verschiedener verwandter Eigenschaften in bezug auf Häufigkeit der Verkehrsbewegungen und Kontinuität der Wegewahl, ein wesentliches Unterscheidungskriterium (neben der Motivation, den benutzten Verkehrsmitteln und der Quantität der Verkehrsräume) zu den berufsbezogenen Verkehrsbewegungen. Die Einschränkung in der Wahl der Ausbildungsstätte fällt besonders bei den Grund- und Hauptschulen durch die Festlegung des jeweiligen Schulsprengels ins Gewicht, sie tritt aber auch bei Realschulen und Gymnasien, vor allem im ruralen Raum, durch die nichtvorhandene Konkurrenz weiterer Schulen gleichen Typs, in Erscheinung.

Unter Berücksichtigung dieser Vorüberlegungen und Einschränkungen werden am Beispiel Südbayerns Fragen behandelt wie schichten- und regionalspezifische Entfernungsfelder für Schüler unterschiedlicher Schularten (vor allem unter Berücksichtigung urbanisierter und ruraler Gebiete), sozialgruppenspezifische Beteiligungsquoten am Besuch verschiedener Schularten in ihrer räumlichen Verteilung, Verflechtungsmuster der Ausbildungspendlerströme, der begrenzende Einfluß der Erschließung mit öffentlichen Verkehrsmitteln auf den Besuch weiterführender Schulen, der Zusammenhang zwischen dem Besuch höherer Schulen und dem Urbanisierungsgrad u. ä.

Der letzten Fragestellung ging auch PAESLER (1976) nach (vgl. Abb. 35), der zur Erfassung der Sozialstruktur der Bevölkerung in stärker und schwächer urbanisierten Gemeinden das Bildungsverhalten untersuchte. Hierbei wurde zwischen dem Bildungsstand der Wohnbevölkerung unterschieden, der auf sozialgruppentypischem Bildungsverhalten sowie auf Siebungsvorgängen (insbesondere Zuwanderung bestimmter Bildungsgruppen) beruht, und dem Bildungsverhalten der Kinder und Jugendlichen, das wiederum stark vom Bildungsstand und der sozio-ökonomischen Situation der Eltern abhängig ist.

Zwischen beiden Teilaspekten bestehen also enge Beziehungen. Im zweiten Fall kommen als beeinflussende Momente noch die Ausstattung der Gemeinde mit Schulen, die Erreichbarkeit bestimmter Schultypen usw. hinzu.

Aus beiden Teilaspekten des Bildungsverhaltens ließen sich Indikatoren des Urbanisierungsprozesses ableiten, die sich aus dem eindeutigen und universellen Trend zur qualitativ und quantitativ verbesserten Ausbildung als Folge und entwicklungsnotwendige Begleiterscheinung beim Fortschreiten von der Agrar- über die Industrie- zur „postindustriellen" Gesellschaft ergeben. In traditionellen Agrargesellschaften – z. B. heute in typischen Entwicklungsländern – sind der Anteil der Alphabeten an der Bevölkerung oder der Prozentsatz der Schüler an den Jugendlichen einer Altersklasse sichere Urbanisierungsindikatoren. In bildungsmäßig hochentwickelten Ländern haben Unterschiede im Bildungsniveau oder in der Art des Schulbesuchs für die Bevölkerung die gleiche Aussagekraft.

In empirischen Untersuchungen wurde eine Gemeindetypisierung südbayerischer Regionen nach dem Bildungsniveau (höchster Schulabschluß der Bevölkerung: Volksschule, mittlere Reife oder Abitur, Hochschulexamen) und dem Schulbesuch (Verteilung der Schüler auf Volksschule, Mittelschule oder Gymnasium, Hochschule) durchgeführt. Aufgrund weitgehender Steuerung des Bildungsverhaltens der Jugendlichen durch die Bildungsstruktur der Eltern besteht natürlich zwischen beiden Werten ein enger Zusammenhang. Ein überdurchschnittliches Bildungsniveau trat in allen Gemeinden auf, die einen durch wirtschaftliche und zentralörtliche Aufgaben bedingten Bedarf an Abiturienten und Akademikern haben, einschließlich der diesen zugeordneten attraktiven Pendlerwohngemeinden; ferner in solchen Gemeinden außerhalb der Stadtregionen, die als Wohnorte auf nicht an einen festen Arbeitsort gebundene Akademiker sehr anziehend wirken (z. B. Tegernseer Tal). Zu den Orten mit stark unterdurchschnittlichem Bildungsstand gehören vor allem agrarwirtschaftliche Kleingemeinden, daneben aber auch größere Industrieorte (bzw. deren Pendlerwohngemeinden) mit gering entwickeltem Dienstleistungssektor.

Zu ganz ähnlichen Ergebnissen wie PAESLER kommt MEUSBURGER (1975) in seiner Studie über das Ausbildungsniveau der Tiroler Bevölkerung. Er weist ein starkes Bildungsgefälle zwischen Innsbruck (20% Abiturienten und Akademiker unter der erwachsenen Bevölkerung) und den übrigen Gemeinden des Inntals (Werte zwischen 3–10%) nach, das den sozioökonomischen Entwicklungsstand und das zentralörtliche Gefüge Tirols gut widerspiegelt. Noch größere Unterschiede im Bildungsstand der Bevölkerung ergeben sich zwischen Tal- und Berggemeinden. Die Ursachen dieses stark differenzierten Bildungsverhaltens sieht MEUSBURGER im Urbanisierungsgrad der Gemeinden. Nach seinen Untersuchungen ist die „soziale Distanz" zu Bildungseinrichtungen entscheidend für das Bildungsverhalten. Vor allem der „soziale Kontakt mit modernen Ideen und urbanen Lebensformen" führt zu einer „Urbanisie-

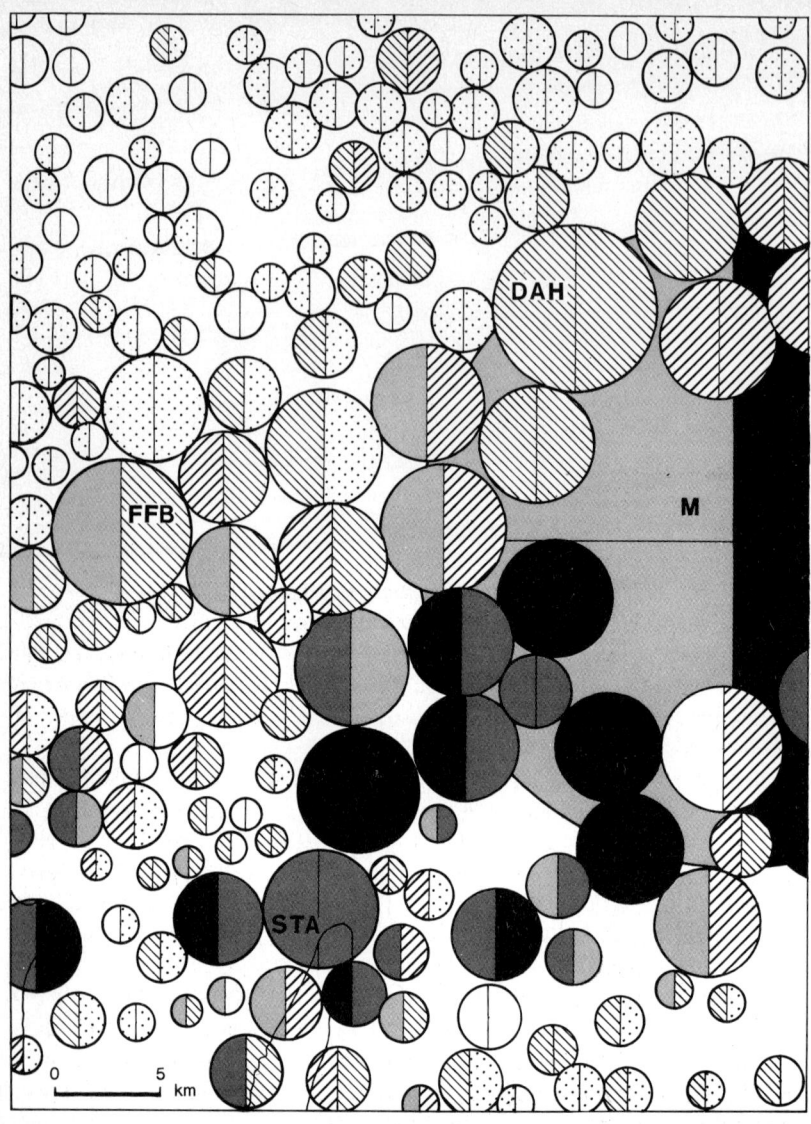

Abb. 35: Bildungsstruktur und Schulbesuch im Raum München–Augsburg 1970 (nach Paesler 1976)

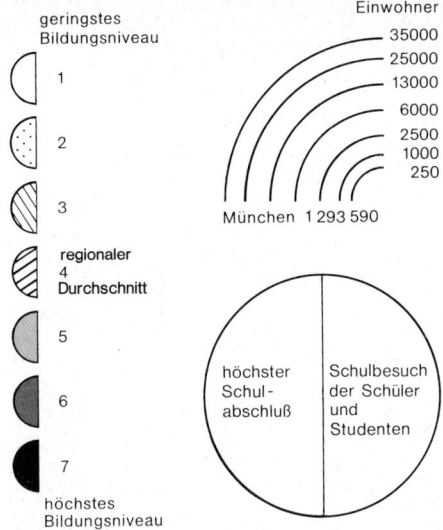

rung der Existenzformen sowie zu einer Anhebung der Bildungsbeteiligung der Schülergeneration". Die Bildungsbeteiligung wird daher als Indikator gesehen, der wegen der zunehmenden Bedeutung der Grundfunktion „sich bilden" neben Indexzahlen aus dem Bereich der Wirtschafts- und Bevölkerungsgeographie bei sozialräumlichen Gliederungen oder Gemeindetypisierungen in Zukunft verwendet werden könnte.

In einem regionalplanerischen Gutachten über den bayerischen Alpenraum (RUPPERT u. a., 1973) wurde die Bildungsstruktur auch bereits verwendet, um durch die kombinierte Betrachtung von Erwerbstätigkeit und Bildungsstand die Bevölkerung sowohl nach ihrer Abhängigkeit von den einzelnen Wirtschaftsbereichen als auch nach dem Ausmaß der sozialen Differenzierung zu typisieren. Unterschiede im sozialen Gefüge bei gleicher wirtschaftlicher Grundstruktur lassen sich auf diese Weise besonders gut herausarbeiten. Sie sind im ländlichen Raum beispielsweise Ausdruck eines sich wandelnden Bildungsverhaltens der Bevölkerung, die in der nachwachsenden Generation qualifizierte Berufe außerhalb der Landwirtschaft anstrebt. Ganz allgemein spiegelt das gehobene Ausbildungsniveau den sozialberuflichen Wandel, die Entwicklung zur Urbanisierung der Gesellschaft.

Da die schulische Ausbildung im starken Maß die soziale Stellung im Beruf und die Einkommensverhältnisse beeinflußt, eignet sie sich zur Erfassung der sozialen Schichtung der Bevölkerung. Mit Einschränkung kann man mit der Dreigliederung in Volksschul-, Gymnasial- und Hochschulabschluß eine aufsteigende Differenzierung in der sozialen Schichtung erkennen. Dadurch wird es u. a. möglich, auch Menschen, die schon aus dem Erwerbsleben ausgeschieden sind, in ein soziales Gliederungsschema miteinzubeziehen. Dies erweist

Gemeinden im Bayerischen Alpenraum
– Gebietsausschnitt –

SOZIALSTRUKTUR 1970

Die Sozialstruktur der Gemeinden ergibt sich aus der Kombination von 6 Merkmalen, die sich auf die Erwerbstätigkeit und Schulausbildung der Wohnbevölkerung 1970 beziehen.
Die Erwerbstätigen sind nach ihrer Zugehörigkeit zum primären (A), sekundären (I) und tertiären Wirtschaftssektor (T) aufgegliedert.
Nach dem höchsten Schulabschluß werden 3 Gruppen unterschieden:

        Volkschule (abgekürzt V)
        Mittlere Reife, Abitur, Fach- oder Ingenieurschule (abgekürzt M)
        Hochschule (abgekürzt H)

Die Typen der Sozialstruktur und ihre genauere Bezeichnung lassen sich aus folgendem Schema ablesen*:

Typen der Sozialstruktur nach				
Erwerbstätigkeit	und	Schulausbildung d. h. die Differenzierung der Bevölkerung nach 3 Gruppen des Schulabschlusses ist:		
ist vorwiegend	Abkürzung	schwach sch	deutlich d	stark st
agrarisch	A			
agrar./industr.	A I			
gemischt	A I T			
industriell	I			
tertiär/ industr.	T I			
tertiär /agrar.	T A			
tertiär	T			

Beispiel*: Der Sozialstrukturtyp T, st () bedeutet: Die Erwerbstätigkeit der Wohnbevölkerung ist vorwiegend tertiär (T) und die Differenzierung nach den 3 Gruppen des Schulabschlusses stark (st).

Schwellen (bestimmt mit Hilfe von Dreiecksdiagrammen)

Erwerbstätige

Abkürzung	Wirtschaftssektoren in %		
	primär	sekundär	tertiär
A	51–73	15–35	8–28
A I	30–50	25–48	13–24
A I T	25–44	26–49	25–46
I	0–29	50–79	16–50
I T	5–24	30–49	28–49
A T	29–50	18–25	25–49
T	0–36	7–50	50–84

Schulausbildung

Abkürzung	Höchster Schulabschluss in %		
	V	M	H
sch	≤ 100,0	≤ 18,1	≤ 1,8
d	≤ 90,0	≤ 24,5	≤ 5,0
st	≤ 74,1	≤ 38,1	≤ 10,5
Durchschn. für Bayern	77,3	19,7	3,0

Zahl der Einwohner am 27. 5. 1970

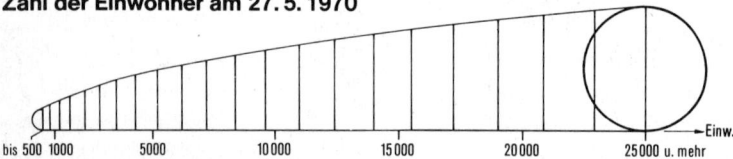

bis 500 1000   5000   10 000   15 000   20 000   25 000 u. mehr → Einw.

Quelle: Bayerisches Statistisches Landesamt, Volks- und Berufszählung 1970
Entwurf: F. Schaffer und W. Poschwatta

Abb. 36: Gemeindetypisierung nach der Sozialstruktur als Planungsgrundlage für den bayerischen Alpenraum (nach K. Ruppert u. a. 1973)

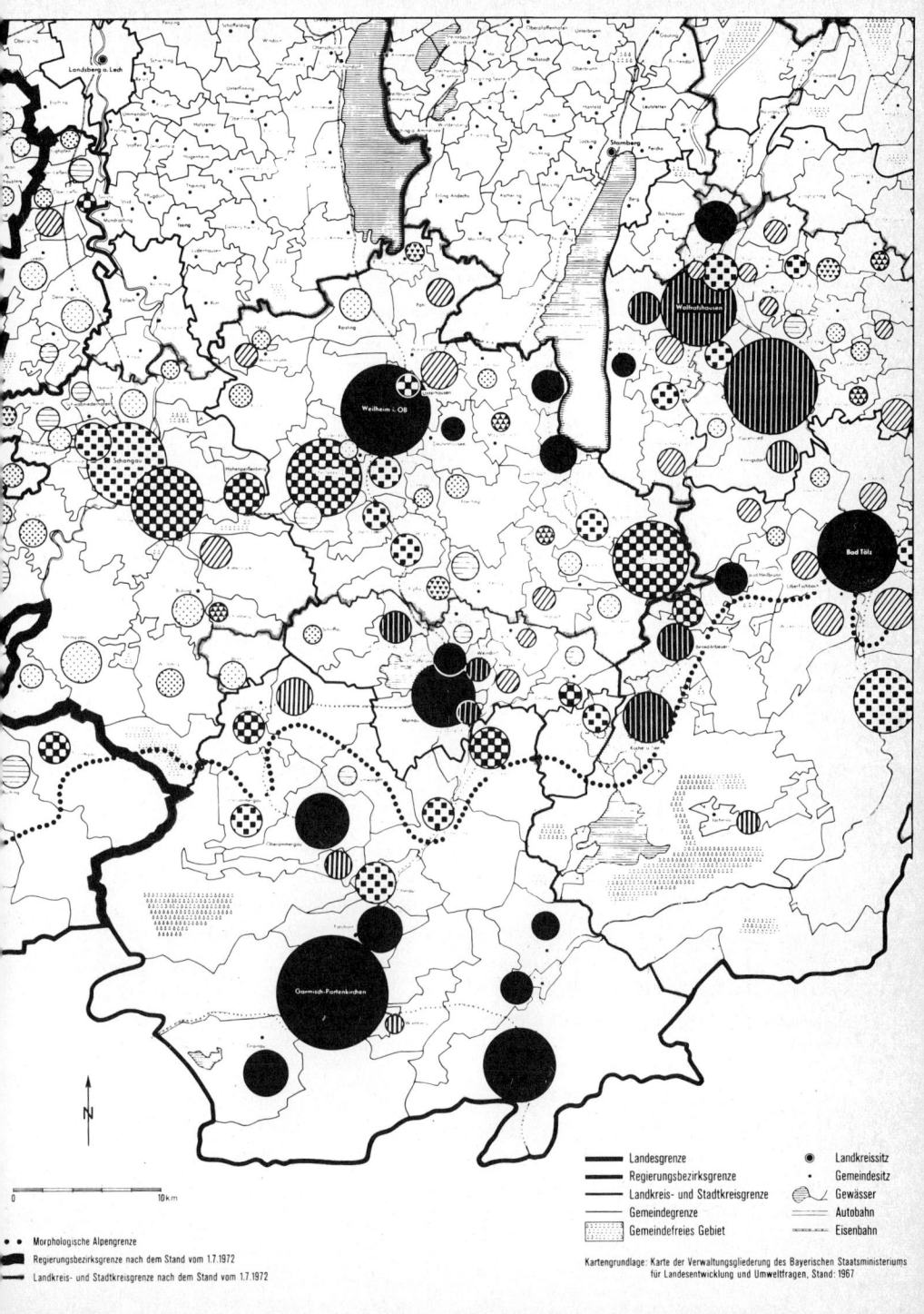

sich als vorteilhaft bei Untersuchungen in urbanisierten Bereichen, aber auch in Erholungsgebieten. Es gelingt, die dort bekanntlich hohen Anteile älterer Menschen nach ihrer Sozial- bzw. Einkommensstruktur zu unterscheiden (vgl. Abb. 36).

Freizeitverhalten

Bei der Betrachtung der Grundfunktion „arbeiten" (vgl. S. 107 f.) wurde bereits auf die mit fortschreitender gesellschaftlicher und wirtschaftlicher Entwicklung abnehmende Bedeutung dieser Funktion im Leben des Individuums und für die Gesellschaft hingewiesen. Den freiwerdenden Platz im Zeitbudget des Menschen der modernen Industrie- und Dienstleistungsgesellschaft hat weitgehend die Freizeitfunktion eingenommen.

Die Entwicklung des Freizeitverhaltens als soziales Phänomen und als geographisch bedeutsame Grundfunktion ist ursächlich mit der Entwicklung der Industriegesellschaft verbunden. In der agrargesellschaftlichen Ordnung fehlte weitesten Bevölkerungsteilen die Möglichkeit regelmäßiger bewußter Freizeitgestaltung, so daß von einer elementaren Daseinsfunktion zur damaligen Zeit nicht gesprochen werden kann. Die zunehmende Industrialisierung führte zur Verlagerung des Schwerpunktes der Wirtschaft vom Agrarraum in die Großstädte; Arbeitsteilung und Spezialisierung des einzelnen, starke physische Belastungen förderten zunächst den immer stärker werdenden Wunsch nach Erholung; gerade Arbeitszeitverkürzungen ließen den Wunsch realisierbar werden. Besonders ausgeprägt war deshalb in den Bevölkerungskonzentrationen der Verstädterungsgebiete das Erholungsbedürfnis. Die intensiv beanspruchte Arbeitskraft konnte nur durch Arbeitspausen und Zeiten der Entspannung und Erholung erhalten werden.

Zu jener Zeit begann das damals wohl noch so zu nennende Phänomen „Erholung" massenstatistisch erfaßbar, zu einem Bedürfnis und einer Daseinsäußerung der gesamten Bevölkerung, also zu einer Grundfunktion zu werden. In unserer heutigen Industrie- und Dienstleistungsgesellschaft steht die Erholungsfunktion nicht nur gleichberechtigt neben Daseinsäußerungen wie „wohnen" und „arbeiten", sondern erhält eine noch steigende Bedeutung. Der immer deutlicher zum Ausdruck gebrachte Wunsch nach Erholung hatte zur Folge, daß die Landschaft neben ihrer bisherigen Aufgabe als Wohnplatz und Produktionsraum immer mehr auch der Anforderung genügen mußte, die Freizeitansprüche des Menschen zu erfüllen.

Im Verlauf dieser Entwicklung hat die Funkton „sich erholen" einen Wandel zum umfassenderen „Freizeitverhalten" durchgemacht. Diese Begriffserweiterung erscheint notwendig, da die frühere Betrachtungsweise, die die Rechtfertigung der Erholung nur in der Wiederherstellung der Arbeitskraft sah und darüber hinausgehendes „Nichtstun" oder zu aufwendig betriebene

Freizeitaktivitäten nur privilegierten Gesellschaftsschichten vorbehielt und in bezug auf das „arbeitende Volk" als unmoralisch wertete, in der urbanisierten Industriegesellschaft nicht mehr haltbar ist. Kennzeichen dieser Gesellschaft ist es vielmehr, daß „arbeiten" und „Freizeitverhalten" gleichberechtigt nebeneinander rücken. Der Ersatz von „Erholung" durch den allgemeineren Ausdruck „Freizeitverhalten" ist auch im Interesse einer klaren Begriffsfassung ratsam, ganz abgesehen davon, daß eine Definition von „Erholung" aus geographischer Sicht kaum möglich und auch vom medizinischen Standpunkt aus problematisch ist.

Die Bedeutung der Erholungs- bzw. Freizeitfunktion ist von geographischer Seite lange Zeit wenig beachtet worden. Zwar wiesen einzelne Geographen bereits zu Beginn dieses Jahrhunderts auf das durch die zunehmende Verstädterung bedingte Lebensbedürfnis, auf das damit zusammenhängende Entstehen neuer Fremdenverkehrsorte, den Strukturwandel der vorhandenen Badeorte oder die Auswirkungen des längerfristigen Reiseverkehrs auf die Landschaft hin. Einen Überblick über entsprechende geographische Literatur bis zur Mitte des Jahrhunderts gab SAMOLEWITZ (1957). Ein systematischer Einbau in geographische Studien fehlte jedoch; der Fremdenverkehr wurde eher als ein zufällig auch an einigen Orten vorhandenes Phänomen gesehen. Als bedeutsam für die Entwicklung der Fremdenverkehrsgeographie ist die Studie von POSER (1939) zu nennen. Deutlich zeigt sich hier der Fortschritt gegenüber den älteren rein beschreibenden Untersuchungen mit stark statistischer Ausrichtung unter deutlicher Hinwendung zur zentralen Stellung der Landschaft innerhalb der Fremdenverkehrsgeographie. POSER macht die „Wechselwirkungen und Wechselbeziehungen zwischen dem Fremdenverkehr und den natürlichen und anthropogeographischen Erscheinungen auf der Erdoberfläche" zum Gegenstand seiner Studie. Das Fremdenverkehrsgebiet wird als Sondertyp der Kulturlandschaft gleichberechtigt neben das Agrar- oder Industriegebiet gestellt. Besondere Aufmerksamkeit erfuhr die Physiognomie der Fremdenverkehrslandschaft.

In den 1950er Jahren knüpften verschiedene Arbeiten an POSERS Ansatz an. Mit der Ausweitung des Fremdenverkehrs zur Massenerscheinung, mehr noch mit der Entstehung neuer Freizeitaktivitäten, wurde dann aber sehr bald deutlich, daß der Terminus „Fremdenverkehr" in seiner gängigen Interpretation immer fragwürdiger wurde, da er nur einen Teilaspekt der Freizeitverhaltensweisen abdeckt. Auch der Versuch, den Begriff „Tourismus" stellvertretend einzusetzen, mußte zwangsläufig Schiffbruch erleiden, denn es war nicht möglich, etwa die Problematik von Naherholung oder die gesamte Breite der Freizeitinfrastruktur unter diesem Begriff zusammenzufassen. Die wachsende Raumwirksamkeit des Naherholungsverkehrs, die steigenden Anforderungen an Freizeiteinrichtungen in den Städten, gerade aber auch die Überlagerung der verschiedenen Freizeitaktivitäten im Raum machten es immer schwieriger, den Fremdenverkehr im Hinblick auf die räumlichen und gesellschaftlichen Zusammenhänge isoliert zu betrachten. Erst durch die Einordnung des Fremdenverkehrs in den Gesamtbereich Freizeitverhalten und durch die Auffassung des Freizeitverhaltens als Grundfunktion ergibt sich ein Ordnungsprinzip, das Freizeitverhaltensweisen neben anderen Grundfunktionen als strukturwirksame und steuernde Momente des „Prozeßfeldes Landschaft" bei der Gestaltung räumlicher Organisationsformen und raumwirksamer Prozesse erkennen läßt, wobei auch an dieser Stelle wiederum auf die Querverbindungen zu den anderen Funktionen (z. B. Freizeitwohnen) hingewiesen werden soll.

Die „Geographie des Freizeitverhaltens" (RUPPERT u. MAIER, 1970b) untersucht diese immer vielfältiger werdende raumwirksame Bedeutung des Freizeitverhaltens, die sich z. B. in Arbeiten über die Typisierung von Fremdenverkehrsgemeinden, im Studium von Ferienzentren, von Prozeßabläufen im Naherholungsverkehr und von städtischen Freizeiteinrichtungen und ihrer Nutzung, in Untersuchungen über den Raumbedarf für Freizeitaktivitäten usw. äußern. Gerade in urbanisierten Bereichen sind hohe Beteiligungsintensitäten am Naherholungs- und Urlaubsreiseverkehr oder zunehmende Bedeutung des Freizeitwertes von Siedlung und Arbeitsort als Kriterium für die Wohnattraktivität einer Gemeinde Sachverhalte, die – besonders wegen ihrer starken sozialgruppenspezifischen Differenzierung – einer sozialgeographischen Untersuchung in starkem Maße zugänglich sind.

Die Vielfalt der Freizeitaktivitäten und die dadurch hervorgerufenen Raummuster lassen eine Untergliederung für den Geographen, vor allem im Hinblick auf eine räumliche Ordnung, als notwendig erscheinen. Wenn man versucht, zunächst die Verhaltensweisen zu gruppieren, dann bietet sich eine Vielzahl von Abhängigkeitsbeziehungen an. Es seien genannt:

Einkommen – Sozialstruktur – Urbanisierungsgrad – Entfernung vom Wohnort – verfügbare Freizeit – Ausstattung des Zielraumes – Mode – Prestige usw. Aus geographischer Sicht ergibt sich aus der Zusammenschau räumlicher und zeitlicher Kriterien für einzelne Freizeitaktivitäten eine Dreigliederung, die in den meisten Fällen auch durch distanzielle Unterschiede zum Hauptwohnsitz gekennzeichnet ist. Man kann unter Zugrundelegung von kürzerfristigem (bis zu mehreren Stunden), von mittelfristigem (halbtags, tageweise und Wochenende) und von längerfristigem (bis zu mehreren Wochen) Zeitaufwand fortschreiten zur räumlichen Gliederung in:

1. Freizeitverhalten im Wohnumfeld,
2. Freizeitverhalten im Naherholungsraum,
3. Freizeitverhalten im Fremdenverkehrsraum (längerfristiger Reiseverkehr).

Innerhalb obiger Dreigliederung werden dann als nächst wichtige Gesichtspunkte die Angebots- und Nachfrageseiten im weitesten Sinne des Wortes, sowohl was die strukturale als auch die prozessuale Komponente anbelangt, der weiteren Untergliederung dienen. Innerhalb dieses Rahmens können als weitere Unterpunkte z. B. die verschiedenen Kultur- und Naturraumpotentiale und ihre Eignung, Infrastrukturmuster, Freizeitaktivitäten und ihre Träger, Herkunftsgebiete usw. erfaßt werden. Aus sozialgeographischer Sicht steht dabei weniger die Erforschung der Freizeitaktivität an sich im Mittelpunkt, als vielmehr ihre räumliche Organisationsform. Die unterschiedlichen Verhaltensweisen der einzelnen Gruppen bewirken, daß ihre Anforderungen an den Raum wiederum verschiedener Bewertung unterliegen und selbst innerhalb eines Raumes und einer sozialen Gruppe im Zeitablauf nicht konstant sind.

Die Untergliederung in die drei Teilaspekte ist naturgemäß nicht frei von Überschneidungen. Die Verbindung von räumlich-zeitlichen Kriterien zur Abgrenzung erscheint jedoch auch in bezug auf zahlreiche weitere Komponentenbeziehungen zweckdienlich und besitzt deutliche geographische Relevanz, denn die Erfassung der Kapazitäten-Reichweiten-Beziehungen stellt eine wichtige Aufgabe zur Erkenntnis des Freizeitraumes als eines funktionalen Teilraumes dar.

Überblickt man die bisherigen Studien zur Geographie des Freizeitverhaltens, so ist festzustellen, daß Arbeiten über den längerfristigen Reiseverkehr weitaus überwiegen. Die schon seit Jahrzehnten sichtbare landschaftliche Prägung, hohe Beteiligungsintensitäten, beachtliche ökonomische Wirksamkeit und deutliche Verkehrsströme bieten die Erklärung für die Bevorzugung der Raumwirksamkeit dieser Freizeitaktivität als Studienobjekt. Detaillierte Studien liegen z. B. im Hinblick auf eine Gemeindetypisierung vor (RUPPERT u. MAIER, 1970b; MAIER, 1970b; KULINAT, 1972; UTHOFF, 1970). Erst seit etwa einem Jahrzehnt tritt der Naherholungsraum stärker in den Blickpunkt sozialgeographischer Forschung (RUPPERT u. MAIER, 1970b). Inzwischen sind Naherholungsraum und Naherholungsverkehr als wichtige Bestandteile räumlicher Organisationsformen der Gesellschaft erkannt und vielfach Gegenstand wissenschaftlicher Untersuchungen geworden.

Besonders selten sind bisher aus geographischer Perspektive geschriebene Studien über das Freitzeitverhalten im Wohnumfeld. Erst allmählich setzt sich die Erkenntnis durch, daß die Grundfunktion Freizeitverhalten über Strukturmuster verfügt, die auch einen engen Kontakt zur stadtgeographischen Forschung erfordern, denn im Rahmen der Einflußfaktoren städtischer Entwicklung und Funktionsbestimmung gewinnt der Aspekt „Freizeit" zunehmend an Bedeutung. Er wurde nicht nur zu einem Faktor für das Wachstum der Städte, z. B. in Gestalt des häufig bei geplanten Industrieansiedlungen eingesetzten Image-Attributes „hoher Wohn- und Freizeitwert", sondern trägt mit seinem breiten Angebotsfächer auch zur Gestaltung bzw. Umgestaltung des innerstädtischen Strukturgefüges bei. Die Stadt München ist hierfür ein gutes Beispiel (MAIER, 1975a). Bei der Entwicklung von der Handels- und Bürgerstadt des Mittelalters zur Kunst- und Kulturstadt des 18. und 19. Jahrhunderts bzw. zur süddeutschen Metropole (bedeutendster Handelsplatz und größte Industriestadt Bayerns) und Olympiastadt spielte das Freizeitverhalten der verschiedenen gesellschaftlichen Gruppen ebenso eine Rolle wie andererseits die Stadt mit ihren zahlreichen kunsthistorischen Sehenswürdigkeiten, ihrem Stadtbild, den verschiedensten Einrichtungen des Fremdenverkehrs und nicht zuletzt dem Lebensstil der Bevölkerung zur Attraktivität Münchens als „Fremdenverkehrs- oder Freizeit-Stadt" beiträgt.

Die Stadt als umfassendes kulturgeographisches Wirkungszentrum wird sowohl als Quelle, wie – u. a. unterstützt durch die verstärkte Ausbreitung urbaner Verhaltensweisen in das Umland – auch als Ziel von Freizeitaktivitäten, von seiten ihrer Bewohner und für auswärtige Personengruppen, betrachtet. Ihr Freizeitwert wird nicht nur von den spezifischen Einrichtungen und Flächen innerhalb der Stadt (der materiellen Infrastruktur im eigentlichen Sinne), von der Stadt und ihrer Atmosphäre (den Lebensformen und dem Lebensstil) bestimmt, sondern auch von der Attraktivität des Umlandes und von den Meinungen und Vorstellungen der verschiedenen Gesellschaftsgruppen über eine Stadt. Die Multifunktionalität ist bekanntlich ein typisches Kennzeichen einer Stadt, vor allem einer Großstadt. Die Freizeitaktivitäten können dabei selbstverständlich immer nur einen Teilbereich der städtischen Lebensbeziehungen darstellen, sind jedoch in ihrer Vielfalt von beachtlicher Bedeutung.

Gemessen an der in ihr verbrachten Freizeit stellt die Wohnung eine „Freizeitstätte" von größter Bedeutung dar, ein Faktum, das erneut darauf hinweist, wie eng die Fragen der Freizeitverwendung auch von anderen Problemen städtischer Entwicklung beeinflußt werden. Jedoch daraus den Schluß zu ziehen, daß zwischen Wohnverhältnissen oder der Art der Bebauung und dem Freizeitverhalten ein direkter Zusammenhang bestünde, wäre nach mehrfachen Untersuchungen falsch (MAIER, 1975 b). Vielmehr spielen sozioökonomische Strukturmerkmale (vom Alter bis zum Einkommen), die Zusammensetzung nach gesellschaftlichen Gruppen und die sich daraus ergebenden spezifischen Bedürfnisstrukturen innerhalb der einzelnen Stadtviertel eine weit wichtigere Rolle unter den Einflußgrößen der Freizeitverhaltensweisen. Was die Freizeitverwendung selbst in diesem Aktivitätsraum betrifft, so herrschen neben dem „Ausruhen" und „Ausspannen" Tätigkeiten wie „Fernsehen" und „Garten- sowie Wagenpflege" vor, die unter veränderten Fragestellungen zwar auch in soziologischen Studien angesprochen werden, geographisch aber dann wichtig werden, wenn sie Raumstrukturen bilden.

Eine gewisse Zwischenstellung zwischen Feierabend- und Wochenenderholung nimmt die Freizeit in Grünanlagen und Parks ein, da die Vielfalt dieser Einrichtungen von dem Wohnstandort nahegelegenen Spielplätzen bzw. Grünanlagen bis zu den stärker ausgestalteten Parks (z. B. in Gestalt eines Tierparks oder Botanischen Gartens) reicht. Abgesehen vom Winter stellen etwa in München (MAIER, 1975a) Grünanlagen und Parks zu allen Jahreszeiten für die Bewohner zahlreicher Stadtbezirke durchaus eine Alternative zur Freizeitstätte „Wohnung" dar. Möglichst sollte jedoch eine solche Anlage innerhalb einer 15-Minuten-Distanz liegen.

München, das mit seinem Grünflächenareal von 2895 ha einschließlich 346 ha Kleingartenanlagen einen beachtlichen Grünflächenbesatz unter den Großstädten der BRD erreicht, besitzt andererseits auch erhebliche Unterschiede in der regionalen Verteilung derartiger Flächen. So sind z. B. die Stadtbezirke Haidhausen und Isarvorstadt, traditionelle Wohnbereiche mit teilweise vorhandener Sanierungsproblematik, relativ gering damit ausgestattet, während bevorzugte Wohnlagen, wie Bogenhausen, Harlaching oder Neuhausen-Nymphenburg über einen hohen Besatz verfügen. In Gestalt der mit 360 ha größten Erholungsfläche des „Englischen Gartens" sowie des Luitpoldparks und des Olympiageländes wird bereits in diesem Bereich innerstädtischer Freizeitverwendung auf die bevorzugte Stellung Schwabings innerhalb der Freizeitpräferenzen hingewiesen. Der Stellenwert der einzelnen Anlage und damit die Besucherstruktur hängt neben den bereits erwähnten Faktoren „Lage zum Wohngebiet" bzw. „Erreichbarkeit" auch von der „Größe und Ausstattung" sowie dem Stellenwert der Anlage für die Besucher ab. Dies zeigt sich z. B. sehr deutlich bei Parks mit einer gewissen überlokalen oder überregionalen Bedeutung, wie z. B. dem Tierpark Hellabrunn und dem Schloßpark Nymphenburg einschließlich des Botanischen Gartens. In funktionaler Hinsicht unterscheiden sich die beiden Anlagen ebenso wie in bezug auf die Sozialstruktur der Besucher. Im Hinblick auf die Berufsstruktur halten sich im Nymphenburger Park bevorzugt Hausfrauen vor den Pensionären/Rentnern auf. Sie unterstreichen damit die Bedeutung dieses Erholungsparks für die umliegenden Wohngebiete (überwiegend der sozialen Mittel- und Oberschicht), wogegen im Tierpark Facharbeiter, mittlere Beamte und Angestellte dominieren. Neben den unterschiedlichen Attraktionsmomenten kommt auch deutlich die jeweilige gesellschaftliche Rolle der Parks in den Bewertungsvorstellungen der Besucher zum Ausdruck.

Wie schon erwähnt, wurde der Naherholungsverkehr erst in neuerer Zeit in sozialgeographische Untersuchungen einbezogen. Es wird darunter derjenige Teil des Erholungsverkehrs verstanden, der sich zeitlich bis zur Wochenenderholung ausdehnt. Mit dem Zusatz „Nah" soll nur bedingt die relativ geringe Entfernung, die durch die fortschreitende Verkehrserschließung und die wachsende Motorisierung an Gewicht verloren hat, als Kriterium herangezogen werden, sondern vielmehr die zeitliche Begrenzung der Freizeit. Die Ausdehnung des Naherholungsraumes einer Stadt wird im wesentlichen durch vier Komponenten bestimmt:

die zur Verfügung stehende Freizeit der Erholungsuchenden,
das zur Verfügung stehende Verkehrsmittel,
die vorhandenen und alternativ auszuwählenden Naherholungsgebiete mit ihren verkehrstechnischen Verbindungen,
die jahreszeitlich schwankenden Präferenzen der einzelnen Sozialgruppen.

Am Beispiel des Naherholungsraumes der Stadt München sollen einige wichtige Gesichtspunkte zur Raumrelevanz des Naherholungsverkehrs erläutert werden (RUPPERT u. MAIER, 1970 a). In der historischen Entwicklung zeigt sich eine enge Verbindung zwischen dem Wandel des Naherholungsverkehrs und den Veränderungen der baulichen Ausdehnung und Verdichtung in der Stadtregion München einerseits und der Entwicklung auf dem Verkehrssektor (Verkehrsmittel und -wege) andererseits. Zu Beginn dieses Jahrhunderts lag der Schwerpunkt des Münchner Ausflugsverkehrs noch innerhalb der Stadt bzw. in allernächster Umgebung (BORCHERDT, 1957). Durch die Eröffnung der ersten Eisenbahnlinien ergaben sich neue Möglichkeiten für die Entwicklung des Naherholungsverkehrs. Damit verlagerten sich die bevorzugten Ausflugsziele südlich von München (Isartal bis Schäftlarn, Starnberger See und Ammersee) in eine Entfernung bis zu 20–25 km um den Stadtkern. In dieser Phase bildete die Art und Ausgestaltung der Linienführung der Eisenbahnen die entscheidende Einflußkomponente für die Richtung und Reichweite des Ausflugsverkehrs. Durch die stete Ausdehnung der Stadt München und der sie umgebenden Vororte wurden diese traditionellen Ausflugsgebiete z. T. zu bevorzugten Wohngebieten. Der Naherholungsverkehr erfüllte, unterstützt durch die zunehmende Motorisierung und flächenhafte Verkehrserschließung, einen größeren Raum. Was blieb, war die bevorzugte Südrichtung, die Stadtrandbezirke als Ziel von Nachmittagsausflügen und die um München gelegenen Staatsforste als Tagesausflugsgebiete.

Zur gegenwärtigen Struktur läßt sich sagen, daß der Naherholungsverkehr wesentlich geringeren jahreszeitlichen Schwankungen unterworfen ist als der Urlaubsverkehr. Er wird deshalb für zahlreiche Fremdenverkehrsorte im Alpengebiet zum wichtigen Ausgleichsfaktor in den Saisonschwankungen. Andererseits reagiert der Naherholungsverkehr äußerst elastisch in bezug auf bestimmte Wetterlagen. Ein weiteres Charakteristikum ist die Bevorzugung unterschiedlicher Relieftypen, wobei im Münchner Bereich durch die Alpen und das Alpenvorland im Süden, durch das Tertiärhügelland und die Schichtstufenlandschaft der Fränkischen Alb im Norden eine günstige Voraussetzung auf der Angebotsseite für die Naherholung existiert. Daneben haben in der nächsten Umgebung Münchens eine Reihe kleinerer Badeseen im Norden und der Halbkreis großer Staatsforste im Süden und Osten eine beachtliche Bedeutung im Halbtagsausflugsverkehr. Das abwechslungsreiche Relief, verbunden mit dem Wechsel von Wiesen und Wald, erfährt eine bevorzugte Bewertung im Erholungsgebiet des Alpenvorlandes, während das nördlich den städtischen Verdichtungsbereich tangierende Moorgebiet und das Tertiärhügelland heute weniger beachtet werden.

Insgesamt nahmen 1968 in München rd. 30% der Bevölkerung regelmäßig an der Naherholung teil; eine Spitzenbeteiligung wird an schönen Wochenenden im Sommer mit über 60% erreicht. Wenn auch diese Ergebnisse nicht unbedingt repräsentativ für alle Großstädte sein müssen, so zeigt doch ein

Vergleich mit Paris (25–35%), Hamburg (32%), Bremen (25%) und Duisburg (29%), daß in großen Städten mit einem derartigen Anteil der Bevölkerung am Naherholungsverkehr gerechnet werden muß. Eine Untersuchung in Göttingen (FISCHER, 1969) zeigte ferner, daß sich dieses Verhalten, wenn auch nicht so ausgeprägt, auch in kleinen Städten äußert. Ebenso wird aus Studien in der DDR, der CSSR, Polen, Rumänien und Jugoslawien (JERŠIČ, 1971) klar, daß die Naherholung heute nicht auf ein Wirtschaftssystem beschränkt, sondern Kennzeichen der modernen Industriegesellschaft ist. Nach ersten Studien sprach WEHNER (1968) die Vermutung aus, daß der Anteil der Naherholungssuchenden mit zunehmender Einwohnerzahl in den Gemeinden ansteigt. Während er für Kleinstädte mit einer Intensität von 15% rechnet, die bei mittleren Städten auf 20% ansteigt, nimmt WEHNER für Großstädte im Durchschnitt 30% an bzw. in Einzelfällen bis zu 50%. Inzwischen hat sich jedoch gezeigt, daß eine größere Abhängigkeit vom Urbanisierungsgrad besteht (RUPPERT u. MAIER, 1973).

Für eine sozialgeographische Analyse sind die regionale Streuung des Naherholungsverkehrs und die gruppenspezifischen Reaktionsweiten der einzelnen Sozialgruppen interessante Fragen. Zum Beispiel bestehen trotz der breiten Streuung zwischen den Naherholungsgebieten um München in den verschiedenen Jahreszeiten mehrere Schwerpunkte. Während im Winter das Gebiet um den Tegernsee bzw. den Spitzingsee eindeutig an erster Stelle steht und im Frühjahr und Herbst die Bedeutung der Forstgebiete als Naherholungsziele relativ am größten ist, rücken im Sommer die Seengebiete im Alpenvorland in den Vordergrund. Die Reiseweite im Naherholungsverkehr hängt also nicht nur von der verfügbaren Erholungszeit, vom benutzten Verkehrsmittel und von den Verkehrsverbindungen, sondern stark von den jahreszeitlich schwankenden Präferenzen der sozialen Gruppen ab. Durch einen Wechsel in der Rangordnung dieser Faktoren kann sich die Reiseweite verändern. Dabei ist zu betonen, daß eine Begrenzung des Naherholungsverkehrs durch einen bestimmten Radius, wie es einzelne Autoren mit der 50-km-Reichweite versuchen, nicht unbedingt gegeben ist. Zwar überwiegt auch in München bei 40% aller Haushalte die Entfernungsstufe zwischen 30–100 km (einfache Strecke), jedoch fahren immerhin rd. 33% aller Haushalte im Naherholungsverkehr 100–250 km weit und fast 7% sogar über 250 km.

Um die für eine Beurteilung der raumrelevanten Verhaltensweisen notwendige Differenzierung innerhalb der sich beteiligenden Bevölkerungselemente vornehmen zu können, wurde eine Gliederung nach sozialen Schichten durchgeführt. Ausgehend von einzelnen Berufskategorien, Stufen des Familieneinkommens und der Stellung im Beruf wurden die Teilnehmer am Naherholungsverkehr nach einem dreigliedrigen Schichtungsmodell in Grund-, Mittel- und Oberschicht eingeteilt. Diese Gruppierung zeigte deutlich, daß die einzelnen Sozialschichten sich unterschiedlich am Naherholungsverkehr in bestimmten Bereichen beteiligen (S. Abb. 37).

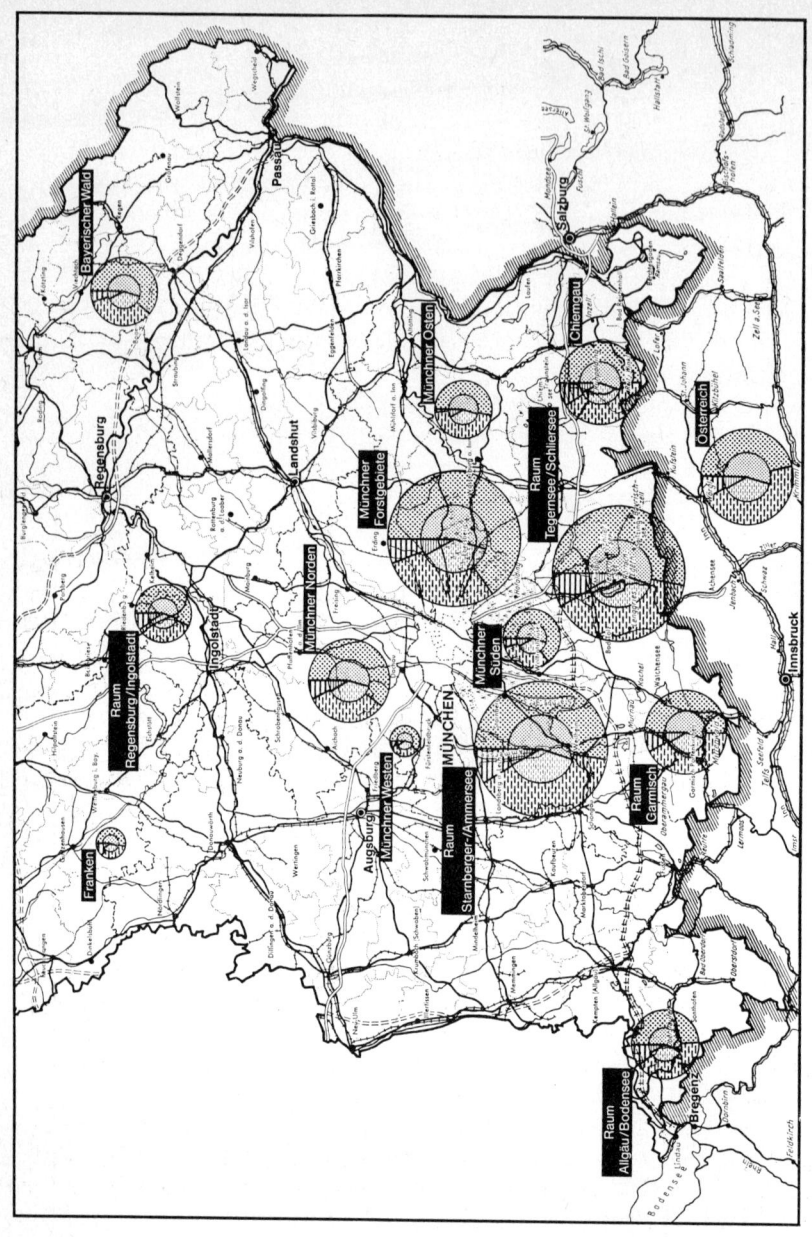

Abb. 37: Regionale Differenzierung der Sozialgruppen im Münchener Naherholungsraum 1968 (nach K. Ruppert und J. Maier 1970)

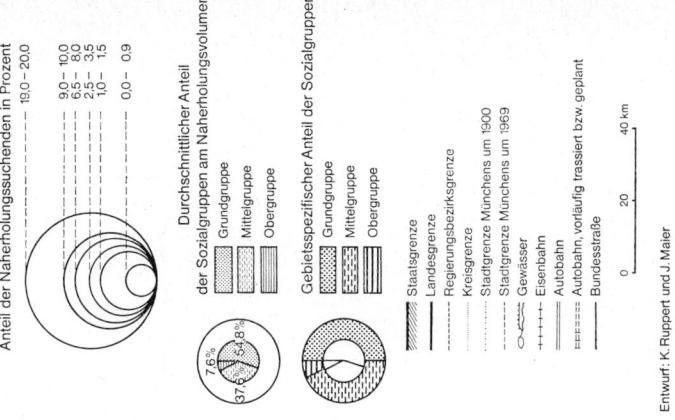

Während z. B. in den Skizentren des bayerischen Alpenraumes eine gleichmäßige Beteiligung der Ausflügler im Wintersportverkehr zu erkennen ist, herrscht im winterlichen Naherholungsverkehr nach Österreich die soziale Mittelschicht vor. Das ist einerseits damit zu begründen, daß diese Schicht am stärksten in der Sozialstruktur der Münchner Bevölkerung vertreten ist, andererseits aber nimmt mit der hierarchischen Position in der Gesellschaft der Anteil des PKW als Träger des Naherholungsverkehrs gegenüber den anderen Verkehrsmitteln überdurchschnittlich zu. Ein anderes Bild der sozialen Schichtung erhält man für die östlich von München gelegenen und relativ gering bewerteten Freizeiträume um Wasserburg und Mühldorf am Inn. Die soziale Mittel- und Grundschicht ist hier relativ stark vertreten, während der Anteil der sozialen Oberschicht verschwindend gering ist. Das mag auch daran liegen, daß aus diesem Raum in den letzten Jahren zahlreiche Angehörige der sozialen Grund- und Mittelschicht nach München zugezogen sind und nun in einer Rückbewegung diese Gebiete in der Freizeit (in der Regel Verwandten- und Bekanntenbesuche) wieder aufsuchen. In den Forstgebieten um München sind sowohl soziale Oberschicht (meist Personen, die am Stadtrand wohnen) als auch Grundschicht (vor allem Rentner) stark vertreten.

Für die Erschließung und Ausstattung von Erholungsgebieten ist neben der sozialen Differenzierung die gebietsspezifische Altersgliederung der Besucher von Bedeutung. Hier zeigen sich Zusammenhänge vor allem zwischen den Altersklassen der Naherholer einerseits und der Erreichbarkeit mit verschiedenen Verkehrsmitteln (altersspezifischer Motorisierungsgrad u. ä.) sowie der Gebietsausstattung für unterschiedliche Freizeitaktivitäten (Baden, Skifahren, Wandern usw.) andererseits. Die Bedeutung sozialgeographischer Untersuchungen für planerische Zwecke wird hier besonders deutlich.

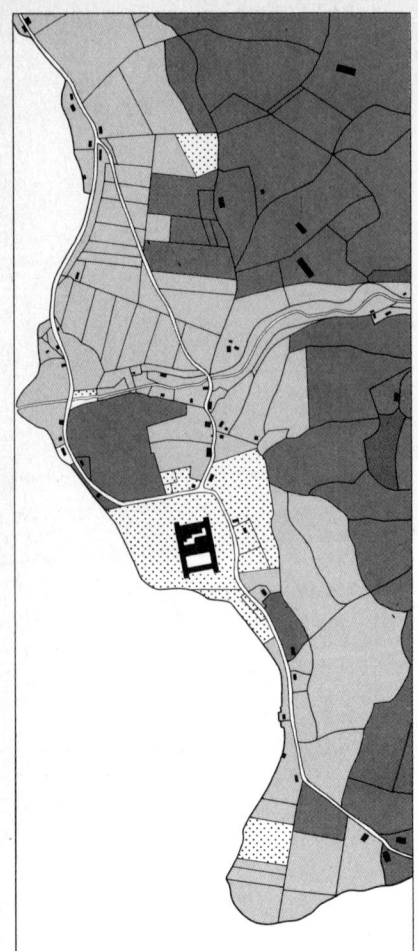 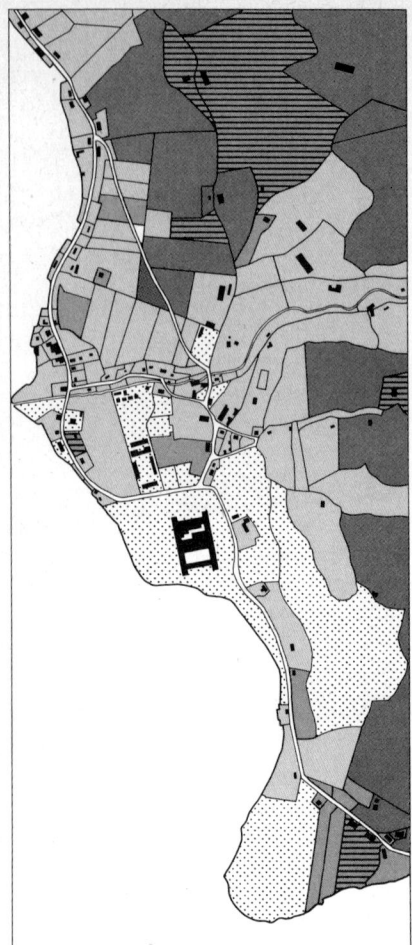

Abb. 38: Besitzgefüge in Tegernsee nach ausgewählten Gruppen (nach Ruppert 1962)

Abb. 38a: 1815   *Abb. 38b: 1862*

Schließlich sei noch kurz die Bedeutung des längerfristigen Reiseverkehrs angesprochen. Eine sozialgeographische Betrachtung dieses speziellen Aspekts der Grundfunktion „Freizeitverhalten" hat u. a. folgende Aufgaben (RUPPERT u. MAIER, 1970 b): Strukturanalyse der Eignung und der natur- und kulturgeographischen Eigenheiten eines Fremdenverkehrsortes bzw. -gebietes in Verbindung mit den raumrelevanten Strukturen der anderen Grundfunktionen menschlicher Existenz, gegenwartsbezogene Prozeßanalyse der Auswirkungen des Fremdenverkehrsverhaltens der verschiedenen sozialen Gruppen auf die

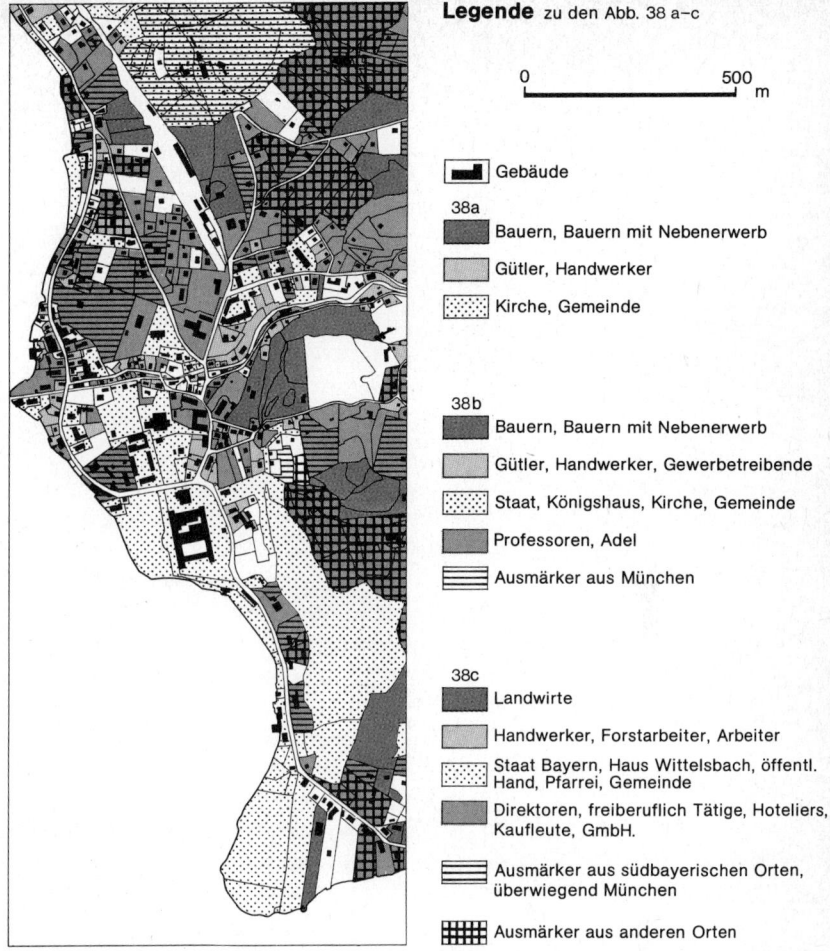

Abb. 38c: 1960

Gestaltung und Umwandlung der Fremdenverkehrsräume im Zeitverlauf. Dazu ist eine Betrachtung unter historisch-geographischen Aspekten nützlich, sie sollte jedoch nicht zum zentralen Thema der Prozeßanalyse werden.

Die Analyse des räumlichen Fremdenverkehrspotentials kann hierbei sowohl von der Angebotsseite vorgenommen werden – unter Berücksichtigung der physisch-geographischen und der kulturgeographischen Situation und ihrer sozialgruppenspezifischen und mit der Zeit veränderbaren Bewertung – als auch von seiten der Nachfrager. Hier wären dann verschiedene Arten des längerfristigen Reiseverkehrs zu unterscheiden, z. B. Urlaubsverkehr, Kurverkehr, Besichtigungsverkehr, Durchgangsverkehr, Geschäfts- und Berufsreiseverkehr. Jede dieser Fremdenverkehrsarten besitzt ihre spezifische Auswirkung auf die Landschaft, die durch die Teilnahme unterschiedlicher Sozialgruppen weiter differenziert werden kann.

Bei der Beantwortung der Frage, in welcher Weise der Fremdenverkehr zur prozeßhaften Umgestaltung der Landschaft beiträgt, muß zuerst geklärt werden, durch welche Faktoren Fremdenverkehrsorte bzw. -gebiete charakterisiert werden. Aus der Vielzahl der Erscheinungsformen sollen einige Komponenten herausgegriffen werden, die zur Analyse des Fremdenverkehrs als landschaftsgestaltender Faktor die Grundlage bieten können. Zwar ist seine Bedeutung für eine Gemeinde in vielen Fällen bereits an den Veränderungen im Ortsbild erkennbar, es sollen jedoch, da die Einflüsse von Ort zu Ort wechseln, allgemeingültige Indikatoren untersucht werden, die in allen Fremdenverkehrsorten auftreten (RUPPERT, 1962; VOGT, 1964; LETTRICH, 1975).

Neben den für eine wirtschaftsgeographische Betrachtung einer Fremdenverkehrsgemeinde wichtigen Größen wie den Übernachtungszahlen, der Bettenkapazität, der Sozialstruktur der Gäste, der Wertschöpfung des Fremdenverkehrs und den vergleichsweise hohen Steuereinnahmen stellen vor allem der ausgeprägte saisonale Rhythmus, der Überbesatz an zentralen Dienstleistungen niederer Ordnung und der relativ hohe Anteil ausmärkischen Grundbesitzes in der Regel aussagefähige Indikatoren für die Strukturen und Prozesse im Fremdenverkehrsgebiet dar. Am Beispiel Tegernsee (vgl. Abb. 38) verweisen die Umschichtungen im Grundbesitzgefüge z. B. indikatorhaft auf die zunehmende Bedeutung des Fremdenverkehrs. Die Sicherheit der wissenschaftlichen Aussage wird dann erleichtert, wenn die verschiedenen Indikatoren vereint auftreten (s. S. 81 f.). Mit Hilfe der genannten Daten, die größtenteils statistisch erfaßt werden, ist auch eine Typisierung von Fremdenverkehrsgemeinden möglich, die bei der Abgrenzung von Fremdenverkehrsregionen helfen kann.

Ebenso wie beim Aspekt Naherholung, kann auch im Bereich des längerfristigen Reiseverkehrs die Sozialgeographie der Planung Hinweise für eine vorausschauende Daseinsvorsorge für die Ansprüche der menschlichen Gruppen geben, indem sie versucht, die Grundfunktion „Freizeitverhalten" im Hinblick auf räumliche Organisationsformen dieser Gruppen zu untersuchen, die vorhandenen Strukturen und ihre durch die spezifischen raumrelevanten Ansprüche der einzelnen Gruppen verursachten prozeßhaften Veränderungen zu analysieren und zukünftige Verhaltensweisen und räumliche Prozesse zu prognostizieren.

Sozialgeographie als Planungsgrundlage

In den vorausgegangenen Abschnitten war vielfach der Bezug zur Praxis, d. h. der Gesichtspunkt der Anwendbarkeit sozialgeographischer Kenntnisse, nur angedeutet worden. Dieser letzte Abschnitt soll nun an einigen Beispielen verdeutlichen, wie Sozialgeographie der praktischen Planung dienen kann.

Die Hinwendung zur Lösung praxisbezogener Probleme ist ein entscheidendes Kennzeichen der sozialgeographischen Forschung. Zahlreiche Arbeiten verschiedenster Autoren belegen die Bedeutung ihrer Methoden für die Landesplanung (STEINBERG, 1967). Gerade in jüngster Zeit rückten zahlreiche Sozialgeographen in Tätigkeitsbereiche der praktischen Planung ein. Die an wissenschaftlichen Instituten begonnene Ausbildung von Diplom-Geographen förderte diese Tendenz zusätzlich. Es verwundert daher nicht, wenn zahlreiche Sozialgeographen direkt oder indirekt durch ihre wissenschaftliche Tätigkeit mit Gremien der Planungspraxis und der planungsbezogenen Forschung, wie z. B. Planungsverbänden oder mit der Akademie für Raumforschung und Landesplanung verbunden sind.

Erste Ansätze für Raumordnung und Raumplanung leistete die Geographie bereits frühzeitig in Gestalt der Gemeindetypisierungen. Angefangen von den methodisch-theoretischen Arbeiten HETTNERS (1902) oder den empirischen Studien GRADMANNS (1913) und HESSES (1948) vor dem 2. Weltkrieg, wurde in den letzten zwei Jahrzehnten in einer Fülle von Untersuchungen versucht, mit unterschiedlichen Kriterien (finanzwirtschaftlichen bis sozio-ökonomischen Strukturdaten) und unterschiedlichen Methoden (von einfachen Schwellenwertbildungen bis zum Einsatz der Faktorenanalyse) für unterschiedliche Zwecke Typisierungen vorzulegen (vgl. z. B. HUTTENLOCHER, 1949; FINKE, 1953; OFNER, 1955). Zunächst stand die Verwendung von Methoden im Vordergrund, mit denen Querschnittsbetrachtungen durch Benutzung statistischer Angaben vor allem aus dem agrarwirtschaftlichen Bereich durchgeführt wurden. In den letzten Jahren werden immer häufiger Verfahren bevorzugt, die zur Typisierung prozeßhafte Veränderungen heranziehen. So weist z. B. die Karte der Prozeßtypen der Bevölkerungs- und Wirtschaftsentwicklung südlich von München (vgl. Abb. 39) auf undynamische, stagnierende oder dynamische Abläufe hin, je nach Veränderung der Bevölkerung und des Gewerbesteueraufkommens (SCHAFFER, 1971; vgl. auch MOEWES, 1968).

Der Grundgedanke aller Typisierungsansätze ist die Erfassung der individuellen Struktur der Gemeinden im großräumigen Vergleich durch die Herausarbeitung gemeinsamer Grundzüge und eine Gruppierung in wenige überschau-

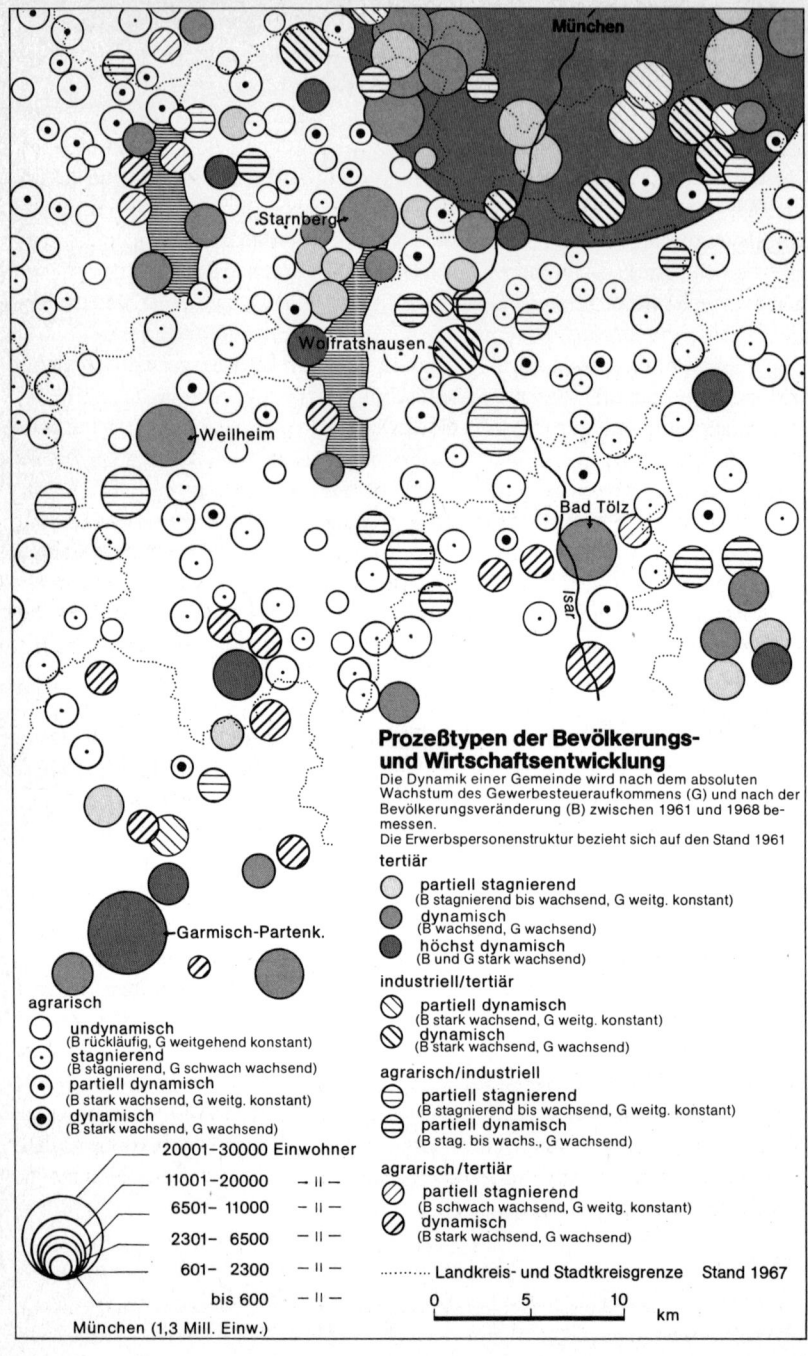

und interpretierbare Typen. Die Gemeindetypisierung kann als Zwischenstufe in dem Bemühen um eine Verallgemeinerung wissenschaftlicher Aussagen gesehen werden, wobei von der Voraussetzung ausgegangen wird, daß die Gebietseinheiten vergleichbar sind. Die verschiedenen Typisierungsansätze versuchen deshalb, aus der Vielzahl möglicher Kriterien jene herauszugreifen, die Objekte gleichartiger Merkmalseigenschaften umfassen. Dies unterscheidet sie deutlich von den Gliederungsversuchen über sozio-ökonomische Verflechtungsbereiche; andererseits werden durch die Gemeindetypisierungen die spezifischen Raumstrukturen besonders deutlich gemacht und dienen zur Analyse der inneren Struktur und als Hilfe bei der Abgrenzung der Verflechtungs- und Planungsregionen.

In dieser Entwicklung spiegelt sich auch eine deutlich veränderte Grundeinstellung innerhalb der wissenschaftlichen Geographie, wie es neuerdings BARTELS programmatisch fordert. Die Blickrichtung wurde stärker auf die gegenwärtigen Strukturen gerichtet und ihre Persistenz bzw. ihre Wandelbarkeit als Grundwissen in zukunftsorientierte Betrachtungen eingebracht. Damit wurde deutlich, daß die Sozialgeographie eine wesentliche Grundlagenwissenschaft für die räumliche Planung sein kann. Hierin zeigt sich auch der Unterschied gegenüber manchen älteren Auffassungen vom Wesen geographischer Wissenschaft, wie sie z. B. von PFEIFER (1965) formuliert wurden. „Eines bleibt der ‚klassischen' Geographie eigentümlich, ... sie ist Analyse der Vergangenheit mehr als Analyse der Gegenwart."

Die veränderte Blickrichtung ließ deutlich werden, daß sozialgeographische Kenntnisse den Charakter von Entscheidungshilfen für den Politiker besitzen können. Erwartungsgemäß mußte sich dies besonders bei den unterschiedlichsten Verfahren zur Erstellung neuer räumlicher Gliederungen zeigen. Drei Fragenkreise, die hier angesprochen werden sollen, verdeutlichen dies:

1. Die Festlegung von Planungsregionen
2. Die Neuabgrenzung von Verwaltungseinheiten innerhalb der territorialen Verwaltungsreform, insbesondere im Hinblick auf Gemeinde und Kreis
3. Die Lösung der innerhalb des fortschreitenden Verdichtungsprozesses entstandenen Stadt-Umland-Problematik.

In allen drei Fällen geht es darum, räumliche Kapazitäten-Reichweiten-Systeme zu ermitteln und dem Politiker Entscheidungsgrundlagen anzubieten. Diese Fragestellungen waren besonders geeignet, die Verwendbarkeit sozialgeographischer Arbeit für die Praxis zu verdeutlichen. Am Beispiel Bayerns soll dieser Sachverhalt kurz erläutert werden.

◁ *Abb. 39: Gemeindetypisierung nach der Bevölkerungs- und Wirtschaftsentwicklung, Gebietsausschnitt Alpenvorland südlich Münchens (nach Schaffer 1971)*

Planungsregionen und Verwaltungsgebiete als räumliche Organisationsformen unserer Gesellschaft

Wie auf Seite 70 f. bereits erörtert, handelt es sich nach der hier dargelegten Auffassung über den sozialgeographischen Raum um Kapazitäten-Reichweiten-Systeme, die sich an der gesamtgesellschaftlichen Situation orientieren. Ändern sich die Mensch-Raum-Beziehungen entscheidend, dann sollten auch die territorialen Verwaltungsbereiche in ihrer Ausdehnung unter Beachtung dieser veränderten Beziehungen neu überdacht werden (PAESLER u. RUPPERT, 1975). Ebenso gilt, daß neu zu schaffende räumliche Gliederungen, die zu den Aktivitäten der menschlichen Gruppen einen wesentlichen Bezug haben, jeweils Bereiche abdecken sollen, die den Kapazitäten und Reichweiten der betroffenen Gruppen entsprechen. Mit dieser Forderung, die noch durch zahlreiche gesellschaftspolitische Momente von Fall zu Fall verändert wird, ist zwar nicht das Ergebnis parzellenscharf zu ermitteln. Jedoch läßt sich eine räumliche Organisation, soll sie für den Menschen und nicht nach rein verwaltungsorganisatorischen, ökonomischen, machtpolitischen oder sonstigen Kriterien aufgebaut werden, nicht ohne Beachtung dieser Grundüberlegung durchführen.

Planungsregionen

Die Erfahrung lehrt, daß die tatsächlichen Grenzlinien immer wieder einen Kompromiß aus der Zweckbestimmung und einer Vielfalt von Präferenzen der Entscheidungsträger darstellen. Regionale Gliederungen sind auch hier immer am Zweck der Fragestellung, z. B. Region als Instrument der Landesentwicklung, orientiert; eine allen Anforderungen gerecht werdende Abgrenzung gibt es nicht (RUPPERT, 1972).

Jede Landesplanung benötigt zur Erfüllung ihrer Aufgaben – die räumliche Entwicklung im Sinne einer vorausschauenden Daseinsvorsorge vorzubereiten – eine Gliederung ihres Arbeitsbereiches in räumliche Einheiten, die der Planungsaufgabe entsprechen. Als Raumeinheiten in diesem Sinne wurden die Regionen erkannt. In der wissenschaftlichen Literatur wird der Begriff sehr unterschiedlich interpretiert, sowohl im Hinblick auf die Größenordnung als auch auf das innere Gefüge (STEINBERG, 1973; GRIGG, 1970).

Im nachfolgenden handelt es sich um die Diskussion von planungsrelevanten Aktionsräumen, wie sie in verschiedenen Gesetzen der deutschen Bundesländer fixiert sind. Auch das Bayerische Landesplanungsgesetz vom 6. 2. 1970 schreibt die Einteilung Bayerns in Planungsregionen vor. Hierbei sollen nach dem Wortlaut des Gesetzes Gebiete zusammengefaßt werden, zwischen denen ausgewogene Lebens- und Wirtschaftsbeziehungen bestehen oder entwickelt werden sollen, die den Erfordernissen der Raumordnung entsprechen (RUP-

PERT, 1975a). Nach den bisher dargelegten Auffassungen kann es sich nur um funktionsräumliche Bereiche handeln, die den raumbezogenen Aktivitäten der verschiedenen sozialen Gruppen Rechnung tragen. Sie umfassen ein hierarchisch aufgebautes Netz von Orten unterschiedlicher Zentralitätsstufen, meist mit einem Oberzentrum und den Einzugsbereichen mehrerer Orte mittlerer Zentralität, die Teilaufgaben bei der Versorgung mit sekundären und tertiären Arbeitsmöglichkeiten, weiterführenden Schulen, Krankenhäusern und dgl. sowie mit Waren und Diensten des mittleren und gehobenen periodischen und aperiodischen Bedarfs erfüllen. Neben diesen „monozentrischen Regionen" zeigt die Existenz von „polyzentrischen" Regionen eine weniger deutliche Zentrierung innerhalb der zentralörtlichen Hierarchiestufen und in der Regel ein Defizit an oberzentralen Einrichtungen.

Folgende Leitsätze zur Charakterisierung von Wesen und Inhalt dieser Regionen bieten sich an (RUPPERT u. a., 1969):

– Die Region soll nach Möglichkeit den Kommunikationsraum der Grunddaseinsfunktionen unserer Gesellschaft für die darin wohnende Bevölkerung umfassen.
– Regionen sind daher zentrierte, funktionsräumlich orientierte Einheiten und keine homogenen Räume.
– Die Grenzen der Regionen schneiden Gemeindegrenzen nicht, Kreisgrenzen nur dort, wo diese nicht Verflechtungsbereiche umschließen.
– In Gebieten mehrfacher Zuordnungsmöglichkeit (nicht zentrierte Räume oder funktionale Überlagerungsgebiete) ist eine wechselseitige Angliederung an benachbarte Regionen möglich.
– Die Regionen decken das Staatsgebiet lückenlos.

Aus der Auffassung, daß die Gesellschaft Träger der Grundfunktionen und ihrer raumrelevanten Prozesse ist, leitet sich zwangsläufig die Konsequenz ab, daß Funktionalräume in der Regel keine statischen Gebilde und Regionsgrenzen veränderbar sind. Die Grenzen der institutionalisierten Planungsregionen bedürfen daher in längeren Zeitabständen einer Überprüfung. Die Kapazitätsüberlegungen bezogen sich bei der obengenannten Untersuchung stark auf die Diskussion der Größen von Arbeitsmarktstrukturen und Versorgungsbereichen, wobei den Pendlerverflechtungen hohe Priorität eingeräumt wurde, aber auch den Versorgungsbeziehungen, Wanderungsströmen, Verkehrsintensitäten usw. Unter Beachtung insbesondere der Funktionsstandorte Wohnen und Arbeiten und der bestehenden und zu entwickelnden Verflechtungen konnte eine räumliche Gliederung Bayerns in Planungsregionen erstellt werden (vgl. Abb. 40).

Nach längerer Diskussion in den Entscheidungsgremien trat die endgültige Einteilung Bayerns in Planungsregionen am 1. 4. 1973 als Teil des Landesentwicklungsprogramms in Kraft. Sie übernahm die vorgeschlagene Grundkon-

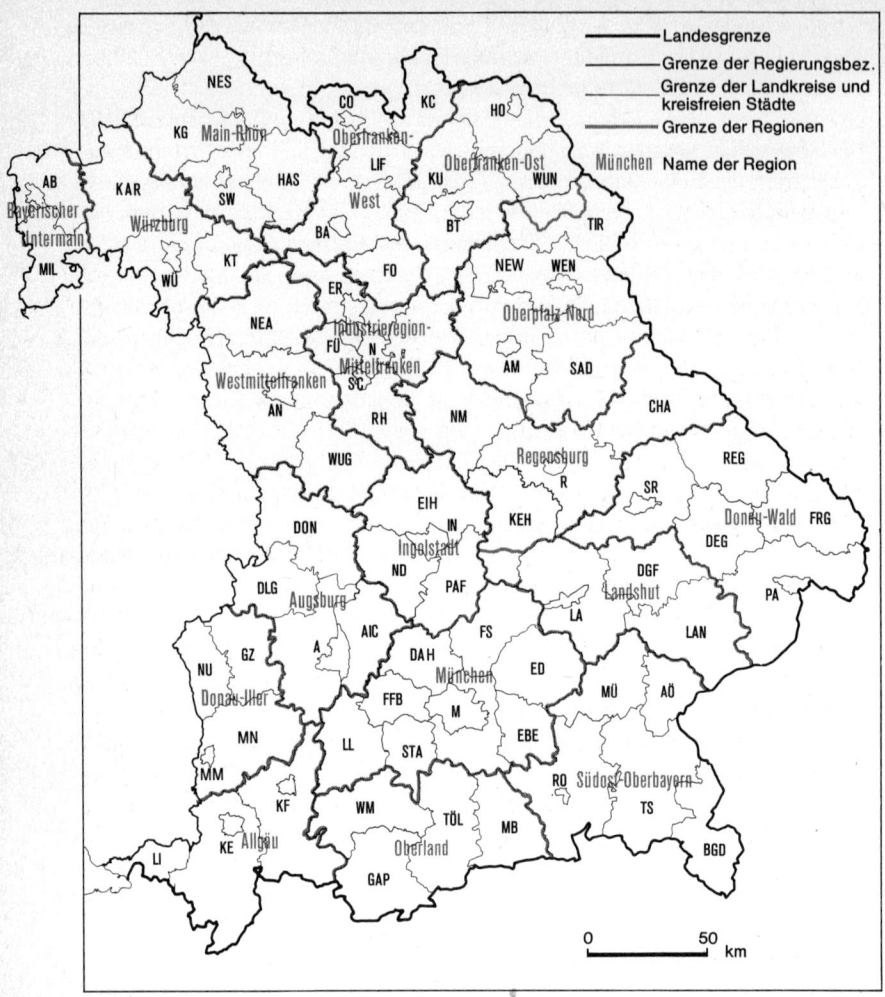

Abb. 40: Einteilung Bayerns in Regionen (nach Landesentwicklungsprogramm Bayern, 1976)

zeption und lehnte sich in der Abgrenzung, von typischen Fällen (z. B. Neumarkt, Forchheim usw.) abgesehen, im wesentlichen an die vorgeschlagene Gliederung an. In Bayern wurden 18 Regionen gebildet, von denen eine mit benachbarten Kreisen Baden-Württembergs zur grenzüberschreitenden Planungsregion Donau/Iller mit dem Zentrum Ulm/Neu-Ulm zusammengeschlossen wurde. Die 18 Regionen haben im Durchschnitt ca. 580 000 Einwohner auf einer Fläche von knapp 4000 qkm. Die Grundzüge der Entwicklung der einzelnen Regionen werden im Landesentwicklungsprogramm festgelegt. Die Beachtung der räumlichen Verflechtungsbereiche führte zu einer Infragestellung der bestehenden Kreisgrenzen. Entgegen früheren Entwürfen konnte erstmals eine Vernachlässigung bestehender Landkreisgrenzen erreicht werden. Die neuen Grenzen wurden dann auch bei der später anlaufenden Kreisgebietsreform in die Neufestsetzung einbezogen.

Inzwischen zeigte sich, daß diese neue Form einer Raumorganisation auch in ganz anderer Hinsicht für die Verwaltung interessant sein konnte (RUPPERT, 1973b). Das Streben nach wirksamerer Durchführung der Verbrechensbekämpfung ließ in den letzten Jahren die Suche nach neuen räumlichen Organisationsformen bei der Polizei erkennbar werden. Immer deutlicher wurden Mobilitätsbereiche der Täter bekannt, die keineswegs an Gemeindegrenzen haltmachen. Man sprach geradezu von „kriminellen Ausstrahlungsgebieten". Bei einer räumlichen Betrachtung tritt die Frage einer möglichen Interdependenz mit den von der Sozialgeographie schon erforschten räumlichen Organisationseinheiten auf. Bekannt war außerdem auch die zwischenstädtische Tätermobilität über größere Distanzen, die sich zwar einer regionalräumlichen Zuordnung im Sinne des oben skizzierten Regionsbegriffes entzieht, nichtsdestoweniger aber ebenfalls sozialgeographische Aspekte aufweist und ein Analogon in speziellen Wanderungsbewegungen findet.

In jüngster Zeit ist nun die Notwendigkeit einer stärkeren regionalen Aufbereitung der Straftaten und der Täterherkunft erkannt worden. Noch bevor diese Problematik auf Bundesebene durch eine entsprechende Initiative aufgegriffen wurde, haben bereits größere Städte über elektronische Datenverarbeitungsanlagen Tätersammlungen angelegt, die neben dem Strafdelikt auch Tatort und Wohnsitz des Täters sammeln. Diese Überlegungen mußten zwangsläufig zu Gedanken über die Relevanz derzeitiger räumlicher Organisationsformen der Polizei führen. Von der wissenschaftlichen Seite hat sich mit diesem Problem besonders HEROLD (1968) beschäftigt. In seiner Studie unternimmt er den Versuch einer systematischen Darstellung kriminalistischer Phänomene u. a. nach räumlichen Gesichtspunkten.

Der von HEROLD benutzte Begriff „Kriminalgeographie" wird folgendermaßen interpretiert: „Ausgangspunkt der Betrachtung ist nicht der Täter oder die Tätergruppe, sondern der Raum, d. h. die besondere strukturelle und funktionelle (und damit auch zeitliche) Besonderheit einer geographisch abgegrenzten Fläche von beliebiger Größe." Und später fährt er fort: „Die Kriminalgeographie untersucht ferner, welche räumlichen Eigenschaften die Wohnsitznahme durch Kriminelle bestimmen" (HEROLD, 1968).

Auf Grund der Vermutung, daß bei interlokalen Verbrechen bezüglich der Tätermobilität ähnliche räumliche Zusammenhänge bestehen wie bei den Verflechtungen innerhalb der Grundfunktionen, wurde am Beispiel Nürnberg der Mobilitätsbereich analysiert und mit der vom Wirtschaftsgeographischen Institut der Universität München ausgewiesenen Raumabgrenzung der Region

Nürnberg verglichen. Das Ergebnis war überraschend (vgl. Abb. 41). Die in der Karte dargestellten Verflechtungen zwischen Wohn- und Tatort der in Nürnberg straffällig Gewordenen zeigen bei räumlicher Betrachtung eine erstaunliche Übereinstimmung zwischen niedrigen regionsbezogenen Belastungskoeffizienten und der Grenze der nach ganz anderen Kriterien ausgewiesenen Planungsregion Nürnberg. Die Detailbetrachtung verweist auf die Bedeutung geographischer Raumstrukturen, die sich nicht einem einfachen Gravitationsmodell unterordnen lassen, wenngleich vielfach ein Intensitätsabfall mit wachsender Entfernung vom Stadtzentrum zu beobachten ist. Vielmehr zeichnet das Relief des Tätereinstromgebietes deutlich die verschiedenen Infrastrukturmuster bzw. die Bevölkerungsverteilungsstrukturen in ihren funktionalen Verflechtungen nach. Damit werden die oben angegebenen Vermutungen vollauf bestätigt.

Obwohl der Erfassungszeitraum der Daten relativ kurz ist (Juli 1968 bis November 1970), genügt er doch weitgehend den Anforderungen zur Kennzeichnung der typischen Raumstrukturen. Über den Nürnberger Raum hinaus werden zwei weitere Sachverhalte deutlich:
1. Im Hinblick auf den Einfluß vergleichbarer zentraler Orte wie Stuttgart und München verbirgt sich hinter den freibleibenden Sektorenabschnitten östlich Rothenburg–Dinkelsbühl–Nördlingen der Einflußbereich Stuttgart und südlich der Linie Nördlingen–Ingolstadt der Einflußbereich von München.
2. Sobald außerhalb der vom Wirtschaftsgeographischen Institut München vorgeschlagenen Planungsregion Nürnberg höhere Werte erreicht werden, geschieht dies erst nach einem relativen Minimum des Belastungskoeffizienten im betreffenden Sektor. Hier handelt es sich dann nahezu ausschließlich um eine zwischenstädtische Tätermobilität, ein in der Kriminalstatistik gutbekanntes Phänomen, das Parallelen in der entsprechenden zwischenstädtischen Wanderungsverflechtung findet.

Im Unterschied zu der amtlichen Abgrenzung der Planungsregion Nürnberg erfaßt die Abgrenzung des Wirtschaftsgeographischen Instituts München alle von Nürnberg ausgehenden Verflechtungsbereiche des Tätereinstromgebietes. Dies gilt besonders für die funktionsräumlichen Beziehungen Nürnberg–Neumarkt sowie für Nürnberg–Weißenburg und Nürnberg–Forchheim.

Die Wirksamkeit der Täterüberwachung kann sicherlich erhöht werden, wenn sich die räumlichen Organisationsformen der Polizei den Aktionsreichweiten der Täter besser anpassen. Inzwischen liegen in Bayern entsprechende Ansätze vor. So wird seit dem 1. 1. 1970, nach der Verstaatlichung der Kommunalpolizei, z. B. ein Organisationsmodell Aschaffenburg erprobt, das die damals noch existierenden Landkreise Alzenau, Aschaffenburg, Miltenberg und Obernburg mit der Stadt Aschaffenburg zusammenfaßte und damit den vom Wirtschaftsgeographischen Institut München ausgewiesenen Bereich der Region Aschaffenburg umfaßt. Auch im Bereich Ingolstadt sind ähnliche Bestrebungen deutlich geworden. Sicherlich wird man bei weiteren vergleichbaren

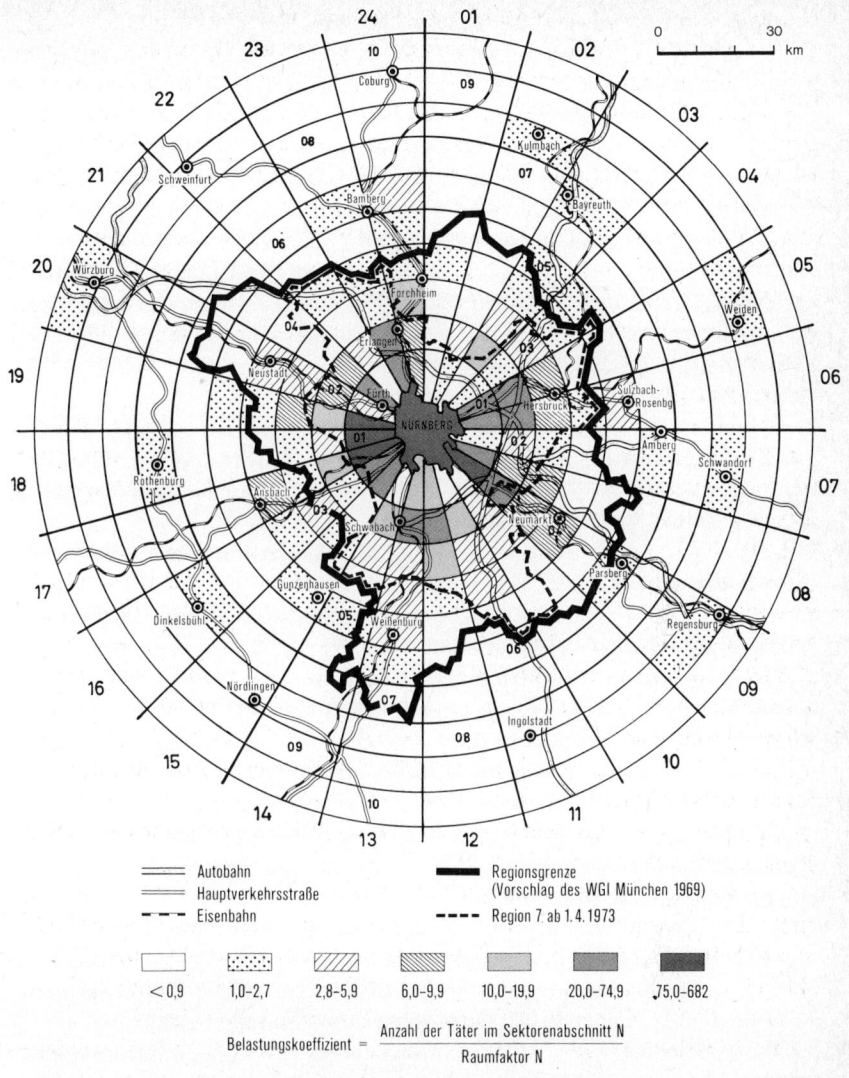

Abb. 41: Tätereinstromgebiet Nürnberg (nach K. Ruppert 1973)

Vorhaben auch die Realitäten von mono- und polyzentrischen Regionen berücksichtigen müssen. Die durch Planungsregionen fixierten Raumgrenzen haben damit auch in einer ganz anderen Sicht unverhofft ihre „Realität" bewiesen.

Territoriale Verwaltungsreform

Ein Abgrenzungsproblem mit stark veränderter Zielsetzung stellte die in allen deutschen Bundesländern laufende bzw. zum Teil schon abgeschlossene territoriale Verwaltungsreform dar. Trotz veränderter, stark an den Bedürfnissen der Verwaltung orientierter Zielsetzung war auch hier für den Politiker die Verwendung sozialgeographischer Erkenntnisse fruchtbar zu machen. Jedoch ist bei diesem Vorhaben zu beachten, daß der staatliche Verwaltungsaufbau nicht kurzfristig geändert werden kann. Es wäre aber völlig falsch, aus dieser Auffassung heraus und in Anbetracht des Wandels räumlicher Bezugsfelder die funktionsräumliche Konzeption der Kapazitäten-Reichweiten-Systeme zu vernachlässigen, insbesondere in Anbetracht so entscheidender Wandlungen, wie sie beim Übergang von der flächenbezogenen Agrar- zur standortorientierten Industrie- und Dienstleistungsgesellschaft auftreten.

In allen Ländern der Bundesrepublik Deutschland wird um die Mitte der 60er Jahre das Thema Verwaltungsgebietsreform ein Hauptdiskussionspunkt der Innenpolitik. Während bezüglich der Neugliederung der Länder des Bundesgebietes wegen der Vielzahl der dabei betroffenen Interessen trotz eines weiteren Gutachtens (SACHVERSTÄNDIGEN-KOMMISSION, 1973) bisher keinerlei Fortschritt erzielt werden konnte, ist dagegen unterhalb der Verwaltungsebene der Bundesländer die Gebietsreform in vollem Gange bzw. schon weitgehend abgeschlossen. Ähnliche Überlegungen sind in vielen anderen europäischen Staaten in der politischen Diskussion. Es handelt sich also offensichtlich nicht nur um ein räumlich enger begrenztes, sondern um ein erstrangiges Raumordnungsproblem der Gegenwart. Säkulare Veränderungen der Wirtschafts- und Sozialstruktur sind, im Zusammenhang mit der hohen Mobilität und Verdichtung der Bevölkerung, offenbar jetzt so stark wirksam geworden, daß sie eine Reorganisation des traditionellen Funktional- und Raumsystems von Verwaltungsgebieten zwingend erfordern.

Der erste Schritt zu einer neuzeitlichen Verwaltungsgliederung erfolgte in Bayern zu Beginn des 19. Jahrhunderts. Minister von MONTGELAS formte innerhalb weniger Jahre einen durchorganisierten und einheitlich verwalteten Staat. Er schuf aus über 40 000 Ortschaften durch Edikte von 1808 und 1818 rund 7500 Gemeinden als kleinste politische Einheiten. Schließlich teilte er das Staatsgebiet in 15 (ab 1819: 8) Kreise ein, aus denen später die Regierungsbezirke hervorgingen. Fortgeführt wurde die Gebietsreform des 19. Jahrhunderts 1862 durch die Trennung von Justiz und Verwaltung, als die 8 Kreise in Bezirksämter (die späteren Landkreise) und kreisunmittelbare Städte eingeteilt wurden.

Was die Gebietsreform des vergangenen Jahrhunderts betrifft, so ist sie auch deshalb von grundsätzlicher Bedeutung, weil hier ein wichtiger Schritt von der feudalistisch-dynastischen Gliederung des Landes in Richtung auf eine funktionsräumliche Gliederung getan wurde. Die Grenzen der neuen Bezirksämter lassen erstmals eine Annäherung an zentralörtliche Bereiche der (damaligen) Unter- bzw. Mittelstufe erkennen. An dieser Verwaltungsgliederung aus der Mitte des 19. Jahrhunderts änderte sich bis 1972 in Bayern nichts Wesentliches.

Seit Einführung dieser Verwaltungsgliederung ist die gesamtgesellschaftliche Situation durch Wandlungsprozesse gekennzeichnet, wie sie kaum je zuvor in dieser Intensität abgelaufen sind. Die Urbanisierung des Lebensraumes im Sinne einer Auflösung des früheren Stadt-Land-Gegensatzes zu Gunsten eines Stadt-Land-Kontinuums wird deutlich. Ein starker Verdichtungsprozeß erfaßt Arbeits- und Wohnstandorte, die sich immer stärker in Stadtregionen, großflächigen Siedlungsagglomerationen, konzentrieren. Schließlich ist die Veränderung der Dimensionen bei der Ausübung der menschlichen Daseinsfunktionen zu nennen. Sie wirkt sich in einer Vergrößerung der Aktionsreichweiten aus; der menschliche Lebensraum erfährt eine Erweiterung und beschränkt sich nicht mehr fast ausschließlich auf die Wohngemeinde. Standortsysteme entstehen, in denen sich ergänzende Gemeinden mit zunehmender Verflechtung zu größeren funktionsräumlichen Einheiten zusammenschließen.

Diese Veränderungen der gesamtgesellschaftlichen Situation machen ein Überdenken der unter ganz anderen gesellschaftlichen und wirtschaftlichen Voraussetzungen geschaffenen Verwaltungsgebiete – sowohl ihrer Funktion als auch ihrer räumlichen Ausdehnung nach – zwingend erforderlich. Weiterhin ist in diesem Zusammenhang auch die veränderte Auffassung von den Aufgaben des Staates und der Gemeinde zu berücksichtigen. Hier ist insbesondere die stark gestiegene Erwartung in bezug auf Versorgungsleistung zu nennen, die zu Anforderungen führt, denen eine nach agrargesellschaftlichen Traditionen organisierte Verwaltung nicht mehr gerecht wird. Schließlich werden auch ökonomische Aspekte ins Feld geführt, die bei rapide ansteigenden Kosten für die kommunale Infrastruktur zu möglichst rationeller Verwendung der eingesetzten Steuergelder auffordern, z. B. durch die Schaffung von Verwaltungsgebieten derartiger Größe, daß Gemeinschaftseinrichtungen mit geringsten Kosten bei größtem Wirkungsgrad unterhalten werden können.

Diese Neugliederung mußte vor allem den Zuschnitt der Kreise und der Gemeinden betreffen. Ziel einer Gebietsreform auf der Gemeindeebene kann es selbstverständlich nicht sein, den stark ausgedehnten Aktivitätsraum der Bevölkerung wieder „einzufangen". Stattdessen ist zu fragen, welche Aufgabe die Gemeinde als kleinste politische und Verwaltungseinheit heute noch hat bzw. sinnvoll haben kann. Aus dieser Aufgabenstellung heraus sind räumlicher Umgriff und bevölkerungsmäßige Größe zu bestimmen. Derartige Überlegungen führen vielfach zu dem Schluß, daß die Gemeinde heute vor allem als Versorgungsgemeinde zu sehen ist, da der Bürger in zunehmendem Maße in seinem weiteren Wohnumfeld öffentliche Dienstleistungen und Infrastruktureinrichtungen verlangt.

Im großen und ganzen setzt sich mit dieser Vorstellung die raumordnerische Konzeption der Versorgungsnahbereiche durch. Die Gemeinde der Zukunft soll in der Regel aus einem zentralen Ort und seinem ihm zugeordneten Nahbereich bestehen, der zur Deckung des kurzfristig anfallenden Bedarfs an Gütern und Dienstleistungen das Gemeindezentrum in Anspruch nimmt. Als Orientierungszahl wurden in Bayern 5000 Einwohner genannt, die der Gemeindegebietsreform zugrunde gelegt werden soll. Einwohnerzahl und Flächengröße der zukünftigen Gemeinde hängen natürlich auch stark von der Bevölkerungsdichte, der naturgeographischen Situation und der wirtschaftlichen Leistungskraft des Raumes ab. Im Umlandbereich von Großstädten werden zur Zeit noch größere kommunale Einheiten gefordert. Die Begründung wird in der Verbesserung der gemeindlichen Struktur im Stadt-Umland durch Bildung leistungskräftiger Gemeinden zu sehen sein und im Hinblick auf eine wirksame Ergänzung zwischen Kernstadt und Umland-Gemeinden (STADT-UMLAND-GUTACHTEN BAYERN, 1974). Die Zahl der bayerischen Gemeinden sank inzwischen von über 7000 auf etwas über 4000. Nach Beendigung der Freiwilligkeitsphase werden 1976 noch notwendige Gemeindezusammenlegungen zwangsweise verfügt werden.

Der Landkreis war von Anfang an als Institution zur Durchführung staatlicher Aufgaben auf der unteren Ebene und gemeindeübergreifender Selbstverwaltungsaufgaben vorgesehen. Um zu einer – unter Beachtung sozioökonomischer Verflechtungen – den Bedürfnissen der Bevölkerung dienenden Abgrenzung zu gelangen, bietet es sich an, von der zentralörtlichen Vorstellung über einen Mittelbereich auszugehen. Es handelt sich dabei um funktionsräumliche Verflechtungen mittlerer Stufe, bestehend aus einem zentralen Ort der entsprechenden Ausstattung und seinem ihm zur Versorgung mit Gütern und Dienstleistungen mittelfristigen Bedarfs zugeordneten Umland. Die praktische Durchführung der Reform erbrachte Kreise von einer Durchschnittsgröße von ca. 100 000 Einwohnern. In vielen Fällen ergab sich eine Übereinstimmung zwischen dieser Größenvorstellung und der tatsächlichen räumlichen Ausbildung mittelzentraler Bereiche, die als Modell angesprochen war. Die Zahl der Landkreise wurde von 143 auf 71 reduziert. Die Durchschnittsgröße erhöhte sich auf das Doppelte von 482 qkm auf knapp 1000 qkm.

Auch auf diesen Verfahren der territorial-administrativen Neuordnung ließen sich sozialgeographische Raumvorstellungen nutzbringend anwenden. Arbeitsfunktionale Reichweiten sozialer Gruppen boten auch hier vielfach Entscheidungshilfen für die Abgrenzung der Kreise.

Stadt-Umland-Probleme

Dem geographischen Aspekt der Stadt-Umland-Problematik ist schon früher in zahlreichen Publikationen Aufmerksamkeit gewidmet worden. KLÖPPER gab 1956 einen Literaturüberblick, SCHÖLLER nahm 1959 unter sozialgeographischer Perspektive zum Stadt-Umland-Problem Stellung.

Trotz der inzwischen abgelaufenen Reform der Kreisgebiete war z. B. in Bayern dieses Problem nicht gelöst worden. Dies lag mit Sicherheit auch daran, daß eine Neuordnung im stadtnahen Bereich zweifellos auch die tradierte Form der Gemeindeautonomie in Frage stellen mußte. Die hohe Mobilität der Bevölkerung und die sich daraus ergebende Verlagerung der verschiedenen Funktionsstandorte hatte zur Folge, daß gerade in der Nachbarschaft der Städte die Diskrepanz zwischen Verwaltungs- und Funktionalraum besonders deutlich sichtbar wurde. Häufig zerschnitten Verwaltungsgrenzen abrupt Bereiche hoher Verflechtungsintensität (siehe z. B. SCHAFFER u. a. 1976).

Die verstärkte Bevölkerungsverlagerung im stadtnahen Bereich zeigte in den letzten Jahren sehr deutlich, daß sowohl die Kernsiedlung als auch der benachbarte Bereich nicht mehr handeln konnte, ohne die Aufgaben und Rechte des Nachbarn direkt zu tangieren. Auf der einen Seite ergab sich für die Kernstadt ein Substanzverlust, häufig identisch mit einem Finanzverlust, durch die Stadt-Rand-Wanderung. Politische Grenzen entsprachen der tatsächlichen Entwicklung nicht mehr. Auf der anderen Seite beklagten die Anrainergemeinden die Nachteile des Agglomerationswachstums, den Verlust von Gewerbesteuer und Kaufkraft durch die Pendler. Vielfach machte sich auch die Zweigleisigkeit von Stadt- und Landesplanung nachteilig bemerkbar. Erst allmählich setzte sich die Auffassung durch, daß nur ein Abbau überhöhter Autonomievorstellungen auf beiden Seiten zur Lösung der Problematik führen könne. Hier ist dringend eine Zusammenarbeit über die kommunalen Grenzen hinweg notwendig, die – das lehrt die Erfahrung – nicht allein auf Freiwilligkeit basieren kann. Eine Sachverständigen-Kommission (STADT-UMLAND-GUTACHTEN BAYERN, 1974) hat daher Vorschläge unterbreitet, die insbesondere eine gemeinsame Flächennutzungsplanung für den besonders betroffenen Kreis der Gemeinden vorsieht.

Der Beitrag der Sozialgeographie, der sich naturgemäß weniger auf die Erörterung verwaltungswissenschaftlicher Aspekte bezog, bestand vor allem
– in der Verdeutlichung unterschiedlicher Verflechtungsintensitäten und der Bereitstellung der Verfahren zu ihrer Erfassung. Hierbei boten sich wiederum die Reichweiten innerhalb verschiedener Grundfunktionen an, insbesondere die richtungsspezifische Mobilität als Ausdruck einer zentrifugalen, innerregionalen Wohnortpräferenz, die kerngerichtete Pendlerverflechtung als Ausdruck der Wohnort-Arbeitsplatzbeziehung mit hohem Indikatorcharakter.
– in der Betonung der Unterschiede der Problemsituation auf den verschiedenen zentralörtlichen Stufen. Während bei Unterzentren die Eingemeindung noch eine ernsthaft zu diskutierende Alternative darstellt, wird diese Maßnahme im Bereich stark verdichteter Bereiche um Oberzentren problematisch.
– in dem Hinweis auf besondere Problemsituationen aus der Landeskenntnis heraus unter Beachtung der Gesamtentwicklung des betreffenden Raumes.

Bei der Festsetzung der Grenzen für Planungsregionen, der territorialen Verwaltungsreform und der Behandlung der Stadt-Umland-Problematik bietet das sozialgeographische Raumkonzept, gepaart mit einer genauen Kenntnis der konkreten Raumsituation, eine notwendige Basis für realisierbare Lösungsansätze und damit dem Politiker wertvolle Entscheidungshilfen.

Die wenigen, hier aufgeführten Beispiele geben nur einen kleinen Hinweis auf die vielfältigen Möglichkeiten für die Anwendung der Sozialgeographie in der Praxis. Belege für das wachsende Interesse an derartigen Fragestellungen finden sich immer häufiger in den Publikationen und wissenschaftlichen Arbeiten zahlreicher Geographischer Institute in der Bundesrepublik Deutschland.

Literatur

ABEL, W., *Wandlungen in der Beziehung von Stadt und Umland;* in: Die Stadt als Lebensform; Hrsg. O. W. HASELOFF; Berlin 1970.
ABLER, R., ADAMS, J. S., und GOULD, P., *Spatial Organization. The Geographer's View of the World;* Englewood Cliffs 1971.
ALBRECHT, H., *Zum heutigen Stand der adaption-Forschung in den Vereinigten Staaten;* in: Ber. über Landwirtsch., 41, 1963.
ARNDT, F., *Die elektronische Datenverarbeitung in ihrem Wert für die sozialgeographische Analyse;* Rhein-Main. Forsch. 77, 1974.
ATTESLANDER, P., *Methoden der empirischen Sozialforschung;* Berlin 1969.
Ders. und HAMM, B. (Hrsg.), *Materialien zur Siedlungssoziologie;* Köln, Berlin 1974.
Ders. (Hrsg.), *Soziologie und Raumplanung;* Berlin, New York 1976.

BACKÉ, B., *Die sozialräumliche Differenzierung von Floridsdorf;* Diss., Wien 1968.
Ders., *Zur Methodologie praktischer sozialwissenschaftlicher Geographie;* in: Ber. z. Raumforschg. und Raumplanung 1974.
BARROWS, H. H., *Geography as Human Ecology;* in: Annals of the Ass. of. Americ. Geographers 1923.
BARTELS, D., *Zur wissenschaftstheoretischen Grundlegung einer Geographie des Menschen;* Beiheft z. Geogr. Zschr. 19, 1968.
Ders., *Schwierigkeiten mit dem Raumbegriff in der Geographie;* in: Zur Theorie in der Geographie, Geogr. Helv., 29, 1974, Beih. 2/3.
Ders., *Türkische Gastarbeiter aus der Region Izmir. Zur raumzeitlichen Differenzierung ihrer Aufbruchsentschlüsse;* in: Erdkunde 1968.
Ders., *Theoretische Geographie;* in: Geogr. Zschr. 1969.
Ders., *Sozialgeographische Fragestellungen in der Regionalforschung;* in: Stadt-Region-Land, Schr.-Reihe d. Inst. f. Städtebauwesen d. TH Aachen, 7, 1969.
Ders. (Hrsg.), *Wirtschafts- und Sozialgeographie;* Neue Wiss. Bibl., Bd. 35; Köln 1970.
Ders., *Sozialgeographische Grundlektüre auf Englisch?;* in: Geogr. Zschr. 1974.

Bayer. Staatsminist. d. Innern (Hrsg.), *Stadt-Umland-Gutachten Bayern. Gutachten der Sachverständigenkommission zur Unters. der Stadt-Umland-Problematik in Bayern;* München 1974.
BERGER, H., *Verkehrsmittel und Zeitaufwand für Arbeits- und Schulwege;* in: Zschr. d. Bayer. Stat. Landesamtes, 105, 1973.
BESCH, H. V., *Geographische Aspekte bei der Einführung von Dörfergemeinschaftsschulen in Schleswig-Holstein;* Schr. d. Geogr. Inst. d. Univ. Kiel, 26, 1966.
BIRKENHAUER, J., *Die Daseinsgrundfunktionen und die Frage einer „curricularen Plattform" für das Schulfach Geographie;* in: Geogr. Rdsch., 1974.
BLENCK, J., *Die Insel Reichenau. Eine agrargeographische Untersuchung;* Heidelb. Geogr. Arb., 33, 1971.
BLOTEVOGEL, H. und HEINEBERG, H., *Bibliographie zum Geographiestudium, Teil 2, Kulturgeographie, Sozialgeographie, Raumplanung, Entwicklungsländerforschung, Statistische Quellen;* Paderborn 1976.
BOBEK, H., *Grundfragen der Stadtgeographie;* in: Geogr. Anz., 1927.
Ders., *Über einige funktionelle Stadttypen und ihre Beziehungen zum Lande;* in: Comtes rendus du Congrès international de Géographie, Amsterdam 1938.
Ders., *Stellung und Bedeutung der Sozialgeographie;* in: Erdkunde 1948.
Ders., *Aufriß einer vergleichenden Sozialgeographie;* in: Mitt. Geogr. Ges. Wien, 1950.
Ders., *Soziale Raumbildung am Beispiel des Vorderen Orients;* in: Dt. Geogrtg. München 1948, Tagungsber. u. wiss. Abh., Landshut 1950/51.
Ders., *Begriff und Aufgabe der Sozialgeographie;* in: Anz. d. Österr. Akad. d. Wiss., Phil.-Histor. Klasse, 90, 1953.
Ders., *Gedanken über das logische System der Geographie;* in: Mitt. Geogr. Ges. Wien, 1957.
Ders., *Die Hauptstufen der Gesellschafts- und Wirtschaftsentfaltung in geographischer Sicht;* in: Die Erde, 1959.
Ders., *Sozialgeographie. Neue Wege der Kul-

tur- und Bevölkerungsgeographie; in: Mitt. d. Dt. Ges. f. Bevölkerungswiss., 24, 1961.
Ders., *Über den Einbau der sozialgeographischen Betrachtungsweise in die Kulturgeographie;* in: Dt. Geographentg. Köln 1961, Tagungsber. u. wiss. Abh.; Wiesbaden 1962.
Ders., *Kann die Sozialgeographie in der Wirtschaftsgeographie aufgehen?;* in: Erdkunde 16, 1962.
Ders., *Erwerbstätigenstruktur und Dienstequote als Mittel zur quantitativen Erfassung regionaler Unterschiede der sozialwirtschaftlichen und -kulturellen Entwicklung;* in: Zum Standort der Sozialgeographie, Hrsg. K. RUPPERT, Münchner Stud. z. Soz.- u. Wirtschaftsgeogr., 1968.
Ders., *Die Theorie der zentralen Orte im Industriezeitalter;* in: Dt. Geogrtg. Bad Godesberg 1967, Tagber. u. wiss. Abh.; Wiesbaden 1969.
Ders., *Ein Beitrag zur großräumigen sozialgeographischen Forschung;* in: Geographical Papers; Zagreb, 1970.
Ders., *Zur Frage eines neuen Standorts der Geographie;* in: Geogr. Rundsch., 1970.
Ders., *Die Entwicklung der Geographie – Kontinuität oder Umbruch?;* in: Mitt. Österr. Geogr. Ges. Wien, 1972.
Ders., *Ein Beitrag der Geographie zur Bevölkerungs- und Sozialforschung in Österreich;* in: Beitr. z. Bevölk.- und Sozialgesch. Österr., Wien 1973.
Ders. u. LICHTENBERGER, E., *Wien. Bauliche Gestalt und Entwicklung seit der Mitte des 19. Jahrhunderts.* GRAZ 1966.
Ders. u. SCHMITHÜSEN, J., *Die Landschaft im logischen System der Geographie;* in: Erdkunde, 1949.
BODZENTA, E., *Innsbruck. Eine sozialökologische Studie;* in: Mitt. Österr. Geogr. Ges. Wien, 1959.
Ders., *Bemerkungen über Entwicklung und Probleme der Sozialökologie;* in: Beitr. z. Raumforsch. - Schr. d. Österr. Ges. z. Förd. v. Landesforsch., 2, Wien 1964.
BÖKEMANN, D., *Das innerstädtische Zentralitätsgefüge;* Karlsruhe 1971.
BOESLER, K. A., *Kulturlandschaftswandel durch raumwirksame Staatstätigkeit;* Abh. d. 1. Geogr. Inst. d. FU Berlin, 12, 1969.
Ders., *Gedanken zum Konzept der politischen Geographie;* in: Die Erde, 1974.
BOLTE, K.-M., *Deutsche Gesellschaft im Wandel.* Opladen 1967.
BOPST, W., *Die arabischen Palästinaflüchtlinge. Ein sozialgeographischer Beitrag zur Erforschung des Flüchtlingsproblems;* in: Münchner Stud. z. Soz.- u. Wirtschaftsgeogr., 1968.
BORCHERDT, CH., *Die Wohn- und Ausflugsgebiete in der Umgebung Münchens;* in: Ber. z. dt. Ldkde., 19, 1957.
Ders., *Fruchtfolgesysteme und Marktorientierung als gestaltende Kräfte der Agrarlandschaft in Bayern;* in: Arb. d. Geogr. Inst. d. Univ. d. Saarland., 6, 1960.
Ders., *Die Innovation als agrargeographische Regelerscheinung;* in: Arb. d. Geogr. Inst. d. Univ. d. Saarlandes, 6, 1961.
Ders., *Versorgungsorte und zentralörtliche Bereiche im Saarland;* in: Geogr. Rundsch., 1973.
Ders., *Zentrale Orte und zentralörtliche Bereiche;* in: Geogr. Rdsch., 1970.
Ders., *Über verschiedene Formen von Sozialbrache;* in: Zum Standort der Sozialgeographie, Münchner Stud. z. Soz.- und Wirtschaftsgeogr., 4, 1968.
BORCHERT, G., *Neue Wege stadtgeographischer Forschung in den Niederlanden – dargestellt am Beispiel des Forschungsprojektes Randstad-Mitte-Gebiet;* in: Rhein-Main. Forsch., im Druck.
BORN, M., *Wüstungen und Sozialbrache;* in: Erdkunde, 1968.
BOUSTEDT, O., *Zentrale Orte in Bayern;* in: Zschr. d. Bayer. Statist. Landesamtes, 84, 1952.
BRAUN, P., *Die sozialräumliche Gliederung Hamburgs;* in: Weltwirtschaft. Studien, 10; Göttingen 1968.
BRONGER, D., *Der sozialgeographische Einfluß des Kastenwesens auf Siedlung und Agrarstruktur im südlichen Indien;* in: Erdkunde 1970.
BRUNET, R., *Die Bedeutung der Sozialstruktur und der Region für die Agrargeographie;* in: Zum Standort der Sozialgeographie, Münchner Stud. z. Soz.- u. Wirtschaftsgeogr., 4, 1968.
BRUNHES, J., *La Géographie humaine. Essai de classification positive. Principes et exemples;* Paris 1910.
BUCHHOLZ, E. W., *Die Sozialplanung als eine Grundlage der Landesplanung. Ein Beitrag zur Methodik;* in: Raumforsch. u. Raumordn., 12, 1954.
BUCHHOLZ, H. J., *Formen städtischen Lebens im Ruhrgebiet, untersucht an sechs stadtgeograph. Beispielen;* Bochumer Geogr. Arbeiten 8, Paderborn 1970.
BÜTTNER, M., *Der dialektische Prozeß der Religion/Umweltbeziehung in seiner Bedeutung für die Religions- bzw. Sozialgeographie;* in: Münchner Stud. z. Soz.- u. Wirtschaftsgeogr., 8, 1972.
BUSCH-ZANTNER, R., *Die Ordnung der anthro-*

pogenen Faktoren; in: Pet. Geogr. Mitt., 1937.
BUTTIMER, A., *Some Contemporary Interpretations and Historical Precedents of Social Geography with Particular Emphasis on the French Contribution of the Field;* Diss. Phil.; Washington D.C. 1964.
Dies., *Reflexion sur la géographique sociale;* in: Societé de Géographique de Liège, 3, 1967.
Dies., *Social Geography;* in: International Encyclopedia of the Social Sciences, 6; hrsg. v. D. L. SILLS, New York 1968.
Dies., *Social Space in interdisciplinary perspective;* in: Geogr. Review, 1969.
Dies., *Social geography – Some methodological considerations;* in: Ann. Ass. Am. Geogr., 1974.

CAROL, H., *Sozialräumliche Gliederung und planerische Gestaltung des Großstadtbereichs, dargestellt am Beispiel Zürich;* in: Raumforsch. u. Raumordn. 14, 1956.
Ders., *Die Geschäftsstraßen der Großstadt, dargestellt am Beispiel der Stadt Zürich;* in: Ber. z. Landesforsch. u. Landesplanung, 1959.
Ders., *Zur Theorie der Geographie;* in: Mitt. d. Geogr. Ges. Wien, 1963.
CARRIÈRE, F., und PINCHEMEL, PH., *Le fait urbain en France;* Paris 1963.
CHATELAIN, A., *Cette nouvelle venue: la géographie sociale;* in: Annales: Economies, Societés, Civilisations, 1946.
Ders., *Géographie sociale des villes françaises en 1946;* in: Revue de Géographie de Lyon, 1956.
CHORLEY, R., und HAGGETT, P., *Models in Geography;* London 1968.
CHRISTALLER, W., *Die zentralen Orte in Süddeutschland. Eine ökonomisch-geographische Untersuchung über die Gesetzmäßigkeit der Verbreitung und Entwicklung der Siedlungen mit städtischen Funktionen;* Jena 1933.
Ders., *Wesen und Arten sozialräumlicher Landschaftseinheiten und ihre Darstellung auf der Karte 1:200000;* in: Ber. z. Dt. Landeskde., 7, 1950.
CLARK, C., *The Conditions of Economic Progress;* London 1951.
CLAVAL, P., *Essai sur l'Evolution de la Géographie Humaine;* Cahiers de Géographie de Besançon, 12, 1964.
Ders., *Geographie als sozialwissenschaftliche Disziplin;* in: Wirtschafts- u. Sozialgeographie, hrsg. v. D. BARTELS; Köln 1970.
Ders., *L'espace en géographie humaine;* in: Canad. Geogr., 1970.

Ders., *Principes de géographie sociale;* Paris 1973.
COHRS, H., *Der Spargelanbau im Landkreis Schrobenhausen;* Zulassungsarb. TH München 1963 (unter Leitg. von K. RUPPERT).
COOLS, R. H., *Die Entwicklung und der heutige Stand der Sozialgeographie in den Niederlanden;* in: Erdkunde, 1950.
CRKVENČIĆ, J., *Die Folgen der Urbanisierung in Jugoslawien am Beispiel der sozialökonomischen Struktur der Pendler und des Stadtrandes von Zagreb;* in: Zum Standort der Sozialgeographie, Münchner Stud. z. Soz.- u. Wirtschaftsgeogr. 4, 1968.

DEGE, E., *Filsen und Osterspai. Wandlungen der Sozial- und Agrarstruktur in zwei ehemaligen Weinbaugemeinden am oberen Mittelrhein;* in: Arb. z. Rhein. Ldkde., 36, 1973.
DEMANGEON, A., *Problèmes de Géographie humaine;* Paris 1947.
DENEFFE, P., *Soziale Topographie der Großstädte;* in: Allg. Statist. Archiv, 33, 1949.
DERRUAU, M., *Précis de Géographie Humaine;* Paris 1961.
Ders., *Die Sozialgeographie. Fragen zur Methode;* in: Zum Standort der Sozialgeographie; Münchner Stud. z. Soz.- u. Wirtschaftsgeogr., 4, 1968.
DOWNS, R. M. und STEA, D. (Hrsg.), *Image and Environment. Cognitive Mapping and Spatial Behaviour;* Chicago 1973.
DÜRR, H., *Boden- und Sozialgeographie der Gemeinden um Jesteburg/Nördl. Lüneburger Heide;* in: Hamburger Geogr. Studien 26, 1971.
Ders. *Empirische Untersuchungen zum Problem der sozialgeographischen Gruppe. Der aktionsräumliche Aspekt;* in: Münchner Stud. z. Soz.- u. Wirtschaftsgeogr., 8, 1972.
DUNCAN, O. D., *Humanökologie;* in: Wb. d. Soziologie, Hrsg. W. BERNSDORF, Stuttgart 1969.
DURKHEIM, E., *Morphologie sociale;* in: L'Année Sociologique; Paris 1899.

EYLES, J. D., *Social theory and social geography;* in: Progress in Geography, 6, 1974.

FINKE, H., *Soziale Gemeindetypen. Die soziologische Struktur der Gemeinden Niedersachsens zwischen Elbe und Weser;* in: Das deutsche Flüchtlingsproblem (Sonderheft. d. Zschr. f. Raumforsch.); Bad Godesberg 1950.
FISCHER, E., *Beiträge zur Kenntnis des Göttinger Ausflugsverkehrs;* in: Neues Archiv f. Niedersachsen, 1969.

FISCHER, H., *Viertelbildung und sozial bestimmte Stadteinheiten untersucht am Beispiel der inneren Stadtbezirke der Großstadt Stuttgart;* in: Ber. z. dt. Landeskde., 30, 1963.
FÖRSTER, H., *Die funktionale und sozialgeographische Gliederung der Mainzer Innenstadt;* in: Bochumer Geogr. Arbeiten, 4; Paderborn 1968.
FOURASTIÉ, J., *Le grand espoir du XXe. siècle;* Paris 1952.
FRANKENBERGER, R., *Die Aufforstung landwirtschaftlich genutzter Grundstücke als Index für sozialgeographische Strukturwandlungen in Oberfranken;* in: Münchner Geogr. Hefte 18, 1960.
FREIST, R., *Sozialgeographische Gruppen und ihre Aktivitätsräume;* Diss., München 1976.
FRICKE, W., *Sozialfaktoren in der Agrarlandschaft des Limburger Beckens;* in: Rhein-Main. Forsch. 48, 1959.
Ders., *Sozialgeographische Untersuchungen zur Bevölkerungs- und Siedlungsentwicklung im Rhein-Main-Gebiet;* in: Rhein-Main. Forsch. 71, 1971.
FUCHS, G., *Der Wandel zum anthropogeographischen Denken in der amerikanischen Geographie. Strukturlinien der geographischen Wissenschaftstheorie, dargestellt an den vorliegenden wissenschaftlichen Veröffentlichungen 1900-1930;* in: Marburger Geogr. Schr. 32, 1966.

GANSER, K., *Sozialgeographische Gliederung der Stadt München auf Grund der Verhaltensweise der Bevölkerung bei politischen Wahlen;* in: Münchner Geogr. Hefte, 28, 1966
Ders., *Pendelwanderung in Rheinland-Pfalz;* Mainz 1969.
Ders., *Planungsbezogene Erforschung zentraler Orte in einer sozialgeographischen prozessualen Betrachtungsweise;* in: Neue Wege zentralörtlicher Forsch. Münchner Geogr. Hefte, 34, 1969.
GEIPEL, R., *Die regionale Ausbreitung der Sozialschichten im Rhein-Main-Gebiet;* in: Forsch. z. dt. Landeskunde, 125, 1961.
Ders., *Sozialräumliche Strukturen des Bildungswesens. Studien zur Bildungsökonomie und zur Frage der gymnasialen Standorte in Hessen;* Frankfurt a. M. 1965.
Ders., *Der Standort der Geographie des Bildungswesens innerhalb der Sozialgeographie;* in: Zum Standort der Sozialgeographie. Münchner Stud. z. Soz.- u. Wirtschaftsgeogr., 4, 1968.
Ders., *Industriegeographie als Einführung in die Arbeitswelt;* Braunschweig 1969.

Ders., *Der Beitrag der Sozialgeographie zur regionalen Bildungsforschung;* in: Forsch.- u. Sitzungsber. d. Akad. f. Raumforsch. u. Landesplanung Hann., 60, 1970.
GEORGE, P. *Géographie sociale du monde;* Paris 1964.
Ders., *Sociologie et géographie.* Paris 1966.
GERLING, W., *Die moderne Industrie;* Würzburg 1954.
Ders., *Kritische Bemerkungen zur Sozialgeographie;* Würzburg 1965.
Ders., *Die Problematik der Sozialgeographie;* Würzburg 1968.
GRADMANN, R., *Das ländliche Siedlungswesen des Königreiches Württemberg;* in: Forsch. z. dt. Land.- u. Volkskde., 21 1913.
GREES, H., *Das Seldnertum im östlichen Schwaben und sein Einfluß auf die Entwicklung der ländlichen Siedlungen;* in: Stud. z. südwestdeutsch. Landeskde, Bad Godesberg 1963.
GREIF, F., *Aktuelle Probleme und Aufgaben im ländlichen Raum;* Wien 1973.

HACKER, G., *Sozialgeographische Stadt-Umland-Forschung in der Oberstufe des Gymnasiums;* in: Geogr. Rdsch. 1972.
HÄGERSTRAND, T., *The propagation of innovation waves;* in: Lund Stud. in Geogr., Ser. B, 4, 1952.
Ders., *Innovation Diffusion as a Spatial Process;* Chicago 1967 (Original: Lund 1953).
Ders., *Aspekte der räumlichen Struktur von sozialen Kommunikationsnetzen und der Informationsausbreitung;* in: Wirtschafts- u. Sozialgeographie, hrsg. v. D. BARTELS; Köln 1970.
HAGGETT, P., *Locational analysis in human geography;* London 1965.
Ders., *Einführung in die kultur- und sozialgeographische Regionalanalyse;* Berlin 1973.
HAHN, H., *Der Einfluß der Konfessionen auf die Bevölkerungs- und Sozialgeographie des Hunsrücks;* in: Bonner Geogr. Abh. 4, 1950.
Ders., *Sozialgruppen als Forschungsgegenstand der Geographie. Gedanken zur Systematik der Anthropogeographie;* in: Erdkunde 1957.
HAJDU, J. G., *Toward a Definition of Post-war German Social Geography;* in: Ann. Ass. Amer. Geogr., 1968.
Ders., *Reply to comments on German social geography;* in: Ann. Ass. Amer. Geogr., 1969.
HAMELIN, L. E., *Perception et Géographie. Le cas du nord;* in: Canad. Geogr., 1974.

HARD, G., *Die Geographie. Eine wissenschaftstheoretische Einführung;* Berlin 1973.
HARTKE, W., *Das Arbeits- und Wohnortsgebiet im Rhein-Mainischen Lebensraum;* in: Rhein-Main. Forsch. 18, 1938.
Ders., *Pendelwanderung und kulturgeographische Raumbildung im Rhein-Main-Gebiet;* in: Pet. Geogr. Mitt., 1939.
Ders., *Gliederung und Grenzen im Kleinen;* in: Erdkunde, 1948.
Ders., *Die Zeitung als Funktion sozialgeographischer Verhältnisse im Rhein-Main-Gebiet;* in: Rhein-Main. Forsch. 32, 1952.
Ders., *Die soziale Differenzierung der Agrarlandschaft im Rhein-Main-Gebiet;* in: Erdkunde, 1953.
Ders., *Die Sozialbrache als Phänomen der geographischen Differenzierung der Landschaft;* in: Erdkunde, 1956.
Ders., *Sozialgeographischer Strukturwandel im Spessart;* in: Die Erde, 1957.
Ders., *Gedanken über die Bestimmung von Räumen gleichen sozialgeographischen Verhaltens;* in: Erdkunde, 1959.
Ders., *Die Bedeutung der geographischen Wissenschaft in der Gegenwart;* in: Dt. Geographentag Köln, 1961, Tagber. u. wiss. Abh.; Wiesbaden 1962.
Ders., *Das Land Frankreich als sozialgeographische Einheit;* Frankfurt/M., 1963.
Ders., *Der Weg zur Sozialgeographie. Der wissenschaftliche Lebensweg von Prof. Dr. Hans Bobek (mit einer Bobek-Bibliographie);* in: Mitt. Geogr. Ges. Wien, 105, 1963.
Ders., *Die geographischen Funktionen der Sozialgruppe der Hausierer am Beispiel der Hausierergemeinden Süddeutschlands;* in: Ber. z. dt. Landeskde, 1963.
Ders., *Die Grundprinzipien der sozialgeographischen Forschung;* in: Geographical Papers; Zagreb 1970.
Ders., *Sozialbrache;* in: Hdwb. d. Raumforsch. u. Raumordn., Bd. 3; Hannover 1970.
HASSINGER, H., *Synthetische Anthropogeographie;* in: Handb. d. geogr. Wiss., Hrsg. F. KLUTE, Bd. 2; Potsdam 1933.
HAWLEY, A., *Human Ecology. A theory of Community structure;* New York 1950.
Ders., *Theorie und Forschung in der Sozialökologie;* in: Handb. Empir. Sozialforschg., hrsg. v. R. KÖNIG, Bd. 1; Stuttgart 1967.
HEIDERICH, F., *Die Sozialwirtschaftsgeographie (Grundsätzliches und Literatur);* in: Weltwirtschaftliches Archiv 1913.
Ders., *Die Sozialwirtschaftsgeographie, neuere Literatur;* in: Weltwirtschaftl. Archiv, 1914.
HEIL, K., *Kommunikation und Entfremdung.*
Menschen am Stadtrand − Legende und Wirklichkeit. Eine vergleichende Studie in einem Altbauquartier und einer neuen Großsiedlung in München; Stuttgart 1971.
HEINEMEYER, W. F., *De sociale Geografie in de rij van de sociale wetenschappen;* Ms. Meppel 1968.
HELMFRID, ST., *Zur Geographie einer mobilen Gesellschaft. Gedanken zur Entwicklung in Schweden;* in: Geogr. Rdsch., 1968.
HEROLD, A., *Sozialgeographische Unterschiede und deren junge Wandlungen in der Natureinheit des fränkischen Gäulandes;* in: Dt. Geographentag Berlin 1959, Tagungsber. und wiss. Abh.; Wiesbaden 1960.
HEROLD, H., *Kriminalgeographie − Ermittlung und Untersuchung der Beziehungen zwischen Raum und Kriminalität;* in: Grundlagen der Kriminalstatistik, 1968.
HESLINGA, M. W., *'s Mensen milieu, een sociaalgeografische zienswijze;* in: Geogr. Tijdschrift, 1971.
HESSE, P., *Grundprobleme der Agrarverfassung, dargestellt am Beispiel der Gemeindetypen und Produktionszonen von Württemberg, Hohenzollern und Baden;* Stuttgart 1948.
HETTNER, A., *Die wirtschaftlichen Typen der Ansiedlungen;* in: Geogr. Zschr., 1902.
Ders., *Der Gang der Kultur über die Erde;* Leipzig 1929.
HOFMEISTER, B., *Die citynahen Wohnviertel der nordamerikanischen Großstädte und ihre völkischen Gruppen in sozialgeographischer Sicht;* in: Geogr. Rdsch., 1969.
HOKE, G. W., *The Study of Social Geographie;* in: Geogr. Journal, 29, 1907.
HOMANS, G., *Theorie der sozialen Gruppe;* Köln 1960.
HOTTES, K. H., *Die Stellung der Sozialgeographie in der Landeskunde;* in: Ber. z. dt. Landeskde., 1955.
Ders., *Sozialgeographie;* in: WLG Bd. 4; Braunschweig 1970.
Ders., MEYNEN, E. u. OTREMBA, E. (Hrsg.) *Wirtschaftsräumliche Gliederung der Bundesrepublik Deutschland;* Forsch. z. dt. Landeskde., 193, 1972.
HÜBSCHMANN, E., *Die Zeil. Sozialgeographische Studie über eine Straße;* Frankf. Geogr. Hefte, 26, 1952.
HUNDHAMMER, F., *Sozialgeographische Aspekte des Kommunikationsverhaltens in Siedlungen am Stadtrand. Beispiel München-Blumenau;* Zulassungsarb. München 1973 (unter Leitg. v. F. SCHAFFER).
HUTTENLOCHER, F., *Funktionale Siedlungstypen;* in: Ber. z. dt. Landeskde., 1949.

Ders., *Sozialgeographische Räume;* in: Studium Generale, 1957.
ILEŠIČ, S., *Für eine komplexe Geographie des ländlichen Raumes und der ländlichen Landschaft als Nachfolgerin der „reinen Agrargeographie";* in: Zum Standort d. Sozialgeogr., Münchn. Stud. z. Sozial- und Wirtschaftsgeogr., 1968.
Ders., *Die Stellung der Sozialgeographie im Gefüge der Geographischen Wissenschaft;* in: Geogr. Papers; Zagreb 1970.
ILLGEN, K., *Zum Problem der funktionellen Reichweite zentraler Einkaufsorte;* in: Geogr. Berichte, 1971.
ISARD, W., *Location and Space Economy;* New York 1956.
Ders., *Methods of Regional Analysis. An Introduction to Regional Science;* New York 1960.
ISBARY, G., *Problemgebiete im Spiegel politischer Wahlen am Beispiel Schleswigs;* in: Mitt. d. Inst. f. Raumforsch., 43, 1960.
ISNARD, H., *L'espace du géographe;* in: Annales de Géogr., 1975.
JÄGER, H., *Entwicklungsperioden agrarer Siedlungsgebiete im mittleren Westdeutschland seit dem frühen 13. Jahrhundert;* in: Würzb. Geogr. Arb., 6, 1958.
JÄKEL, H., *Ackerbürger und Ausmärker in Alsfeld/Oberhessen. Sozialgeographische Studie über die Entwicklung der Gemarkung einer Ackerbürgerstadt;* in: Rhein.-Main. Forsch. 40, 1953.
JASCHKE, D., *Reinbek – Untersuchungen zum Strukturwandel im Hamburger Umland;* in: Hamb. Geogr. Stud., 29, 1973.
Ders., *Sozial- und Siedlungsstruktur – Möglichkeiten und Grenzen ihrer Korrelation;* in: Erdkunde, 1974.
JERŠIČ, M., *Trips to the countryside as recreation of urban population and their spatial effects;* in: Geogr. Slovenica, 1971.
JUILLARD, E., *Soziologie und Sozialgeographie. Gedanken zum „Atlas de sociologie rurale française";* in: Zum Standort der Sozialgeographie, Münchner Studien zur Sozial- und Wirtschaftsgeographie, 4, 1968.

KANNENBERG, E. G., *Zur Methodik der Ermittlung von zentralen Orten und von Beurteilungsgrundlagen für Fördermaßnahmen;* in: Informationen, 1965.
V. KÄNEL, A., *Siedlungsstruktur und Gemeindetypen im Bezirk Rostock;* in: Wiss. Zschr. Univ. Halle 1968.
KANT, E., GODLUND, S., BERGSTEN, K., u. HÄGERSTRAND, T., *Studies in Rural-Urban Interaction;* in: Lund Stud. in Geogr., B 3, 1951.
KESSEL, P., *Beitrag zur Beschreibung des werktäglichen Personenverkehrs von Städten und Kreisen durch beobachtete Verhaltensmuster und deren mögliche Entwicklung;* Diss. Aachen 1971.
KEUNING, H. J., *Inleiding tot de Sociale Aardrijkskunde;* Gorinchem 1951.
Ders., *Standort der Sozialgeographie;* in: Zum Standort der Sozialgeographie, hrsg. K. RUPPERT, Münchner Studien zur Sozial- und Wirtschaftsgeographie, 4, 1968.
Ders., *De denkwijze van de sociaalgeograaf;* Utrecht 1969.
KILCHENMANN, A., *Methods and Concepts in Quantitative and Theoretical Geography – an Encyclopaedie Dictionary;* Geographisches Institut der Universität Karlsruhe 1974.
Ders. und BRATZEL, P., DEITERS, J., GAEBE, W., HÖLLHUBER, D., *Umriß einer neuen Kultur- und Sozialgeographie anhand einer kommentierten Literaturliste, Manuskript, Geogr. Inst. II;* Uni Karlsruhe 1975/76.
KILLISCH, W., und THOMS, H., *Zum Gegenstand einer interdisziplinären Sozialraumbeziehungsforschung;* in: Schr. d. Geogr. Inst. d. Univ. Kiel, 41, 1973.
KISTENMACHER, H., *Basic-nonbasic-Konzept;* in: Hdwb. d. Raumforsch. u. Raumordn., Bd. 1, Hannover 1970.
KLEMENČIČ, V., *Sozialgeographische Probleme der Arbeiter-Bauern-Strukturen unter besonderer Berücksichtigung der Situation in Jugoslawien;* in: Zum Standort d. Sozialgeogr., Münchner Stud. z. Soz.- u. Wirtschaftsgeogr., 4, 1968.
KLINGBEIL, D., *Zur sozialgeographischen Theorie und Erfassung des täglichen Berufspendelns;* in: Geogr. Zschr. 1969.
KLÖPPER, R., *Die deutsche geographische Stadt-Umland-Forschung. Entwicklung und Erfahrungen;* in: Raumforsch. und Raumordn. 1956.
Ders., *Zentrale Orte und ihre Bereiche;* in: Hdwb. der Raumforsch. u. Raumordn., Bd. 3, Hannover 1970.
KLUCZKA, G., *Zentrale Orte und zentralörtliche Bereiche mittlerer und höherer Stufe in der Bundesrepublik Deutschland;* in: Forsch. z. dt. Landeskde., 1970.
KÖNIG, R., *Soziale Gruppen;* in: Geogr. Rdsch. 1969.
KOLB, A., *Aufgaben und System der Industriegeographie;* in: Landschaft und Land (Festschr. f. E. Obst); Remagen 1951.
KRAUS, TH., *Geographie unter besonderer*

Berücksichtigung der Wirtschafts- und Sozialgeographie; in: Aufgaben Deutscher Forschung, hersg. v. Leo Brandt, Bd. 2, Köln 1957.

KREBSBACH, C., *Sozialindikatoren;* in: Umschau 1974.

KRÖCKER, U., *Die sozialgeographische Entwicklung der fünf Feldbergdörfer im Taunus in den letzten 150 Jahren;* in: Rhein-Main. Forsch., 37, 1952

KÜHNE, J., *Die Gebirgsentvölkerung im nördlichen und mittleren Apennin in der Zeit nach dem Zweiten Weltkrieg;* Erlanger Geogr. Arbeiten, Sh. 1, 1974.

KULINAT, K., *Die Typisierung von Fremdenverkehrsorten;* in: Göttinger Geogr. Abh. (Festschrift f. H. Poser), 1972.

KULS, W., *Über einige Entwicklungstendenzen in der geographischen Wissenschaft seit der 2. Hälfte des 19. Jahrhunderts;* in: Mitt. Geogr. Ges. München, 55, 1970.

Ders., (Hrsg.), *Untersuchungen zur Struktur und Entwicklung rheinischer Gemeinden;* in: Arb. z. Rhein. Landeskde., 32, 1971.

Ders. und TISOWSKY, K., *Standortfragen einiger Spezialkulturen im Rhein-Main-Gebiet;* in: Geogr. Studien aus d. Rhein-Mainischen Raum; Rhein-Main. Forsch., 50, 1961.

LAMBOOY, J. G., *Sociale geografie en human ecology: nevenschikking of onderschikking;* in: Geogr. Tijdschrift. 1965.

LAUTENSACH, H., *Das Mormonenland als Beispiel eines sozialgeographischen Raumes;* in: Bonner Geogr. Abh., 11, 1953.

LEHMANN, E., *Der sozialgeographische Faktor in der landeskundlichen Darstellung Sachsens;* in: Wiss. Veröff. d. Dt. Inst. f. Länderkunde. N. F., 11 Leipzig 1952.

LENG, G., *Zur „Münchner" Konzeption der Sozialgeographie;* in: Geogr. Zschr., 1973.

LE PLAY, F., *Les ouvriers européens. Etude sur la vie économique et la condition morale des populations ouvrières de l'Europe, précédée d'une exposé de la méthode d'observation;* Paris 1855.

LETTRICH, E., *Sozialgeographischer Wandel in der Gemeinde Tihany/Balaton;* in: Münchner Stud. z. Soz.- u. Wirtschaftsgeogr., 13, 1975.

LEVEDAG, R., *Industrialisierungstendenzen in den Kibbuzim;* in: Münchner Stud. z. Soz.- u. Wirtschaftsgeogr., 11, 1974.

LICHTENBERGER, E., *Der Strukturwandel der sozialwirtschaftlichen Siedlungstypen in Mittelkärnten;* in: Geogr. Jahresber. aus Österr., 1957/58.

Dies., *Die Geschäftsstraßen Wiens. Eine statistisch-physiognomische Analyse;* in: Mitt. Österr. Geogr. Ges. Wien, 1963.

Dies., *Von der mittelalterlichen Bürgerstadt zur City. Sozialstatistische Querschnittsanalysen am Wiener Beispiel;* in: Beiträge zur Bevölkerungs- und Sozialgeschichte Österreichs; München 1973.

Dies., *Forschungsrichtungen der Geographie, das österreichische Beispiel 1945-1975;* in: Österreich, Geographie, Karthographie, Raumordnung; Wien 1975.

LINDAUER, G., *Beiträge zur Erfassung der Verstädterung in ländlichen Räumen;* in: Stuttg. Geogr. Stud., 80, 1970.

MAAS, W., *Probleme der Sozialgeographie;* Berlin 1961.

MACKENSEN, R., *Soziale „Anlagen" einer mobilen Gesellschaft. Überlegungen zur Anwendung ökologischer Großstadtforschung;* in: Proceedings of the IGU Symp. in Urban Geography; Lund Stud. in Geogr., B 24, 1962.

MAIER, J., *Die Leistungskraft einer Fremdenverkehrsgemeinde. Modellanalyse des Marktes Hindelang/Allgäu;* in: WGI-Berichte z. Regionalforsch., 3, 1970.

Ders., *Probleme und Methoden zur sozialgeographischen Charakterisierung und Typisierung von Fremdenverkehrsgemeinden;* in: Geogr. Papers; Zagreb 1970.

Ders., *Die Stadt als Freizeitraum;* in: Geogr. Rdsch., 1976.

Ders., *Zur Geographie verkehrsräumlicher Aktivitäten;* in: Münchner Stud. z. Soz.- u. Wirtschaftsgeogr., 17, 1976.

MAUSS, M., *Divisions et proportions des divisions de la sociologie;* in: L'Année Sociologique, 1927.

MAY, H. D., *Junge Industrialisierungstendenzen im Untermaingebiet unter besonderer Berücksichtigung der Betriebsverlagerungen aus Frankfurt/Main;* in: Rhein-Main. Forsch., 65, 1968.

MAYNTZ, R., *Soziale Schichtung und sozialer Wandel in einer Industriegemeinde. Eine soziologische Untersuchung der Stadt Euskirchen;* Stuttgart 1958.

Dies., *Gedanken und Ergebnisse zur empirischen Feststellung sozialer Schichten;* in: Kölner Zschr. f. Soziologie und Sozialpsychologie, Sonderh. 1, 1957.

Dies., HOLM, K., und HÜBNER, P., *Einführung in die Methoden der empirischen Soziologie;* Köln 1969.

MEFFERT, E., *Die Innovation ausgewählter Sonderkulturen im Rhein-Mainischen Raum in ihrer Beziehung zur Agrar- und*

Sozialstruktur; in: Rhein-Main. Forsch., 64, 1968.
MEUSBURGER, P., *Die Ausländer in Liechtenstein. Eine wirtschafts- und sozialgeographische Untersuchung;* Innsbruck 1970.
Ders., *Zum Ausbildungsniveau der Tiroler Bevölkerung;* in: Geogr. Rdsch. 1975.
MOEWES, W., *Gemeindetypisierung nach dynamisch strukturellen Lagetypen, erläutert am Beispiel der nördlichen Vogelsbergabdachung;* in: Informationen 1968.
MONHEIM, H., *Zur Attraktivität deutscher Städte;* in: WGI-Ber. z. Regionalforsch., 1972.
MONHEIM, R., *Aktiv- und Passivräume;* in: Raumforsch. u. Raumordn., 1972.
MÜLLER, U. und NEIDHARDT, J., *Einkaufsort-Orientierungen als Kriterium für die Bestimmung von Größenordnung und Struktur kommunaler Funktionsbereiche;* in: Stuttg. Geogr. Stud., 84, 1972.
MURDIE, R. A., *Cultural differences in consumer travel;* in: Economic Geography, 1965.

NEEF, E., *Die axiomatischen Grundlagen der Geographie;* in: Mitt. Geogr. Ges. DDR 1956.
Ders., *Die theoretischen Grundlagen der Landschaftslehre;* Leipzig 1967.
Neue Wege in der zentralörtlichen Forschung. 5. Arbeitstagung des Verbands deutscher Berufsgeographen; Münchner Geogr. Hefte 34, 1969.
NIEMEIER, G., *Braunschweig. Soziale Schichtung und sozialräumliche Gliederung einer Großstadt;* in: Raumforsch. u. Raumord. 1969.

OFNER, R., *Allgemeine Typologie der Gemeinden;* in: Beiträge z. Ermittlung von Gemeindetypen, Schriftenreihe d. Österr. Ges. z. Förd. v. Landesforschung u. Landesplanung, 1955.
OLSEN, K. H., *Raumforschung;* in: Hdwb. d. Raumforsch. u. Raumord., Bd. 2; Hannover 1970.
OTREMBA, E., *Sozialgeographische Wandlungen der Gegenwart in der landeskundlichen Darstellung;* in: Ber. z. dt. Landeskde., 1948.
Ders., *Allgemeine Agrar- und Industriegeographie;* Stuttgart 1960.
Ders. (Hrsg.), *Atlas der deutschen Agrarlandschaft;* Wiesbaden, seit 1962.
Ders., *Die Gestaltungskraft der Gruppe und der Persönlichkeit in der Kulturlandschaft;* in: Dt. Geogrtg. Köln 1961, Taggs.-Ber. u. wiss. Abh.; Wiesbaden 1962.

Ders., *Soziale Räume;* in: Geogr. Rdsch. 1969
Ders., *Probleme der deutschen Landeskunde in der Gegenwart;* in: Symposion Emil Meynen, Köln. Geogr. Arb., 1973.
OTTO, K., *Das Aufkommen sozialgeographischer Betrachtungsweisen in der deutschen länderkundlichen Literatur seit Beginn des 20. Jahrhunderts. Ein Beitrag zur Entwicklung der Anthropogeographie;* Diss. Köln 1961.
OVERBECK, H., *Die Entwicklung der Anthropogeographie (insbesondere in Deutschland) seit der Jahrhundertwende und ihre Bedeutung für die geschichtliche Landesforschung;* in: Blätter f. dt. Landesgeschichte, 1954.

PAESLER, R., *Urbanisierung als sozialgeographischer Prozeß - dargestellt am Beispiel südbayerischer Regionen;* in: Münchner Stud. z. Soz.- u. Wirtschaftsgeogr., 12, 1976.
Ders. und RUPPERT, K., *Planungsregionen und Gebietsreform. Räumliche Organisationsformen der Gesellschaft aus sozialgeographischer Sicht, erläutert am Beispiel Bayerns;* in: Polit. Bildung, 1974.
PAHL, R. E., *Trends in Social Geography;* in: Frontiers in Geographical Teaching, hrsg. v. R. J. CHORLEY und P. HAGGETT; London 1970.
PARK, R. E., BURGESS, E. W., und MC KENZIE, R. D., *The City;* Chicago 1925.
PARTZSCH, D., *Zum Begriff der Funktionsgesellschaft;* in: Mitt. d. Dt. Verband. f. Wohnungswesen, Städtebau u. Raumplanung, 1964.
PEISERT, H., *Regionalanalyse als Methode der Bildungsforschung;* in: Stud. u. Ber. aus d. Soziol. Sem. d. Univ. Tübingen, 5, 1965.
PFEIFER G., *Geographie heute?;* in: Wiener Geogr. Schr., 18–23, 1965.
PLEWE, E., *Zum Problem der sozialgeographischen Gliederung der Vorderpfalz;* in: Ber. z. dt. Landeskde., 1965.
POLENSKY, TH., *Die Bodenpreise in Stadt und Region München;* Münchner Stud. z. Sozial u. Wirtschaftsgeogr., 10, 1974.
POSCHWATTA, W., *Wahlverhalten – Sozialstruktur – Mobilität. Ergebnisse sozialgeographischer Fallstudien;* Diplomarb., München 1971 (unter Leitung von F. SCHAFFER).
POSER, H., *Geographische Studien über den Fremdenverkehr im Riesengebirge;* in: Abh. d. Ges. d. Wiss. z. Göttingen, 20, 1939.
PRED, A. R. und TÖRNQUIST, G. E., *Systems*

of Cities and Information Flows; Lund Stud. i. Geogr., B 38, 1973.

RATZEL, F., *Anthropogeographie;* 2 Bde.; Stuttgart 1909 (1. Aufl. 1882/1891).

RAY, M. D., *Cultural differences in consumer travel behavior in eastern Ontario;* in: Canad. Geogr. 1967.

REYNAUD, A., *Images Géographiques et Images de la Géographie. Présentation;* in: Travaux de l'Inst. de Géogr. de Reims, 20, 1974.

Ders., *La géographie entre le mythe et la science;* in: Travaux de l'Inst. de Géogr. de Reims, 18-19, 1974.

REDING, K., *Wanderungsdistanz und Wanderungsrichtung. Regionalpolitische Folgerungen aus der Analyse von Wanderungsprozessen in der BRD seit 1960;* in: Schriftenr. d. Ges. f. region. Strukturentwickl., 2 b; Bonn 1973.

RIEHL, W. H., *Augsburger Studien. Culturstudien aus drei Jahrhunderten;* Stuttgart 1859.

ROCHEFORT, R., *Géographie sociale et sciences humaines;* in: Bulletin de l'Association des Geographes Français, 314/315, 1963.

ROHR, H. G. V., *Industriestandortverlagerungen im Hamburger Raum;* in: Hamb. Geogr. Stud., 25, 1971.

RÜHL, A., *Aufgaben und Stellung der Wirtschaftsgeographie;* in: Zschr. d. Ges. f. Erdk. zu Berlin. 1918.

Ders., *Das Standortproblem in der Landwirtschafts-Geographie (Das neue Australien);* in: Veröff. d. Inst. f. Meeresk., N. F., B 6, 1929.

Ders., *Die Wirtschaftspsychologie des Spaniers;* in: Zschr. d. Ges. f. Erdk. zu Berlin 1922.

Ders., *Vom Wirtschaftsgeist im Orient;* Leipzig 1925.

Ders., *Einführung in die allgemeine Wirtschaftsgeographie;* Leiden 1938.

RUHL, G., *Das Image von München als Faktor für den Zuzug;* in: Münchner Geogr. Hefte, 35, 1971.

RUPPERT, H., *Der Einfluß der Reaktionsweite sozialer Gruppen auf die stadtgeographische Struktur von Tel Aviv und Haifa;* in: Dt. Geogrtg. Erlangen 1971, Tagber. u. wiss. Abh., Wiesbaden 1972.

RUPPERT, K., *Der Wandel der sozialgeographischen Struktur im Bilde der Landschaft;* in: Die Erde 1955.

Ders., *Spalt. Ein methodischer Beitrag zum Studium der Agrarlandschaft mit Hilfe der kleinräumlichen Nutzflächen- und Sozialkartierung und zur Geographie des Hopfenbaues;* in: Münchner Geogr. Hefte, 14, 1958.

Ders., *Zur Definition des Begriffes „Sozialbrache';* in: Erdkunde, 1958.

Ders., *Über einen Index zur Erfassung von Zentralitätsschwankungen in ländlichen Kleinstädten;* in: Ber. z. dt. Landeskde., 1959/1960.

Ders., *Die Bedeutung des Weinbaues und seiner Nachfolgekulturen für die sozialgeographische Differenzierung der Agrarlandschaft in Bayern;* in: Münchner Geogr. Hefte, 19, 1960.

Ders., *Das Tegernseer Tal. Sozialgeographische Studien im oberbayerischen Fremdenverkehrsgebiet;* in: Münchner Geogr. Hefte, 23, 1962.

Ders., *Die gruppentypische Reaktionsweite. Gedanken zu einer sozialgeographischen Arbeitshypothese;* in: Zum Standort der Sozialgeographie, hrsg. v. K. RUPPERT, Münchner Stud. z. Soz.- u. Wirtschaftsgeogr., 4, 1968.

Ders., Hrsg. v. *Zum Standort der Sozialgeographie. Wolfgang Hartke zum 60. Geburtstag;* in: Münchner Stud. z. Soz.- u. Wirtschaftsgeogr., 4, 1968.

Ders., *Die Bewährung des sozialgeographischen Konzeptes;* in: Geogr. Papers; Zagreb 1970.

Ders., *Das Freizeitverhalten als Grunddaseinsfunktion;* WGI--Berichte zur Regionalforschung, 6, 1971.

Ders., *Lernzielkatalog der mit räumlicher Planung befaßten Disziplinen. Fachgebiet Geographie;* in: Erdkundeunterricht S. H. 1, 1971.

Ders., *Sozialgeographische Aspekte bei Waibel und die heutige Bedeutung der sozialgeographischen Betrachtungsweise für die Agrargeographie;* in: Symposium zur Agrargeographie 1968, Heidelberger Geogr. Arbeiten, 36, 1971.

Ders., *Der Urbanisierungsprozeß aus der Sicht der Sozialgeographie;* in: Geographica Slovenica; Ljubljana, 1, 1971.

Ders., *Regionalgliederung und Verwaltungsgebietsreform als gesellschaftspolitische Aufgabe. Geographie im Dienste der Umweltgestaltung;* in: Dt. Geogrtg. Erlangen 1971, Tagber. und wiss. Abh.; Wiesbaden 1972.

Ders. (Hrsg.) *Geographische Aspekte der Freizeitwohnsitze;* in: WGI-Ber. z. Regionalforsch., 11, 1973.

Ders., *Planungsregionen und räumliche Organisation der Polizei;* in: Informationen 23, 1973.

Ders., *Planungsräume im Landesentwick-*

lungsprogramm Bayern; in: Raumforsch. u. Raumord., 33, 1975.
Ders., *Zur Stellung und Gliederung einer Allgemeinen Geographie des Freizeitverhaltens;* in: Geogr. Rdsch., 27, 1975.
Ders., *Von der Fremdenverkehrsgeographie zur Geographie des Freizeitverhaltens;* in: Dt. Geogrtg. Innsbruck 1975, Taggbr. u. wiss. Abh.; Wiesbaden 1976.
Ders. und MAIER, J., *Der Naherholungsraum einer Großstadtbevölkerung, dargestellt am Beispiel Münchens;* in: Inf. d. Inst. f. Raumord., 19, 1969.
Dies., *Naherholungsraum und Naherholungsverkehr – Geographische Aspekte eines speziellen Freizeitverhaltens;* in: Zur Geographie des Freizeitverhaltens, Münchner Stud. z. Soz.- u. Wirtschaftsgeogr., 6, 1970.
Dies., *Zum Standort der Fremdenverkehrsgeographie-Versuch eines Konzepts;* in: Zur Geographie des Freizeitverhaltens, Münchner Stud. z. Soz.- u. Wirtschaftsgeogr., 6, 1970.
Dies., *Der Zweitwohnsitz im Freizeitraum;* in: Informationen, 1971.
Dies., *Zur Naherholung der Bevölkerung im Fremdenverkehrsgebiet;* in: Informationen 1973.
RUPPERT, K., u. a. *Planungsregionen Bayerns. Gliederungsvorschlag des Wirtschaftsgeographischen Instituts der Universität München;* München 1969.
Dies., *Planungsgrundlagen für den bayerischen Alpenraum;* Man. München 1973.
Ders. und SCHAFFER, F., *Zur Konzeption der Sozialgeographie;* in: Geogr. Rdsch., 1969.
Dies., *Sozialgeographie;* in: Hdwb. d. Raumforsch. u. Raumordn., Bd. 1; Hannover 1970.
Dies., *Sozialgeographische Aspekte urbanisierter Lebensformen;* in: Abh. d. Akad. f. Raumforsch. u. Landesplanung, 68, 1973.
Dies., *Zu G. Lengs Kritik an der ‚Münchner' Konzeption der Sozialgeographie;* in: Geogr. Zschr. 1974.
SAARINEN, T. F., *Perception of Environment;* in: Ass. Amer. Geogr., Res. Papers, 5, 1969.
SAMOLEWITZ, R., *Fremdenverkehr und Geographie;* Diss. Münster 1957.
SANDER, H.-J., *Wirtschafts- und sozialgeographische Strukturwandlungen im nördlichen Siegmündungsgebiet;* in: Arb. z. Rh. Ldkde. 30, 1970.
SANGUIN, A. L., *L'évolution et le renouveau de la géographie politique;* in: Ann. de Géographie, 1975.
SAVIRANTA, J., *Der Einpendelverkehr von Turku;* in: Fennia 1970/71.
SCHÄTZL, L., *Räumliche Industrialisierungsprozesse in Nigeria;* in: Gießener Geogr. Schr., 31, 1973.
SCHAFFER, F., *Prozeßhafte Perspektiven sozialgeographischer Stadtforschung, erläutert am Beispiel von Mobilitätserscheinungen;* in: Zum Standort d. Sozialgeogr., hrsg. v. K. RUPPERT, Münchner Stud. z. Soz.- u. Wirtschaftsgeogr., 4, 1968.
Ders., *Untersuchungen zur sozialgeographischen Situation und regionalen Mobilität in neuen Großwohngebieten am Beispiel Ulm-Eselsberg;* in: Münchn. Geogr. Hefte, 32, 1968.
Ders., *Vorschlag zu einer Konzeption der Sozialgeographie;* in: Protokoll des Lehrgangs 1395/68, Hess. Inst. f. Lehrerfortb., Ihringshausen/Kassel 1969 (abgedruckt in Engel, J. (Hrsg.), Von der Erdkunde zur raumwiss. Bildung, Bad Heilbrunn/Obb. 1976).
Ders., *Sozialgeographische Aspekte über Werden und Wandel der Bergwerksstadt Penzberg;* in: Mitt. Geogr. Ges. München, 54, 1969.
Ders., *Prozeßtypen als sozialgeographisches Gliederungsprinzip;* in: Mitt. d. Geogr. Ges. München, 56, 1971.
Ders., *Sozialgeographie – Bemerkungen zur Entwicklung;* in: Schr. d. Philosoph. Fachbereiche d. Univ. Augsburg. Nr. 1, 1975.
Ders. und RISSLER, W., *Die räumliche Isolation von Randgruppen;* in: Mitt. Geogr. Ges. München, 59, 1974.
Ders. und HUNDHAMMER, F., PEYKE, G., POSCHWATTA, W., *Wanderungsmotive und Stadt-Umland-Mobilität, Sozialgeographische Untersuchungen zum Wanderungsverhalten im Raum Augsburg;* in: Raumforschung und Raumordnung, 1976.
SCHERF, H., *Geographische Aspekte revolutionärer Veränderungen der sozialökonomischen Struktur in der Landwirtschaft – dargestellt am Regionalbeispiel der Landkreise Gransee, Nauen und Oranienburg (Bezirk Potsdam);* in: Mitt. f. Agrargeogr., Landwirtsch. Regionalplanung u. ausländ. Landwirtsch. 22; Halle 1967.
SCHLÜTER, O., *Die Ziele der Geographie des Menschen;* München 1906.
SCHMITHÜSEN, J., *Das System der geographischen Wissenschaft;* in: Ber. z. dt. Landeskde., 1959.
SCHÖLLER, P., *Wege und Irrwege der politischen Geographie und Geopolitik;* in: Erdkunde, 1957.

Ders., *Das Ende einer Politischen Geographie ohne sozialgeographische Bindung;* in: Erdkunde, 1958.
Ders., *Sozialgeographische Aspekte zum Stadt-Umland-Problem;* in: Ber. z. dt. Landeskde., 1959/60.
Ders., *Kulturraumforschung und Sozialgeographie;* in: Aus Geschichte u. Landeskunde, hrsg. v. M. BRAUBACH u. a.; Bonn 1960.
Ders., *Städte als Mobilitätszentren westdeutscher Landschaften;* in: Dt. Geogrtg. Berlin 1959, Tagber. u. wiss. Abh.; Wiesbaden 1960.
Ders., *Leitbegriffe zur Charakterisierung von Sozialräumen;* in: Zum Standort d. Sozialgeogr., hrsg. v. K. RUPPERT, Münchner Stud. z. Soz.- u. Wirtschaftsgeogr., 4, 1968.
SCHNEPPE, F., *Die wirtschaftliche Struktur der Gemeinde und ihre Veränderung 1961 bzw. 1970;* in: Statist. Monatsh. Niedersachsen 1974.
SCHORB, A., und SCHMIDBAUER, H., *Bildungsbewegung und Raumstruktur;* Stuttgart 1969.
SCHRETTENBRUNNER, H., *Bevölkerungs- und sozialgeographische Untersuchung einer Fremdarbeitergemeinde Kalabriens;* in: WGI-Berichte z. Regionalforsch., 5, 1970.
Ders., *Methoden und Konzepte einer verhaltenswissenschaftlich orientierten Geographie;* in: Erdkundeunterricht, 19, 1974.
SCHWARZ, G., *Die Entwicklung der geographischen Wissenschaft seit dem 18. Jahrhundert;* in: Quellensammlung zur Kulturgeschichte 5; Berlin 1948.
SCHWARZ, W., *Das Wiener Becken – ein alter Industrieraum;* in: Geogr. Jahresber. Österr., 1970.
SEGER, M., *Der Raum Mödling. Siedlungsagglomeration im Süden von Wien. Sozialwirtschaftliche Analyse und landeskundliche Einführung;* Diss. Univ. Wien, 69, 1972.
Ders., *Strukturelemente der Stadt Teheran und das Modell der modernen orientalischen Stadt;* in: Erdk., 29, 1975.
SEGER-HEINZE, E., *Die Stadt St. Pölten, eine sozial- und wirtschaftsgeographische Analyse;* Diss. Wien 1967.
SICK, W.-D., *Freiburg im Breisgau. Stadtgeographische Probleme der Gegenwart;* Freiburg 1974.
SIMMEL, G., *Der Raum und die räumlichen Ordnungen der Gesellschaft;* in: Soziologie. Untersuchungen über die Formen der Vergesellschaftung; Leipzig 1908.
SONNENFELD, J., *Geography, perception and the behavioral environment;* in: Man, space and environment; hrsg. v. ENGLISH und MAYFIELD; Chicago 1972.
SORRE, M., *La notion de genre de vie et sa valeur actuelle;* in: Ann. de Géographie, 1948.
Ders., *Les Fondements de la Géographie humaine; 3 Bde.;* Paris 1951/52.
Ders., *Rencontres de la Géographie et de la Sociologie;* Paris 1957.
SPECHT, K.-G., *Ökologie;* in: Hdwb. d. Sozialwiss., Bd. 8, 1964.
SZALAI, A., *The Use of Time. Daily Activities of Urban and Suburban Populations in twelve Countries;* Den Haag 1972.
STEINBERG, E., *Wohnstandortwahlverhalten mobiler Haushalte bei intraregionaler Mobilität;* in: Informationen zur Raumentw. H. 10/11, 1974.
STEINBERG, H.-G., *Methoden der Sozialgeographie und ihre Bedeutung für die Regionalplanung;* in: Beitr. z. Raumplanung, 2; Münster 1967.
Ders., *Zum Begriff der Region in Wissenschaft und Praxis der Gegenwart;* in: Grundfragen der Gebiets- u. Verwaltungsreform in Deutschland; Münster 1973.
STEINMETZ, S. R., *Die Stellung der Soziographie in der Reihe der Geisteswissenschaften;* in: Arch. f. Rechts.- u. Wirtschaftsphilosophie, 1913.
STORKEBAUM, W. (Hrsg.), *Sozialgeographie;* Darmstadt 1969.

THOMALE, E., *Sozialgeographie. Eine disziplingeschichtliche Untersuchung zur Entwicklung der Anthropogeographie;* in: Marburger Geogr. Schr., 53, 1972.
Ders., *Geographische Verhaltensforschung;* in: Marburger Geogr. Schr., 61, 1974.
THÜRAUF, G., *Industriestandorte in der Region München;* in: Münchner Stud. z. Soz.- u. Wirtschaftsgeogr., 16, 1975.
TISOWSKY, K., *Freizeitlandwirte im Einflußbereich der Rhein-Mainischen Industriezentren;* in: Geogr. Studien aus d. Rhein-Mainischen Raum, hrsg. v. W. KULS, Rhein-Main. Forsch., 1961.
TOTTEN, E., *Erdöl in Saudi-Arabien;* in: Heidelb. Geogr. Arb., 4, 1959.
TROLL, C., *Gedanken zur Systematik der Anthropogeographie;* in: Zschr. Ges. f. Erdk. Berlin 1939.

UHLIG, H., *Die Kulturlandschaft. Methoden der Forschung und das Beispiel Nordostengland;* in: Kölner Geogr. Arbeiten, 9/10, 1956.

Ders., *Typen der Bergbauern und Wanderhirten in Kaschmir und Jaunsar-Bawar;* in: Dt. Geogrtg. Köln 1961, Tagber. u. wiss. Abh.; Wiesbaden 1962.

Ders., *Organisationsplan und System der Geographie;* in: Geoforum, 1970.

Ders., *Überlegungen zum Standort der Sozialgeographie;* in: Geogr. Tijdschr., 1971.

UTHOFF, D., *Der Pendlerverkehr im Raum von Hildesheim. Eine genetische Untersuchung zu seiner Raumwirksamkeit;* in: Göttinger Geogr. Abh., 39, 1967.

Ders., *Der Fremdenverkehr im Solling und seinen Randgebieten;* in: Göttinger Geogr. Abh., 52, 1970.

VALLAUX, C., *Géographie sociale: la mer, populations maritimes, migration, pêches, commerce, domination de la mer;* Paris 1908.

VIDAL DE LA BLACHE, P., *Les conditions géographiques des faits sociaux;* in: Ann. de Géographie, 1902.

Ders., *Les genres de vie dans la géographie humaine;* in: Ann. de Géographie, 1911.

Ders., *Principes de la géographie humaine;* Paris 1922 (Neuauflage 1955).

VOGEL, J., *Steinkohlenbergmann – Braunkohlenarbeiter; eine sozialgeographische Studie;* in: Ber. z. dt. Landeskde., 23, 1959.

VOIGT, H., *Die Insel Amrum – Landschaft und Entwicklung;* Itzehoe 1964

VOOYS, A. DE, *De outwikkelung van de socialgeografie in Nederland. Inaugural lecture;* Groningen 1950.

Ders., *Uitholling van geografische begrippen; het genre de vie;* in: De wereld der mensen, hrsg. v. J. BRUMMELKAMP u. a.; Groningen 1955.

Ders., *Die Pendelwanderung, Typologie und Analyse;* in: Zum Standort der Sozialgeographie, Münchner Stud. z. Soz.- u. Wirtschaftsgeogr., 4, 1968.

VOPPEL, G., *Passiv- und Aktivräume;* in: Forsch. z. dt. Landeskde., 132, 1961.

VRIES REILINGH, H. DE, *De sociale aardrijkskunde als geesteswetenschapp – Human geography as one of the Humanities;* in: Tijdschrift van het Koninklijk Nederlandsch Aardrijkskundig Genootschap, Reihe 2, 78, 1961.

Ders., *Soziographie;* in: Handb. d. empir. Sozialforsch., hrsg. v. RENÉ KÖNIG, Bd. 1; Stuttgart 1962.

Ders., *Gedanken über die Konsistenz in der Sozialgeographie;* in: Zum Standort d. Sozialgeogr., hrsg. v. K. RUPPERT, Münchner Stud. z. Soz.- u. Wirtschaftsgeogr., 4, 1968.

VUUREN, L. VAN, *Warum Sozialgeographie?;* in: Zschr. d. Ges. f. Erdkunde zu Berlin 1941.

WAGNER, H.-G., *Die Kulturlandschaft am Vesuv. Eine agrargeographische Strukturanalyse mit Berücksichtigung der jungen Wandlungen;* in: Jahrb. d. Geogr. Ges. Hannover 1966.

Ders., *Der Kontaktbereich Sozialgeographie – Historische Geographie als Erkenntnisfeld für eine theoretische Kulturgeographie;* in: Würzb. Geogr. Arb., 37, 1972.

WEBER, O., *Frühneuzeitliche und gegenwärtige Struktur ländlicher Siedlungen im Dillgebiet. Gruppenspezifisches Wohnverhalten als Indiz sozialgeographischer Gliederung;* in: Ber. z. dt. Landeskde., 1967.

WEHLING, H. W., *Das sozialgeschichtete Sample als Instrument der empirischen Umlandmethode;* in: Structur, 1974.

WEHNER, W., *Zur Bewertung potentieller Naherholungsbereiche der Agglomerationen der DDR;* in: Wiss. Zschr. d. Päd. Hochsch. Dresden 1968.

WEIGT, E., *Wirtschafts- und Sozialgeographie;* in: Zschr. f. Wirtschaftsgeogr., 1957.

Ders., *Die Geographie;* Braunschweig 1972.

WEICHHART, P., *Geographie im Umbruch;* Wien 1975.

WEIPPERT, G., *Gruppe;* in: Hdwb. d. Soz. Wiss., Bd. 4; Stuttgart 1965.

WINKLER, E., *Über das System der Anthropogeographie;* in: Geogr. Wochenschrift, 1935.

Ders., *Sozialgeographie;* in: Hdwb. d. Sozialwiss., Bd. 9, 1956.

Ders., *Geographie als Sozialwissenschaft;* in: Geogr. Helvetica, 19, 1964.

Ders., *Zur Systematik der Sozialgeographie;* in: Geographie, Geschichte, Pädagogik, hrsg. v. F. WENZEL; Göttingen 1961.

WINZ, H., *Die soziale Gliederung von Stadträumen (Der ‚natural-area' – Begriff der amerikanischen Sozialökologie);* in: Dt. Geogrtg. Frankfurt 1951, Tagber. u. wiss. Abh.; Remagen 1952.

WIRTH, E., *Zur Sozialgeographie der Religionsgemeinschaften im Orient;* in: Erdkunde 1965.

Ders., *Zum Problem einer allgemeinen Kulturgeographie. Raummodelle, kulturgeographische Kräftelehre, raumrelevante Prozesse, Kategorien;* in: Die Erde, 1969.

Ders. (Hrsg.), *Wirtschaftsgeographie;* Darmstadt 1969.

WITT, W., *Landesplanung und Geographie;* in: Dt. Geogrtg. Köln 1961, Tagungsber. u. wiss. Abh.; Wiesbaden 1962.

Wolf, K., *Stadtteil-Geschäftsstraßen, ihre geographische Einordnung, dargestellt am Beispiel der Stadt Frankfurt/Main,* Rhein-Main. Forsch., 67, 1969.

Ders., *Funktionale Beziehungen in Verdichtungsräumen und ihre Auswirkung auf die städtische innere Differenzierung;* in: Geogr. Slovenica; Ljubljana 1, 1970.

Ziegler, H., *Die Beschäftigten – Einzugsbereiche der Großbetriebe in München;* in: Münchner Geogr. H., 25, 1964

Zimmermann, H., *Regionale Präferenzen, Wohnortorientierung und Mobilitätsbereitschaft der Arbeitnehmer als Determinanten der Regionalpolitik;* in: Schriftenr. d. Ges. f. region. Strukturentwickl., 2, Bonn 1973.

Zoll, R., und Binder, H.-J., *Die soziale Gruppe. Grundformen menschlichen Zusammenlebens;* München 1968.

Register

Adoptionsvorgänge 97
Agrargeographie 35, 50, 80, 93, 94
Agrargesellschaft 104, 114, 116, 139
Aktionsradius, räumlicher 75
Aktionsraum 53
aktionsräumlicher Aspekt 53
– Haushaltstypen 53, 54
Aktionsreichweite 70, 105, 116, 128, 167
Anpassung, aktive 13
– schöpferische 14
Anthropogeographie 10, 12, 31
– funktionale 20,
– Neuorientierung der 10
Arbeitsfunktion 110, 113
Aufforstung 85
Ausbildungsniveau 139
Ausbreitungsvorgänge 93
Ausflugsverkehr 150
Ausmärker 85

Bauern- und Wanderhirtentypen 48
berufliche Differenzierung 114
Beschäftigungsstruktur 112
Betrachtungsweise, formale 15
– funktionale 16
– historisch genetische 15
– morphogenetische 14
Bevölkerungsgeographie 15, 29
Bewertung, gruppenspezifische 27
– von Wohn- und Arbeitsort 117
Bildungsstand der Wohnbevölkerung 138
Bildungsstruktur 141
Bildungsverhalten 29, 131, 132, 134, 136, 139
– sozialgruppentypisches 138
Bodenpreise 104

choristisches Prinzip 35
chorologisches Prinzip 35
creative adjustment 13

Daseinsgrundfunktion, Definition 100
Determinismus 11, 12
Diffusion 99
Disproportionalitätenansatz 118
Doppelexistenzen 84

Einzugsbereiche 126
Entfaltungsstufen, sozioökonomische 67
Environmentalismus 13
Erholung 144

Flurwüstung 84
Formenwandel 15
Forschungsansatz, aktualistisch-prozeßhafter 37
– struktural-funktionaler 37
Forschungsprinzip, integrierendes 24, 100
Freizeitverhalten 29, 144
– Geographie des 146, 147
– im Wohnumfeld 147
Freizeitwohnsitz 105
Fremdenverkehr 145
Fremdenverkehrsgeographie 29, 145
Funktion, Begriff 17
Funktionalismus 17
funktionierende Stätten 22, 28
Funktions-Standort-System 52
– Veränderungstendenzen 58

Gebietsabgrenzungen, sozialpsychologische 15
Gemeindetypisierungen 110, 147, 157
genres de vie 11, 13, 47
Geodeterminismus 12
Geofaktoren 35, 70
Geographie des Menschen 32
Gesellschaft, räumliche Ordnung 15
Grenze 15
Grundbesitzgefüge, Umschichtungen 154

Grunddaseinsfunktionen 18, 19
Grundfunktionen 18, 19, 20, 100
Grundperspektive 35
– wirtschafts- und sozialwissenschaftliche 36
Gruppe, Gliederungsaspekt 59
– soziale 45, 56
– sozialgeographische 53, 61
Gruppenarten 46
Gruppenhaftigkeit menschlichen Handelns 44
Gruppenverhalten 45, 70

Haushaltstypen, aktionsräumliche 53, 54
Historische Geographie 36
Humanökologie 16

Image eines Ortes 26
Index 81
Indikator 81, 84, 104, 105, 114, 139, 141, 154
Individualgeographie 44
Industriegesellschaft 104, 110, 144
Infrastruktur 125
Innovation 93, 94, 96, 97
– Bahnen der 95
Innovationsumkehr 97
Integration, soziale 51
integrierende Forschungsperspektive 100

Kapazitäten-Reichweiten-Beziehungen 147
Kapazitäten-Reichweiten-Systeme 71, 159, 166
Kommunikation 29, 30
kommunikative Beziehung, räumliche Konfiguration 54
Kräftefeld, anthropogenes 18
Kräftefeld, kulturgeographische 35
– sozialgeographische 35
– übergreifende 35

185

Kriminalgeographie 163
Kulturgeographie 9, 31, 35, 36, 100
Kulturlandschaft 18

Landesplanung 43, 132, 160
Landnutzungskartierung 122
Lebenseinheiten, natürliche 45
Lebensformen 13, 41, 48, 67
– großräumige Differenzierung 65
– Prinzipien städtischer 49
Lebensformgruppe 11, 13, 47
Lebenszyklus 105, 107

Mehrdeutigkeit physiognomischer Erscheinungen 122
mental map 27
Mentalitätssperren 135
Mobilität 105
– berufliche 114
– richtungsspezifische 169
– räumliche 105
– soziale 61
– Vorgänge 65
Modellbildung, chorologische 36
modes du travail 11
Morphologie, soziale 11, 14
– der Kulturlandschaft 15

Nachbarschaftseffekt 96
Naherholungsraum 147, 149
Naherholungsverkehr 29, 149, 150
Natur-Milieu-Lehre 13

Ökologie 16, 41
Organisationsform, räumliche 38, 147, 163
– sozialräumliche 16
Ortspräferenzen 27

Pachtverhältnisse 89/90, 93
Pendelverkehr 71, 75, 101, 116
Pendler, allochthone 75, 121
Pendlerraumtypen 119
Pendlerräume, labile 118
– hierarchische 119
– stabile 118
Persistenz 37, 79, 80
Planung, räumliche 159
planungsbezogene Forschung 157
Planungsregion 160, 161
Politische Geographie 70
Possibilismus, geographischer 13

– sozialgeographischer 22
Prozeß, räumlicher 71, 72, 156
– sozialgeographischer 79
– sozialräumlicher 72
Prozeßanzeiger 81
Prozeßfeld 28
– Landschaft 119, 146
prozeßhafte Betrachtung 37
Prozeßtypen 61
– der Bevölkerungs- und Wirtschaftsentwicklung 157

quantitative geography 73

Raum, ländlicher 118
– sozialgeographischer 78
Raumabgrenzung 73
Raumforschung 43, 132
Raummodell 73
Raumordnung 43, 157
Raumorganisation 163
Raumsystem 20
– sozialgeographisches 25, 28
Raumstruktur, Arbeitsteiligkeit 119
Raumtypen, strukturelle 60
Raumverhalten, dispers mobiles 58
– stationär regressives 58
raumwirksame Aktivitäten 37
Raumwirksamkeit 20
Räume, bestimmten Mobilitätsverhaltens 51
– gleichgerichteten Sozialverhaltens 15
– gleichen sozialgeographischen Verhaltens 50
– sozialgeographische 71
räumlich-relevant 71
Reaktionsweite, gruppenspezifische 151
– sozialer Gruppen 61
Regelhaftigkeiten, chorologische 36
Region 105, 160
Regionalforschung 39
Regionalplanung 43
Regional Science 36, 42, 73, 99
Regionalspezifische Darstellungen 24
Reichweite 71, 77, 169
– Begriff 73
– gruppenspezifische 73, 75
– Kontakt 75
Reiseverkehr, längerfristiger 154, 155
Relativierung, soziale 23
– sozialgeographische 72

Rentenkapitalismus 67, 69
Ruralität 102

Schichten 59
Sektor, primärer 110, 111
– sekundärer 110, 111
– tertiärer 110, 112
Siedlungsgeographie 100
Sonderkulturen 97
Sozialbrache 84, 125
Sozialdeterminismus 14, 23
soziales Gebilde 59
Sozialgeographie, Anwendung 170
– Definition 21
– Gegenstand 35
– prozeßhafte Komponente 22
– strukturale Komponente 22
Sozialindikator 82
Sozialkategorie 59
Sozialkartierung 122
Sozialökologie 16, 17, 41
sozialräumliche Gliederung 60
Sozialstruktur, geographische 22, 59
Sozialsystem, geographisches 22
Sozialwirtschaftsgeographie 16
Soziographie 39
Soziologie 29, 33, 38
Stadtgeographie 17, 50
Stadt-Land-Kontinuum 103, 167
Stadt-Umland-Problem 169
Stadtviertel, sozialgeographische 88
standorttheoretische Methoden 73
Status, sozialer 60
Statusdifferenzierung, multivariate 65
struktural-funktionaler Aspekt 37
Strukturforschung 27
Substratforschung, sozialmorphologische 15

Tagesablauf räumlicher Interaktionen 57
Tätereinstromgebiet 164
time lag 80
Theoriebildung, raumwissenschaftliche 36
Trennung von Wohn- und Arbeitsplatz 115
Typenbildung, choristische 36

Übertrittsquoten 137

Umlandmethode, empirische 127
Umwelt, Vorstellungen von der 25
urbanisierte Gebiete 118
Urbanisierung 89, 99, 101, 102, 103, 139
Urbanität 102

Verbände, intentionale 46
Verbreitungs- und Verknüpfungsmuster, erdoberflächliche 28
Verhalten, aktionsräumliches 54
– raumdistanzielles 121
Verhaltensforschung, sozialgeographische 49
Verhaltensgruppe, mobil gestaltete 118
– sozialgeographische 50
– traditional bestimmte 117
Verhaltensweisen 50, 58
Verkehr 30, 100
verkehrsräumliche Aktivitäten, Muster 56
verortete Muster 28
Versorgungsfunktion 125
Versorgungsnahbereich 168
Versorgungsstandorte, gruppenspezifische 128
Versorgungsverhalten sozialer Gruppen und Schichten 129
Verstädterung 101
Verwaltungsgebietsreform 166

Wählerverhalten 88
Wahrnehmungspsychologie 25
Wanderung, Auslesewirkung 105
Wettbewerb, sozialer 16
Wirtschaftsgeographie 29, 31, 100
Wirtschafts- und Sozialgeographie 35
Wohnfunktion 104

Zeithaushaltsstudien 58
Zentrale Orte-Theorie 126
Zentralität 126, 127
Zentralitätserfassung 127
zentralörtliches System 126
Zonen, sozial mobile 65
– sozial stabile 65
Zustandsstufe, sozialgeographische 97
Zweckverbände, spezifische 46

Das Geographische Seminar

Herausgeber Prof. Dr. Edwin Fels (bis 1976)
Prof. Dr. Hartmut Leser (seit 1977)
Prof. Dr. Ernst Weigt
Prof. Dr. Herbert Wilhelmy

Bände

Prof. Dr. E. Weigt	Die Geographie
Prof. Dr. W. Panzer	Geomorphologie
Prof. Dr. M. Richter	Geologie
	*Bodenkunde
Prof. Dr. G. Dietrich	Ozeanographie
Prof. Dr. R. Scherhag,	
Prof. Dr. J. Blüthgen	Klimatologie
Prof. Dr. F. Wilhelm	Hydrologie und Glaziologie
	*Vegetationsgeographie
Prof. Dr. J. Illies	Tiergeographie
	*Landschaftsökologie
Prof. Dr. H. Jäger	Historische Geographie
Prof. Dr. J. Maier,	
Dr. R. Paesler,	
Prof. Dr. K. Ruppert,	
Prof. Dr. F. Schaffer	Sozialgeographie
	*Bevölkerungsgeographie
	*Wirtschaftsgeographie
	*Agrargeographie
	*Industriegeographie
Prof. Dr. G. Fochler-Hauke	Verkehrsgeographie
Prof. Dr. G. Niemeier	Siedlungsgeographie
Prof. Dr. B. Hofmeister	Stadtgeographie
Dr. R. Gildemeister	Landesplanung
Prof. Dr. G. Jensch	Kartographie

* 1977 noch nicht erschienen

westermann

Das Geographische Seminar
Praktische Arbeitsweisen

Herausgeber	Prof. Dr. EDWIN FELS (bis 1976)	
	Prof. Dr. HARTMUT LESER (seit 1977)	
	Prof. Dr. ERNST WEIGT	
	Prof. Dr. HERBERT WILHELMY	
Bände	Dr. W. F. SCHMIDT-EISENLOHR	*Geologie*
	Dr. H. R. SCULTETUS	*Klimatologie*
	Prof. Dr. G. REICHELT,	
	Prof. Dr. O. WILMANNS	*Vegetationsgeographie*
	Prof. Dr. W. HOFMANN	*Geodäsie*
	Prof. Dr. E. ARNBERGER	*Thematische Kartographie*
	Prof. Dr. F. FEZER	*Karteninterpretation*
	Prof. Dr. F. FLIRI	*Statistik*

westermann